信仰的力量

南粤先锋访谈录

王 佶 黄佐华 著

暨南大学出版社
JINAN UNIVERSITY PRESS

中国·广州

图书在版编目（CIP）数据

信仰的力量：南粤先锋访谈录/王佶，黄佐华著 . —广州：暨南大学出版社，2020.1

ISBN 978 - 7 - 5668 - 2819 - 4

Ⅰ.①信…　Ⅱ.①王…②黄…　Ⅲ.①名人—生平事迹—广东—现代

Ⅳ.①K820.865

中国版本图书馆 CIP 数据核字（2019）第 272832 号

信仰的力量——南粤先锋访谈录

XINYANG DE LILIANG——NANYUE XIANFENG FANGTANLU

著　者：王　佶　黄佐华

- -

出 版 人：徐义雄

责任编辑：张仲玲　武艳飞　陈绪泉

责任校对：刘舜怡　冯月盈

责任印制：汤慧君　周一丹

出版发行：暨南大学出版社（510630）

电　　话：总编室（8620）85221601

　　　　　营销部（8620）85225284　85228291　85228292（邮购）

传　　真：（8620）85221583（办公室）　85223774（营销部）

网　　址：http://www.jnupress.com

排　　版：广州市天河星辰文化发展部照排中心

印　　刷：广州市穗彩印务有限公司

开　　本：787mm×1092mm　1/16

印　　张：14.5

字　　数：289 千

版　　次：2020 年 1 月第 1 版

印　　次：2020 年 1 月第 1 次

定　　价：59.00 元

李灏书记（中）接受采访

黎乐民院士（右）接受采访

何振江教授（左）、杨冠玲教授（右）

雷雨声教授（右）接受采访

陈肖容教授（中）

杨冠群教授

陈运彬主任

官国新队长（前右一）

前　言

　　中国的改革开放已走过四十个春秋，在以习近平总书记为首的党中央领导下，中国特色社会主义迈入了新时代，各行各业成就辉煌，举世瞩目，国民经济空前繁荣，人民物质生活水平显著提高。可是，仍然有个别人沉溺于不健康的生活方式，道德意识薄弱，精神贫困；个别青少年学生缺乏远大理想，甚至质疑："现在生活条件这么好，我为什么还要辛辛苦苦读书？"种种情况，令人担忧。西方社会更有"中国人信仰危机"之说，让人深感痛心。

　　中国人到底信仰什么？青少年一代应当树立怎样的世界观、人生观和价值观？带着这些问题，我们利用业余时间访问了一批广东籍或在广东工作的著名革命家、科学家、教育家、医学家、艺术家和企业家。他们的亲身经历向我们充分证明：必须具有坚定的马克思主义信仰，坚持共产党的领导，走社会主义道路，国家利益高于一切。访问过程中，我们深深地被他们曲折的人生经历、坚定的理想信念、崇高的人格魅力和博大的家国情怀所感动、所震撼；同时，我们也产生了强烈的愿望：希望通过回顾他们成长环境、成才经历和敬业奉献的片段，展示华夏子孙是如何在艰难时刻仍然热爱祖国，热爱人民，热爱生活，仍然秉持科学理想，初心不改而取得显著成果的。因此，我们着手构思这本书。

　　之所以围绕着"南粤"做文章，首先因为广东是我们的故乡，我们对她深深地眷恋；更重要的是，广东毗邻港澳，是中国改革开放的前沿阵地和先行先试的排头兵。在长期的探索实践中，广东人民铸造出著名的广东精神铭牌："敢为人先、务实进取、开放兼容、敬业奉献。"

　　南粤大地，人杰地灵，人才辈出。历史上的仁人志士不乏"先天下之忧而忧，后天下之乐而乐"的栋梁之材。从南越国丞相吕嘉、唐开元宰相张九龄、戊戌变法的代表人物康有为和梁启超、中国民主革命伟大先行者孙中山，到中华人民共和国开国元勋之一的叶剑英，中国民主主义革命的先驱廖仲恺和何香凝夫妇，著名军事家、政治家叶挺等，他们无不有经天纬地之才，定国安邦之智，可歌可泣。

　　在中国特色社会主义建设的今天，千千万万的南粤儿女继往开来，立下了不可磨灭的功勋，成为时代的先锋，同样可喜可贺。本书的主人翁具有许多共同特点：爱国爱党，感恩父母，铭记师恩，笃学慎思，明辨尚行，爱情专一，不以物质享受作为人生追求的最高目标。深圳市市委原书记李灏在四姐李嘉烈士的帮助下，历尽磨难，从文质彬彬的学霸成长为坚强的革命家、饮誉海内外的时代弄潮儿、深圳特区的优秀领导者。黎乐民院士坚持国家需要高于一切，大学时代参与原子能研究工作，将人生最宝贵的青春年华无私地奉献给祖国的伟大事业；他参与科学研究，殚精竭虑，成绩斐然；他和他的团队使我国稀土工业由在国际上默默无闻，一跃成为稀土生产量和出口量世界第一，迫使法、美、日等国的稀土分离厂停产，被国际同行称为"中国冲击"。杨冠玲和何振江夫妇在艰难的条件下庆幸自己找到了为国奉献的着力点，他们坚韧不拔，比翼双飞，创造了一系列第一：独立设计了我国第一只电容式传感器，参与我国第一代核潜艇研制的相关项目及国家"七五"攻关项目，光栅测量技术研究达到当时的世界一流水平，成功设计出世界第一台称重式全自动空气颗粒物检测仪。他们研究团队"锲而不舍"的科研精神受到国家能源局的高度赞誉。中国共青团团歌作者、著名作曲家雷雨声教授把培养公民音乐素质、挖掘中华民族的音乐瑰宝当成自己义不容辞的义务，86高龄仍然坚持每天创作两个小时以上；党的十九大胜利召开后，他按捺不住内心的激动，在病榻上谱写了春意盎然、气势磅礴的大型颂歌——《新时代的春天来了》。被誉为"南国声乐之母"的陈肖容教授德艺双馨，桃李满天下。特色外科专家杨冠群教授数十年如一日，不遗余力地弘扬中华医学文化，甘当患者的知心朋友，誉满杏林。新生儿科专家陈运彬主任勇于创新，医术精湛，医德高尚，被誉为"白求恩式好医生"。全国劳动模范官国新和他的队友们在平凡而高危的燃气抢险岗位上勇敢地守卫市民们的平安……

国家兴亡，匹夫有责。希望本书能引起读者的共鸣。

谨以此书献给中华人民共和国成立 70 周年和中国共产党建党 100 周年华诞！

作　者

2019 年初夏

目　录

李　灏

深圳市委原书记

　　李灏，广东电白人，1926 年 12 月 22 日出生，大学文化水平。1947 年 10 月参加革命工作，1949 年 2 月加入中国共产党，1949 年后，任粤桂边纵队暂二团一营教导员，电白县政府秘书，土地改革工作队队长，五区代理区委书记。1953 年调往北京，先后在国家经委、计委、建委等单位工作，任国务院工交小组办公室副主任，国家建委政策研究室主任，国家进出口管理委员会、国家外国投资管理委员会专职委员，对外经济贸易部政策研究室主任，国家经委秘书长。1983 年后任国务院副秘书长、国务院机关党组副书记。1985 年8 月任广东省副省长、深圳市市长，1986 年 5 月任中共深圳市委书记兼深圳市市长。1993 年任第八届全国人大常委会委员、财经委员会副主任委员。

最忆是成长

——深圳市委原书记李灏先生访谈录

"进不求名，退不避罪，惟民是保，利和于国"，这是改革英豪李灏先生摘自《孙子兵法》的座右铭。它体现了一位在革命战争烽火中成长起来的、久经考验的老共产党员的家国情怀。

——题记

我们在学生年代曾听家乡的长辈们说过青少年李灏的故事：在四姐李嘉烈士夫妇惨遭国民党反动派残酷杀害后，李灏继承烈士遗志，强忍悲痛，掩埋了亲人的尸体，擦干眼泪，卖掉家产，全力以赴支持共产党的地下工作。为了更好地探求革命真理，在李嘉烈士壮烈牺牲那年，李灏毅然告别家乡亲人，外出求学。为了节省路费，他历尽艰辛，风雨兼程，步行三百多公里，从家乡到广州参加多所大学的招生考试，并且以优异成绩同时被北京大学、中山大学、岭南大学等多所名牌大学录取。在我们的成长记忆里，李灏是一个德才兼备、智勇双全的传奇人物，是一个爱国英雄，同时，还是一个距离我们遥远的"学霸"。

初次见到李灏先生，是 20 世纪 80 年代初。那时，本文作者之一王佶在电白县政府办公室当秘书，李灏以国务院副秘书长的身份回到家乡电白县调研，有幸聆听了他的教诲；再次见到李灏先生，是在他离休之后。那年中秋节前夕，在广州天河大厦电白一中的校友会上，有幸又一次聆听他的教诲并合影留念，令我终生难忘。

李灏先生是 20 世纪 80 年代中期至 90 年代初期主政深圳经济特区的重要领导人，是深圳特区历史上任期最长的市委书记。主政深圳期间，他敢闯敢试，带领深圳人民励精图治，在全国范围内率先进行一系列风险与机遇并存的超前性改革，初步形成了社会主义市场经济体制的基本框架，为引领全国的改革开放提供了重要的借鉴经验，得到了邓小平等党和国家领导人的高度赞赏，也为深圳特区后来的"增创新优势，更上一层楼"奠定了扎实的发展基础。2008 年，在历时半年多的"中国改革开放 30 年论坛及评选活动"中，李灏先生以高票当选人物评选最高奖项——"中国改革开放 30 年 30 名杰出人物"，并获选"中国改革开放 30 年 30 名社会人物"。

乘着改革开放四十周年的东风，2018 年 6 月 6 日上午，在中央人民政府驻香港特别行政区联络办公室原副主任周俊明先生的带领下，我们和深圳电白商会高林海秘书长一行，冒着台风登陆前的夏雨，专程来到深圳市荔枝公园旁边的一个民居小院，登门拜访了李灏书记。

老书记偕夫人陈惠珍老师和身边工作人员，提前站在家门口，微笑着迎接我们的到来，还吩咐工作人员预先准备好香茶和新鲜水果。老书记身材魁梧，精神矍铄，和蔼可亲，风趣幽默，像一个文质彬彬的学者。如果是初次见面，真的很难相信他已是 92 岁高龄的耄耋老人。

老书记家的客厅正中央墙壁上，端端正正地挂着一幅他钟爱的字画作品，上面写着："燃烧了自己，照亮了人间。"宣纸的斑驳痕迹引发我们猜想：它应该是主人非凡岁月的一段见证吧。

我们怀着深深的敬意，给老书记献上一盒精心挑选的茶叶："李书记，衷心祝愿您茶寿①时身体依然健康硬朗！"

老书记听罢，开心地笑了起来："哈哈！茶寿！谢谢！可是我不敢有这个野心啊！"

得知我们来自电白县电城镇，老书记流露出亲切的神情："电城是个好地方，出了不少人才。中华人民共和国成立前，电城是电白县的老县城。我在电城读过书。"老书记还向我们询问了电城的一些情况，我们认真详细作答："您当年读书的那间学校还在，现在叫电白四中。我们就是从电白四中毕业的。"

"原来我们是校友！"老书记风趣的言谈，引来朗朗笑声。

王佶老老实实地向老书记"坦白"："我父母亲原来在霞洞大村当老师。我高中阶段才随父母亲工作调动转学到电城读书的。"

"霞洞，我知道。1931 年 1 月，为了躲避日军攻击，原设在电城的县政府、中学等都迁往霞洞大村。国民党政府搬迁时，我恰好在电城读书。当时我还是个小年轻。"

如烟的往事，迅速打开了老书记的话匣子。老书记告诉大家，电白临海，有深水港，背靠大山，广州到湛江的公路贯通全境，是粤西地区水陆交通要道，地理位置优越，自古以来是兵家的必争之地。1938 年 10 月，日军登陆深圳大亚湾后迅速侵犯珠三角地区，直逼电白沿海。日机和日舰屡次轰击电白沿海一带。1939 年 7 月，日军第一次登陆电城。老书记还告诉大家，他目睹日本人侵略、践踏电白的种种恶劣行径，发誓一定要学好本领，精忠报国。

老书记从风起云涌的革命战争谈到如火如荼的社会主义建设事业，从青春年少的报国梦想谈到改革开放大潮中的社会实践。最耐人寻味的，当属深

---

① 茶寿，指 108 岁。

圳经济特区的成长史。

时间过得飞快！工作人员跟我们预先约定的拜访时间很快就到了。为了不影响老书记的休息，我们只好提出告辞。老书记热情地邀请大家合影留念。他特意走到夫人跟前，拉着她的手，邀请她一起参加合影。陈惠珍老师却婉拒了："你知道，我一般是不参加合影的。"老书记温和地对夫人说："今天不是一般日子。"他一边说，一边把夫人拉进了合影队伍里。

告别时，李灏书记夫妇坚持要把我们送到电梯口。握手言别时，老书记告诉我们："今天还有三拨客人来访。"

电梯门关闭的那一刻，我们脑子里迅速烙下了李灏书记夫妇肩并肩地站立在家门口，微笑着朝我们挥手的画面，亲切温馨，令人难忘。我们依依不舍地告别了德高望重的李灏书记。

在整理访谈资料时，我们的记忆闸门也随之开启——多年来，我们向李灏书记请教、并有幸聆听他老人家亲切教诲的一幕幕不断地在脑海里浮现。李灏书记的成长经历和深圳经济特区的成长片段迅速占据了我们脑海的重要位置，汇进了中国改革开放的滚滚洪流。

一、主政深圳

深圳是一座美丽的海滨城市，地处珠江三角洲前沿，地理位置优越，是内地唯一与香港接壤的城市，是连接香港和内地的纽带和桥梁，同时，也是华南沿海重要的交通枢纽。"圳"在客家方言里是田野间水沟的意思。据史料记载，"深圳"因村庄周围水泽密布，田间有一条深水沟而得名。"深圳"地名始见史籍于明永乐八年（1410），当时的深圳只是一个小村庄，于清朝初年方才建墟。清康熙七年（1668）在新安县边境修筑了深圳、盐田、大梅沙、小梅沙等21座墩台为边陲哨所，以后逐渐发展成墟。民国二十年（1931）设深圳镇。1979年3月撤宝安县设立深圳市，市政府驻深圳镇。1979年8月撤深圳镇，深圳一名由深圳市沿用下来。

1979年4月，邓小平首次提出要开办"出口特区"。1979年7月，中共中央、国务院同意在广东省的深圳、珠海、汕头三市和福建省的厦门市试办出口特区。1980年5月，中共中央和国务院决定将深圳、珠海、汕头和厦门这四个出口特区改称为经济特区。深圳市经济特区于1980年8月正式成立。

1981年7月，深圳市升格为副省级。1988年10月，国务院批准深圳市为计划单列市。

深圳经济特区的建立，一条东西全长90多公里的边防管理线将深圳"一分为二"。特区范围被称为"关内"，非特区范围被称为"关外"。那条相对于海关的分割线，便被称为"二线关"。

当时的深圳经济特区位于深圳市南部，包括"关内"的罗湖区、福田区、南山区、盐田区：东起大鹏湾梅沙，西至深圳湾畔的蛇口工业区，北靠梧桐山、羊台山脉，南邻香港，以深圳河为界，面积三百多平方公里。

2010年，深圳经济特区延伸到全市，包括原属"关外"的三个区：宝安区、龙岗区和光明新区。

2018年1月6日，国务院同意撤销深圳经济特区管理线，下辖地区包括福田区、罗湖区、南山区、宝安区、龙岗区、盐田区、龙华区、坪山区、光明区九个行政区，以及一个大鹏新区。如今的深圳经济特区，地处广东省南部，珠江口东岸，东临大亚湾和大鹏湾，西濒珠江口和伶仃洋，南与香港接壤，北与东莞、惠州为邻，面积近两千平方公里，辽阔海域连接南海及太平洋。

按其实质，经济特区也是世界自由港区的主要形式之一，以减免关税等优惠措施为手段，通过创造良好的投资环境，鼓励外商投资，引进先进技术和科学管理方法，以达到促进经济技术发展的目的。经济特区实行特殊的经济政策、灵活的经济措施和特殊的经济管理体制，并坚持以外向型经济为发展目标。

在社会主义旗帜下，一代又一代的建设者们将深圳这个边陲小镇建设成为充满现代气息的大都市。如今，屹立在中华大地上的深圳特区是一个产业结构合理、科学技术先进、人民生活富裕，具有高度物质文明和精神文明的新型城市。

事实证明，深圳在中国的制度创新、扩大开放等方面承担着试验和示范的重要使命，在中国高新技术产业、金融服务、外贸出口、海洋运输、创意文化等多方面占有重要地位。

20世纪80年代，是深圳特区发展的重要阶段。年已58岁的李灏被委以重任，主政深圳长达9个年头。经历了深圳改革开放的非凡岁月，李灏先生对深圳有着更深的认识。

问：改革开放之初，中央对深圳经济特区建设有什么具体要求？

答：邓小平同志讲过，办特区是一个试验，需要不断探索、试验、再探索，要求深圳特区成为"知识的窗口、技术的窗口、管理的窗口、对外开放政策的窗口，同时要发挥'两个扇面'的枢纽作用"。也就是说，要把深圳特区建设成为具有多功能的、先进的工业、科技、金融、信息、贸易等基地和中心，一个具有高度物质文明和精神文明的现代化城市。

问：深圳特区的建设可分哪几个阶段？

答：深圳特区的建设大致可以分为如下三个阶段：

（1）从创建开始到1985年，是深圳特区建设的初创阶段，也可以说是深圳经济特区的起步时期。这个阶段主要是进行基础设施建设，建立机构，调集队伍，制订发展规划，同时利用外资和银行贷款，兴办起一批企业。

（2）从 1986 年至 1991 年，是特区建设的基本成型或发展外向型经济阶段。这个阶段主要抓了几件大事：贯彻落实关于抓生产、上水平、求效益方针，进行经济调整、整顿；大力发展以工业为主的外向型经济；全面开展经济体制改革，建立以市场调节为主的社会主义经济新体制。

（3）以 1992 年初邓小平同志南方谈话为标志，深圳特区建设进入新的发展阶段。

问：深圳的模式是既坚持社会主义制度，又坚持经济较快发展。深圳的成长，经历了怎样的历程？

答：深圳经济特区建立初期，曾经招致不少担心和疑问：在社会主义条件下办特区，把国外资本引进来，让大家赚取外汇，这符不符合马克思列宁主义基本原理？1982 年，东南沿海一些地区一度走私猖獗，由此也引起人们对办特区的怀疑。其实，办特区与走私没有必然联系，反走私是沿海地区长期的斗争任务。

深圳特区建立的意义，不仅仅局限于建立了一座城市、开发了一片土地，更深远的是，它站在全国的高度——作为建设具有中国特色社会主义的"试验田"。近 40 年来，深圳从初创、打基础到向新的阶段发展前进，大力吸引外资，优化投资环境，实现了一个又一个新的突破，把一个两三万人口的小镇发展成为今天 400 多万户籍人口的大城市，为我国的对外开放和经济管理体制改革提供了宝贵的经验。看深圳特区的作用，不仅要看它产值达到多少，创汇多少亿美元，而且还要看两个文明建设结合得怎么样，计划与市场结合得怎么样。也就是要看它"窗口"和"试验场"的作用发挥得如何，"两个扇面"的辐射强不强。我们就好比第一个吃螃蟹的人，在改革上先走一步，总会尝到甜酸苦辣的。我们先辨个味道，对全国是有很大作用的。深圳把技术密集型和知识密集型产业作为最终的战略目标，把采用先进技术放到重要位置，新兴的"密集型"工业和高科技产业在深圳特区的产业结构中占据了重要位置。

深圳经济特区所取得的成就充分证明：深圳速度跟任何一个发达国家或地区相比都毫不逊色；计划经济与市场调节相结合的路子是走得通的；特区是可以坚持社会主义方向的；要建设有中国特色的社会主义，要办好经济特区，没有共产党的坚强领导是不行的。

问：在深圳特区的经济发展模式问题上，理论界曾经有过不一致的说法，您更倾向于哪一种？

答：在深圳特区的经济发展模式问题上，理论界曾经出现过四种提法：第一种，开放型（与封闭型相对立）；第二种，双向型（对内、对外辐射）；第三种，内向型（"进口替代"战略）；第四种，外向型（"出口导向"战略)。我认为,这四种提法各有各的道理,各有各的重点。其中,"外向型"的提法比较鲜明地反映了经济特区的任务、地位和作用。

问:1985年,您在北京担任国务院副秘书长、党组副书记,被中央派到深圳当市长。当时,香港一家报纸说是"京官南下,力保特区"。真实情况是怎样的?

答:我来深圳工作有很大的偶然性。1985年,我从北京的中央机关到深圳来工作,外界的确有各种猜测,认为我是"京官",肯定有尚方宝剑。其实,我不算什么"京官",但中央确实是力保特区。

时任国务院领导同志提出让我到深圳工作。我感到很突然,觉得自己不适合,提出四个理由:第一,责任太大,怕担当不起;第二,缺乏基层工作经验;第三,长时间在谷牧同志管辖的范围内工作,直到1982年才离开谷牧同志管辖的部门,而经济特区一直由谷牧同志分管,如果我去深圳工作,又将回到谷牧同志管辖的范围;第四,我是广东人,在广东的关系多,怕不好处理各种关系。这四个理由,我也分别对田纪云和谷牧同志申述过。这是我平生第一次,也是唯一一次对组织调动提出过不同意见。田纪云当时是国务院副总理兼国务院秘书长,我的直接领导。他告诉我,好几个部门要你,我们都没有放。这次是中央领导定的。谷牧同志说得更干脆:中央领导同志作出的决定,你能改变吗?

我到深圳上任前,万里、李先念、薄一波、胡乔木、姚依林、李鹏、谷牧、张劲夫、田纪云等多位中央领导同志,以及中组部部长尉健行、副部长王照华都先后找我谈话。有的领导还不止一次谈话。像我这种级别的干部调动,那么多中央领导来找我谈话,这种情况非常罕见。这并不是我有什么特别之处,而是经济特区太重要,中央高度关注。

中央领导同志与我的谈话所涉及问题较全面,尤其是明确了深圳的功能任务和改革权问题:第一,深圳是改革开放的试验场,这是深圳特区的重要功能任务;第二,深圳在改革开放中拥有一定权力,允许突破一些不合时宜的、束缚生产力发展的规章制度;第三,对一些重大的、紧急的问题和政策措施,深圳特区在报广东省委、省政府的同时,可以直接向中央、国务院及总理请示、报告。

问:其实,您与深圳早就结下了不解之缘了吧?

答:我跟深圳特区的工作真的有不解之缘。我在北京工作期间,多次随同国务院领导人到全国各地考察,参与了一些重要政策的制定,并且参与了有关创办经济特区的几个重要文件的起草。早在1979年,我就参与了中央和国务院筹办经济特区的工作,是当时中央派往宝安县(现深圳市所在地)实地考察组的成员之一,参加了广东、福建的第一、二、三次两省特区工作会议。之后,我直接参与了经济特区的一些建设工作,还多次随同中央领导人到深圳视察。1983 和 1984 年，我先后陪同胡耀邦总书记及国务院总理等领导同志到广东进行调查研究，对深圳的情况比较了解。

1981 年，广东省委决定将时任深圳市委书记、市长的吴南生同志调回省委工作，把我列为市长候选人之一，可是国家进出口委不同意放人；1982 年，中组部部长宋任穷来广东视察，曾考虑由我担任深圳市委书记的工作；1984 年，成立国务院特区办时，中央就有了调我到深圳的想法。谷牧同志曾在国务院会议上提出物色人选，并开玩笑说，他（指李灏）已不姓"谷"了，他现在姓"田"、姓"张"。意思是说，我归田纪云和张劲夫同志直接领导了。1985 年，说调就调，我就这样到了深圳工作。

问：听说，您离京的时候说过："我要上前线了。"为什么说得如此悲壮？

答：我到深圳工作之前，深圳特区已经过 5 年多的建设，卓有成效。蛇口工业区"时间就是金钱，效率就是生命"的口号，国贸大厦三天盖好一层楼的"深圳速度"享誉全国。但是，由于人们对经济结构、外汇收支等缺乏经验，基建规模过大，投资结构不合理，外汇和财政收支不平衡，资金全面紧张。几年下来，深圳市政府欠银行贷款 8 亿多元，相当于深圳一年半的财政收入。再加上当时的管理跟不上，设施不配套，人员素质差等因素，特区的发展遇到重重困难。当时人们还发现，深圳的一些商品，竟是从内地出口到香港，通过奇妙的价格差作用倒流回来的。1985 年 7 月 12 日至 26 日，香港《信报》连续刊登一组文章，发表对深圳的"十二评"，总题为"深圳庐山真面目假大空"，作者署名邓凡，对深圳采取全盘否定的态度，把特区建设说得一无是处。1985 年 5 月，香港《广角镜》杂志发表了香港大学亚洲研究中心陈文鸿的文章《深圳的问题在哪里？》，一时间，"特区失败论""特区是靠输血维持"等各种唱衰深圳的论点纷纷出炉。不少人认为，深圳是靠进口外国货赚内地人的钱，靠"输血"过日子，一拔针头就死掉。

刚刚起步的特区面临着强大的舆论压力。我正是在这样的情况下，在人们对深圳特区前景感到彷徨、迷茫之际，被中央调到深圳工作的。

有些同志好心劝我不要去深圳，甚至说得很直接：去深圳就是去送死。我感到很悲凉，就跟家人说，我这次是上前线的，可能还会"牺牲"，你们都不要去。

问：真可谓是"受命于危难之际"。当时，深圳与内地、与周边地区的关系如何？

答：比较紧张。深圳与东莞原来都属于惠阳地区，本是一家人。建立经济特区后，深圳与惠州、东莞的关系都不够好。惠阳地区某领导曾在会议上公开提出，只要是深圳某领导人的车子，在经过东莞时一律扣下。可见关系何等紧张。深圳与蛇口工业区的关系也比较紧张。我到深圳的第三天就到蛇口调研，特意拜访了袁庚同志，向他转达了中央领导对深圳的指示。袁庚同志说，你来得还不是时候，现在问题很多，但还没有爆发，一些人对严峻形势缺乏正确认识。

二、特区弄潮儿

李灏是一位有魄力、有胆识的政治家和改革者，是中央改革开放政策在深圳的坚定执行者，对深圳的崛起发挥了非常重要的作用。在深圳特区的改革开放过程中，李灏素有"铁腕"之称。他始终认为"不谋全局者，不足以谋一域"，坚持实践第一，坚持在改革实践中要有全局意识。他坦诚："我不大讲理论，理论如果讲多了，就会招惹是非。"

从多年的改革实践中，李灏总结出许多宝贵经验："很多人讲要'理论—实践—理论'，这是一个循环。但是，我认为，应该是'实践—理论—实践'。否则，我们可能没法得到发展，也没法得到效率。"

如今的深圳，举世瞩目，令人向往。翻阅深圳特区的成长档案，不难看到这样的记载：深圳证券交易所"早产"，并且没有"出生证"；"违宪"拍卖土地；全国第一个外汇调剂中心成立两年后才拿到批文；1987年2月，深圳市政府颁布了《关于鼓励科技人员兴办民间科技企业的暂行规定》——这是我国最早的一部有关私营企业的法规性文件。

问：您在深圳工作期间，创造了无数个"第一"，取得了傲人的成就，并且，许多改革成果被内地借鉴和推广。请问，您到深圳工作之后，特区的发展遇到过困难吗？

答：特区建设伊始，邓小平同志就要求深圳"杀出一条血路来"。作为中国经济特区排头兵的深圳，其发展并不是一帆风顺的。特区建立最初十年，围绕着要不要办特区和如何办特区等问题，曾有过不同意见和争论。1985年，我到深圳工作初期遇到许多困难。例如，投资结构不合理，房地产项目过多，尤其是在建酒店、宾馆数量明显过多，旅游业不景气，酒店住房率不足五成，人们来到深圳，有一种颇为萧条的感觉。当时，香港一年有近400万游客，酒店共有4万多个床位。而深圳当时的床位数已达4.5万个，按市场需求只需要3万~3.5万个。据统计，到1990年，在建和已经批准兴建的旅馆还将建成297家，共有15万个床位，显然是搞多了。因此，1986年，深圳特区按照国家宏观计划的要求，对经济建设的速度和规模作了必要调整，压缩基建规模，却招致更多的猜测和议论。经过调整，到1987年上半年，深圳的酒店大多数都赚钱了，情况比前几年好得多，扭转了被动局面。

问：有道是，"新官上任三把火"。您上任后，"火"是如何烧起来的？

答：如果说有所谓的"三把火"，在上任后的第一次市长办公会议上，我提出建立四个机构，可能算是吧——一是外汇调剂中心，为建立外向型经济

9

创造条件；二是监察局，抓好干部的工作作风；三是投资管理公司，建立市属国有资产管理的责任体系，落实政企分开；四是深圳规划委员会，搞好城市整体和长远规划。

问：成立四个机构，就是四项重要改革。建立外汇调剂中心的动机是什么？

答：外向型经济需要与之相适应的外汇体制。我刚到深圳时，出口是亏损的，进口是赚钱的。财政收支和外汇收支都不能平衡。我向有关部门了解经济状况怎么样，GDP怎么样，财政收入是多少，资产是什么状况，许多人都不知道。

20世纪80年代中期，我国的外汇体制是计划经济的产物，深圳有两种汇价：一是官方牌价，二是贸易外汇内部结算价格。另外，还有不合法的"黑市"价格。当时，官方牌价为1美元兑1.5元人民币左右，贸易外汇内部结算价格为1美元兑2.8元人民币，而"黑市"价格为1美元兑五六元人民币。

显然，这是鼓励进口、压制出口的外汇政策，束缚了已经建立外向型经济的深圳特区的经济发展。大家都搞进口，可是，没有外汇怎么办？有关人员就到处想办法搞外汇——用权力搞外汇，甚至炒卖外汇，由此出现了外汇"黑市"。

这里面有个故事。当年，中央纪委一位马主任，带了几十个人，再从广东省抽调近百人，专门到深圳打击外汇"黑市"买卖。他们先抓了深圳一个贸易公司的老总。一个星期天，深圳市检察院的同志到我家里来，要求我批准对当时深圳最大的一家公司（深圳经济特区发展公司）总经理和副总经理立案审查。理由是，他们出口赚了外汇私下与其他公司交易，却不到银行结汇。我表态，不能抓人。理由是，这家公司倒卖外汇确实是违反制度，但是，他们也是被逼得没有办法才这样做，这叫合理不合法。马主任认真分析了我们的意见，并详细了解情况，经与广东省和中央纪委沟通，不久就撤走了工作队。与此同时，我们征得姚依林同志和国务院其他领导的同意，很快就推出了一项改革，建立外汇调剂中心，让外汇调剂既合法，又合理。马主任认为我们的做法是正确的。几年后，深圳市的同志曾去北京看望马主任。马主任对前来看望他的同志幽默地说道："是李灏同志与深圳的领导挽救了深圳。"

1987年，深圳的外汇调剂中心运作了两年后，国务院的外汇政策才下来，确认外汇调剂中心合法。后来，全国有几十个城市参照我们的做法，也建立了外汇调剂中心。

问：成立外汇调剂中心是外汇制度的重大突破。当时，人们对这项改革的反应如何？

答：这项改革并非所有人都能理解。我们规定，所有深圳市企业出口创汇，都可以不到中国银行结汇，而到外汇调剂中心调剂；需要外汇的也可以到外汇调剂中心购买。调节价随行就市，一般在四五元或以上，双方自愿成交。同时，严格规定，买卖双方都必须是深圳的单位。这样就不会对全国的外汇管理造成冲击。外汇调剂中心的具体工作由深圳人民银行操作。行长罗显荣同志在部署工作时，深圳人民银行一位兼任外汇管理局局长的副行长问：老罗，你怎么能接这样一个任务？难道你不知道这是违法的？后来，我们考虑到人民银行的处境，以市政府的名义搞外汇调剂中心，委托人民银行操作。在当时的环境下，人们有些想法是可以理解的。我很感谢他们没有对这项改革设置障碍。

问：您为何考虑要建立投资管理公司？

答：我到深圳不久就做了一项调查，发现政府机构几乎没有不办企业的。政府机构不需要任何投资，拿张工商执照，挂个国有企业的牌子，就开张经营做生意了。国有企业是政府包办的，由政府兜着。当时，财政收入多少，欠债多少，尚有个账，而政府有多少企业、企业有多少资产，谁也搞不清。人们没有资产负债表的概念，欠多少债都不管，只关注当年赚了多少钱，这非常危险！1987年，投资管理公司成立，作为独立法人，所有市属国有企业统统归它管理。之后，花了一年多时间，才弄清楚深圳到底有多少经营性的国有资产，负债是多少、净资产是多少。如果没有这个机构，国有资产将是一笔糊涂账。

问：这项改革顺利吗？

答：有些同志不理解。阻力主要来自财政部门。深圳市财政局就很有意见，说我搞第二财政，说改革把财政局的权给剥夺了。上级财政部门也不支持。直到1990年，财政部长王丙乾同志来深圳实地调研后，财政部才认可。

问：为什么要在全国率先成立监察局？

答：那时候搞"严打"，明明是政府职能范围内的工作，却动不动就用政法委、纪委的名义，都是以党的名义冲在前面。我认为，建设一支过硬的队伍，保证干部的良好作风，是特区健康发展的保障。如何监督好、使用好、保护好干部，需要一个机构，但是，纪委不能事事都冲到前面。这样，监察局就应运而生了。

问：成立监察局也受到阻力吗？

答：市委是积极支持成立监察局的。我要求纪委书记兼任监察局局长，相关筹备工作紧锣密鼓地开展，可是也遇到很多阻力。在一次市委常委会议上，我问，监察局筹备简报怎么不发了？无声无息了？大家却不吭声。最后，有人告诉我，说成立监察局是胡闹。我说，我是认真做改革实验的，怎么是胡闹！就这样，筹备工作停顿了一段时间，监察局到1987年5月才正式成立。我们对监察局的干部要求很严格，为了体现责权利对等，我主张给他们加一级工资，可是，反对得不得了。最后，只好妥协，只加了半级工资。

问：当时已经有了规划局，为什么还要成立规划委员会？

答：这个机构成立得最顺利。1986 年 1 月，深圳市规划委员会就成立了。当时深圳有个规划局，有计委，可是没有国土局。计委是管项目的，而对土地资源的利用和发展布局缺乏总体规划。市长不抓规划，光抓几个项目，那不乱套了吗？我们的规划委员会，市长是理所当然的规划委员会主任，委员包括深圳市主要部门的负责人，还聘请了国内外的著名专家，例如，聘请国家建设部周干峙副部长担任首席顾问，还聘请了来自英国皇家规划学会、日本东京大学、澳大利亚堪培拉规划局和新加坡等国家和地区的 30 多位规划设计权威人士担任规划委员会顾问，定期召开规划委员会工作会议，审议、批准涉及土地开发、城市规划的重大事项。这在一定程度上促进了深圳城市土地的合理开发利用。

问：当年结构调整，您把它比喻为"壮士断臂"，为什么？

答：这个比喻首先是袁庚同志提出来的。结构调整是深圳经济特区建立以来面临的第一次严峻考验，可以说是血淋淋的。

企业是经济的细胞。搞活企业，始终是我们进行整顿和改革的出发点和落脚点。

深圳在经济持续高速增长的背后隐藏着危机，存在不少问题，主要是基建规模过大、投资结构不合理、经济效益欠佳、非生产性项目过多，总供给与总需求脱节，比例关系不协调。然而，有些同志对长期高速发展所带来的问题认识不足，包括一些领导干部对调整也不够理解，怀念所谓"黄金时代"，有怨气，讲怪话。有些同志担心压缩基建、调整结构会影响改革开放，影响特区的繁荣，对特区能否依靠自身力量克服困难，能否取得发展抱怀疑态度。人们的这些认识，从本质上反映了一种盲目性，反映了他们对当时的战略转变、工作调整的重要性和迫切性缺乏理解。事实上，深圳特区从建立到 1985 年底，国内生产总值和工业总产值年平均增长速度分别超过 50% 和 90%，特区人口也从几万人发展到 40 多万人。累计完成基建投资 60 多亿元，其中，银行贷款达 19 亿多元，占贷款总额的 30%。这些问题最终发展为外汇收支和财政收支不平衡。按合同规定，大部分贷款将于 1986 年和 1987 年两年还清本息。如不调整结构，不压缩基建规模，将无法按期还清贷款。政府的压力很大，不"断臂"不行！

问：您在深圳工作期间，哪段时期压力最大？

答：1986 年！那是深圳建立特区以来"最寒冷的冬天"。

1986 年 1 月和 2 月，市委市政府先后多次部署经济调整工作。3 月，对全市 1 500 多项基建项目进行了全面清理，重新审查，根据轻重缓急、投资项目和资金落实情况进行筛选，压缩一半以上的基建规模，共停建、缓建 800 多个项目，20 层以上的高楼停建了 60 多栋；压缩投资金额 20 多亿元，占上报投资额的 60% 多；施工队伍裁减近 10 万人。

我在深圳工作 9 个年头，压力最大的就是这个时期。我把它比喻为一场艰难的"攻坚战"。调整涉及面广、力度大。当时，报纸尽量回避"调整"二字，认为调整不是什么好事，总害怕调整出了问题。

最艰难的是压缩基建规模。由于大幅度压缩基建规模，一些基建公司没活干，工人也就没有工资可拿。直到过年，一家国有基建公司仍然无法给工人发工资。工人们就冲到队长家里讨工资。恰好那位队长正在煮鸡汤。情绪激动的工人当即责骂队长对大伙儿漠不关心，一哄而上，连锅一起把鸡汤端走了。

作者：必要的压缩和精准扶持同步推进，充分体现了您的魄力和胆识。反思过去，重温历史，大家认为深圳当年的大调整势在必行。

答：深圳在调整期间不搞一刀切，避免走极端，压缩基建项目的同时扶持发展工业和必要的基建项目，促进了经济平衡发展。对沙角 B 电厂、南头水厂、浮法玻璃厂等重点工业项目和重要的基础设施、生产性服务项目，在贷款上给予优先，对卷烟厂、激光电视机厂等给予减免税优惠，对铁路高架桥工程、垃圾处理厂给予财政支持。保留了国际展览中心、盐田隧道等建设项目。先科集团也是此期间上马的。

问：深圳的发展，是在克服一个又一个困难，弥补一个又一个薄弱环节过程中取得的。当年您是如何弥补深圳工业基础薄弱问题的？

答：工业基础薄弱是深圳当年的主要问题。1985 年 8 月，我到深圳来之前，跟工业部部长李铁映同志长谈过一次，就如何发展深圳的电子工业问题作了详细的探讨，收获很大。我们商定，增加深圳（后来扩大到广东）作为全国电子工业三大基地之一（另两个是上海和北京）。具体措施是：第一，电子工业部在深圳设立办事处，协助深圳市进行宏观管理；第二，电子工业部与深圳市政府合办电子总公司，即后来的赛格集团；第三，成立电子行业协会。这三个机构的工作均由电子工业部马福元同志负责，得到很好的落实。9 月 12 日，根据我的建议，机械工业部部长周建南同志在北京约请十个工业部的负责同志研究讨论了深圳的工业发展问题。11 月 5 日，周建南和国务院特区办公室主任何椿霖同志在深圳主持召开了工业座谈会，国务院有二十多个部门负责人参加了这次会议，对深圳工业提出了"轻、小、精、新"的发展方针。

问：主政深圳期间，在所接待过的外国元首和政府领导人中，您对谁的印象最深刻？

答：我在深圳工作期间，先后接待过许多国家元首和政府领导人，其中，新加坡总理李光耀先生给我的印象最深刻。我和李光耀先生曾在深圳、广州和新加坡多次见面。

李光耀先生具有很高的政治敏锐性，对特区的作用、功能和前景看得很透彻。李光耀说，我非常关注你这个深圳特区，注意你这里的动向，每年都派人来调查研究：你这个动向究竟怎么走、怎么做，你所做的究竟对国内外会有什么影响。他还对印尼总统苏哈托讲，要注意深圳这个小地方。当时，咱们国内很多人都还不明白，李光耀却很明白，他脑子里很清楚。1985 年，李光耀曾对我说，抓住这个机遇继续发展，到本世纪末，世界上各个国家都不能拿你们怎么样了，再过二三十年就跟美国差不多了。李光耀先生的这些话已经得到印证，对我们今天仍然有启发作用。

李光耀也曾怀疑市场经济与社会主义难以兼容。他跟我谈话的内容很广泛，其中，关于深圳特区的谈话给我留下很深的印象。我把这部分内容概括为三点。李光耀对我说："中国不能没有深圳，因为它是改革的试验田；深圳的试验田如果成功了，说明邓小平的中国特色社会主义路子是走得通的；我当总理多年，培养了很多百万富翁，但我自己不能当百万富翁。"1992 年，我将这三点内容向邓小平同志作了汇报。邓小平听后，对两个文明建设的问题作了重要批示："新加坡的社会秩序算是好的，他们管得严，我们应当借鉴他们的经验，而且比他们管得更好。"

问：您所接触的其他外国朋友对深圳特区建设的认识又是怎样的？

答：其他外国人对开办特区的认识有一个过程。1985 年，我刚来深圳时，一位日本朋友问我："你怎么跑到这个地方来工作？全世界的出口加工区都没有什么长久的生命力，无非是用点廉价劳动力，加工产品出口，赚点外汇，过不了几年工厂建满了，一些设备老化了，就差不多该走下坡路了。"我说，我是共产党员呀，党派我来我就来。我们办的特区，与国外办的加工区有相同之处，但本质不同。1990 年 7 月，这位老朋友又来了。他了解到深圳市不仅发挥了对外"窗口"和"基地"的作用，发展速度比较快，而且进行了体制改革的多方面探索，对我说："深圳这个地方非常有前途。我祝你成功。"

问：深圳经济特区的建设发展，您最满意的是哪些方面？

答：深圳特区作为中国改革开放的试验场，发挥了特殊的作用，创造了城市发展奇迹，从一个小渔村发展成为世界级的集装箱港口城市；产生了腾讯、华为等一批高科技企业；从一个农业县成为全国高科技基地……深圳的发展，也创造了世界工业化、城市化、现代化的一个奇迹。

问：作为"试验场"，该如何理解深圳经济特区的改革及其探索经验？

答：深圳实行的改革及其探索经验可分为两类：一类属于为全国的改革开放起探路作用的做法，它所解决的问题同全国要解决的问题一样，例如怎样搞活国有企业，我们实行了股份制改革，还有土地的有偿使用、企业工资制度的改革、金融体制的改革等。这些都属于探索有中国特色社会主义道路的组成部分。另一类是只适用于一些特殊环境的做法。例如，深圳毗邻港澳，体制不同。因此，针对这一特殊情形采取的特殊政策及办法，就不能套用到其他的地方。再比如，建立保税区或特别关税区，也只能在少数地区搞，不可能全国都搞。

三、催生证券市场

推动企业股份制，发展证券市场，尤其是股票市场，是商品经济发展的必然产物，是我国建立计划商品经济新体制的客观要求，也是深圳经济特区在改革开放实践中提出的新课题。继1986年国有企业股份制改革取得成功后，1988年6月，深圳市成立了证券市场领导小组。率先在全国成立证券交易市场，李灏冒了很大风险。

问：在国有企业中实行股份制改革，是您对马克思经典著作的研读成果之一，可以分享吗？

答：1984年，我读过世界银行关于中国经济问题的一份调查报告。该报告的观点很新鲜：为什么不能把国企独一无二的一个"东家"分解成几个不同行业企业、不同地区的国企"东家"？毕竟不同"东家"有不同的利益——实行股份制改革把一个东家变为多个东家，企业才能真正成为市场经济运行主体。可是，该如何改革？这些重大理论问题迫切需要解决，我请教过有关部门和有关专家，却得不到满意答复。带着这些问题，我研读了马克思的经典著作。马克思说，股份制是一种社会经济组织形态，是社会经济发展的一种必然趋势，也是社会向前推进、过渡到社会主义的一种手段。

到深圳工作后，我就啃下国企股份制改革这块"骨头"，将赛格集团公司、建设集团公司、物资总公司等六家市属大型国有企业作为股份改革试点单位，市政府向这六家企业派出董事长，实行董事会领导下的总经理负责制。

国民经济主力军之一的民营企业万科公司，正是当年突破"民间科技"的空间发展起来的。后来，万科、金田、安达、原野等陆续改组为上市公司。

问：为什么说深圳证券交易所"先生孩子，后领结婚证"？

答：这是另一次冒险。现代经济没有资本市场是不可想象的。证券市场对中国的影响实在是太大了。当时成立深圳证券交易所的确承担了很大风险，现在回过头来看，越发觉得重要、值得。深圳应该为此感到自豪。

证券市场领导小组最初叫"资本市场领导小组"。有人提出，"资本市场"容易被误解为"资本主义"的市场，后来回避了敏感的"资本"一词。筹备组广泛学习了美国、英国以及中国香港和台湾等地的证券市场经验，翻译了数百万字的文字资料。结合咱们中国的实际，形成了《深圳证券交易所筹建资料汇编》，它后来被称为深圳证券市场蓝皮书，是国内第一套系统的证券市场法规，包括深圳证券交易委员会的组成、深圳证券交易所章程和交易规则等。

到了 1990 年，深圳股票黑市交易泛滥，几乎到了难以控制的地步。为了加强对股票交易的管理，我们加快了建立证券市场的步伐。各方面工作都已准备就绪，我们请求中央批准开业，却迟迟没有得到批复。

1990 年 11 月的最后一天，我和郑良玉、张鸿义等几位市领导，以及深圳市几大银行行长到证券交易所观摩。筹备组负责人王健和禹国刚向我们"请缨"：准备工作早就做好了，只等批准开张。我们认为深圳证券交易所开业之事不能再拖延了。我当场拍板，明天就试业。批准开业的相关工作，我们市政府负责。12 月 1 日，证券交易所的员工穿上红马甲，非常高兴地"抢闸"开张。这一"抢"，"抢"出了中国第一家运作的证券交易所，比上海证券交易所正式开业时间足足早了 15 天。

直到第二年，深圳证券交易所的批文才下来。1991 年 7 月 9 日，我们才补办了开业仪式。后来，人们风趣地比喻深圳证券交易所"先生孩子，后领结婚证"。

作者：当年如果不是您敢冒风险，深圳可能就没有证券交易市场。

答：恩格斯说，合理的东西必然为自己开辟道路。深圳证券交易所的建立，是市场取向和改革的必然产物，虽然遇到一些曲折。我和市委、市政府的同事们只是顺应潮流，做了一些工作而已。

问：深圳证券交易所是在什么背景下成立的？

答：起初是为了筹集大量资金，吸引金融投资。1988 年，我到英国、法国和意大利考察，其中一项内容是证券市场。在伦敦，香港新鸿基证券公司为我们组织了一个投资座谈会。我代表深圳市政府致辞，欢迎英国金融界到深圳来投资。英国一家基金公司经理告诉我，如果投资，他们不能直接投资我们的企业，只能购买我们的股票。那位经理所提出的问题，我觉得很新鲜。当时，深圳交易股票的仅有发展银行等几家，仅是柜台交易，而且只能少量交易。

深圳要发展，必须建立资本市场。通过资本市场，利用政策优势，使企业筹集到更多的发展资金。那次考察，刚回到香港，我就着手准备深圳证券市场体系建设工作。

1989 年 11 月，深圳市政府成立了深圳证券交易所筹备组，却没有办公的地方。深圳市投资管理公司提供 20 万元无息借款，租了国贸大厦的几间仓库作筹建办公室。后来，交易大厅搬到了国贸大厦 15 楼。

问：为什么聘请香港新鸿基证券公司为证券市场顾问？"顾问"有哪些职责？

答：关于证券市场顾问人选，我们首先考虑日本大和证券公司，想请他们的宫崎勇先生当顾问。我与宫崎勇比较熟悉。1981 年，在中日经济知识交流过程中，我们开始交往。后来，考虑到日本与深圳距离太远，语言交流也不方便，最终决定请香港新鸿基证券公司当顾问。

一个完整的证券市场要有上市公司、证券公司、登记公司、证券交易所，还要对股民进行宣传教育等。香港新鸿基证券公司帮助我们完成了三件事：第一，起草了建立证券市场的总体方案；第二，起草了深圳证券市场的各种法规制度；第三，分期培训证券方面的干部和骨干。

四、推动《宪法》完善

1987年12月1日，新中国首次土地使用权公开拍卖会在深圳会堂进行，李灏与周建南、李铁映、李传芳和刘鸿儒等领导全程参与。这个土地拍卖"第一槌"，成为中国勇敢地告别计划经济、快速进入市场经济轨道的标志性事件。它标志着中国迈出了城市土地管理制度改革的关键一步。然而，这"第一槌"，却在辽阔的中国大地激起千重浪，数省市向国务院特区办"质询"，直指深圳卖地"违宪"。也正是这"第一槌"，促使我国《宪法》关于土地使用权的修改。

问：1987年12月1日那次土地使用权公开拍卖，您是否考虑过"犯法"问题？

答：20世纪80年代，深圳所进行的改革，没有一项不是"犯法"的，包括土地制度的改革、社会保障制度的建立等，都是不符合当时法律的。

问：您敢冒"违宪"之不韪，勇敢地敲响"中华人民共和国土地拍卖第一槌"，却因此遭到全国人大代表的质询。可以分享您的故事吗？

答：我们的"第一槌"的确是冒了很大风险，但那是被逼出来的。每推出一项改革措施，我都战战兢兢，如履薄冰。中国的改革是渐进式的，首先是试验，达到预期效果再推广。深圳也一样，改革方向一定要把准，不能偏离社会主义制度。市政府设立了政务咨询委员会，邀请著名专家、学者当高级顾问。每一项改革方案出台之前，都反复征求意见，研究、修改。在困境中发现问题，提出解决思路，寻求发展动力。正如邓小平所说的"摸着石头过河"。

1987年12月1日，深圳首次公开拍卖土地使用权，有44家企业参与竞争角逐。这是中国经济体制改革的一个里程碑。这一拍，被誉为"中华人民共和国土地拍卖第一槌"。当时使用的拍卖槌是香港测量师学会赠送、从英国定制的。可惜当时没有意识到它的历史意义如此重大，连照片也没留下几张。

问：1989年3月，参加全国人大会议期间，您从容应对人们对深圳卖地问题的质询。您的底气来自哪里？

答：底气来自我们胸有成竹。土地有所有权和使用权双重属性，我们转让的是使用权。事实上，我们并没有违宪。

1987年9月9日，深圳首次以协议方式，顺利拍出一块住宅用地使用权，使用期限为50年。在这次土地拍卖前，我到北京全国人大找彭真委员长和王汉斌秘书长汇报，到全国人大法工委寻求立法支持。我说，《宪法》中关于"任何组织或者个人不得侵占、买卖、出租或者以其他形式非法转让土地"这条规定，表面看来是保护国有土地、保护国家利益，而实际上国有土地不得出租、不准转让，结果被长期无偿占有，造成土地资源严重浪费，国家的损失是无法估量的。我们做了大量工作，得到国务院特区办、国家土地管理局、建设部、广东省人大和省政府，以及广东省国土厅、香港地产界专业人士的大力支持。

其实，我们并不是头脑发热，也不是孤军作战。我们多次召开改革方案和改革理论研讨会，通过协议或招标出让的方式进行试点，积累经验。

1987年12月，广东省人大常委会通过了《深圳经济特区土地管理条例》。

1988年，《宪法》增加了如下条文："土地使用权可以依照法律的规定转让。"随后，《土地管理法》也作了相应的更改。

五、惊心动魄的股票风波

1992年8月9日至10日，深圳发行新股认购抽签表。120多万人提前两三天到各发售点门前排长龙等候发售。由于购买抽签表须凭居民身份证，这次认购抽签表发售前两个月，在深圳之外就已引发了一场身份证收购大战，大约有320万张居民身份证"飞"抵深圳。深圳一家邮局曾经收到一个有7 200张身份证的包裹。令人难以容忍的是，抽签表发售期间，个别银行职员私分抽签表。8月9日，一些发售现场秩序开始混乱，最终引发了一场令人惊心动魄的"8.10"股票风波。在李灏的正确决策和果敢指挥下，这场股票风波终于化险为夷。它见证了一个改革家的气魄和胆识。

问：您主政深圳期间，有没有遇到过让您感到惊心动魄的事情？

答：我在深圳工作期间，经历过许多突发事件，其中，最大、最惊心动魄的是股票风波。发生在1992年8月10日的股票风波，现在回忆起来仍然心有余悸。

这场股票风波由舞弊行为引发，抽签表发售期间，个别银行职员私分了近三分之一抽签表。8月10日傍晚，上万名股民举着"坚决反对作弊""反对贪污""反对腐败""我们要公平，我们要股票"等标语，沿着深南中路向市委方向游行。晚上八时左右，情况开始恶化。数万人的游行队伍围堵在市委、市政府周围，深南中路严重阻塞，交通中断。随着事态的进一步发展，少数人开始使用暴力，砸汽车、砸摩托车，甚至攻击执勤干警。群情激动，还高喊"打倒腐败"等口号。秩序相当混乱。事情已经到了一触即发的危急关头。

我和郑良玉、张鸿义、李海东、李定等市领导闻讯赶到现场，根本来不及开常委会，也来不及回到办公室，就在市委大门口传达室设置了一个临时指挥部，紧急交换意见，商量应急方案。怎么办？大家都束手无策。股民是冲着股票来的，即使没有出现舞弊行为，他们也会因连续几天辛辛苦苦排队，却买不到新股认购抽签表而不满。而事实上，我们的股票发行办法本身有缺陷：当天预发认购表500万张，每人凭身份证可以购表10张，而每10张表中必有1张中签。买了抽签表就可以买到股票、买了股票就可以赚钱。买股票没有任何风险，稳赚不赔的诱惑引发股民争购。可是，发售不到半天就宣布抽签表全部售完了。人们难以置信，现场秩序在质疑声中变得混乱，还发生了肢体冲突。我提议把明年股票额度的一部分提前到今年发行。有人提出疑问：把明年的股票额度提前发行，行吗？要不要向上面请示？可是又提不出更好的办法来。我果断地说，这是最简单易行的办法，分秒必争，先把形势控制住。事不宜迟，来不及起草文件，我们决定写几条处理措施，通过传单和广播发布出去，告诉游行示威的人们：我们一定惩治腐败，但你们游行示威、冲击政府机关是不对的，必须遵守秩序。最后一条也就是最重要的：我们决定提前发行明年的部分股票额度，增发500万张抽签表，明天还在原来的地点销售。经广播车一广播，股民马上散去，重新排队去了。

问：千钧一发啊！这件事给了您很大的压力吧？

答：这是我平生遇到的最惊心动魄的一件事！事情发生在邓小平南方谈话后不久，如果游行队伍冲击边检、冲击政府机关，出现重大冲突流血事件，怎么向中央交代？如果当时犹豫不决，后果将不堪设想。

问：可是，8月10日股票风波发生后，听说您度过的是一个不眠之夜？

答：示威的人群散去后，我们立即召开深圳市局级以上干部紧急会议，安排所有机关干部第二天都到各个销售点去工作，并且郑重地重申了工作纪律。散会后，我才又想到一个环节——抽签表能赶印出来吗？我们赶紧找来人民银行王喜义行长。他了解情况后说，恐怕印不出来。事关重要，我只好下了死命令，无论如何，早上八点前必须印出来！至少印出一部分。王喜义斟酌了一会儿说，那就减几道工序。就这样，早上八点前印出了一部分，十二点前全部印好。一切部署完毕，已经是深夜两点左右。这时，国务院秘书长罗干同志来电询问事件情况，我如实报告了整个过程。过了一会儿，中央政治局委员、中央书记处书记丁关根同志也来电询问，我又报告了一次。又过了大约半个小时，李鹏总理亲自打来电话，询问情况，我向总理报告：我们动用明年股票发行额度，加印发行500万张抽签表，事情已经平息，股民排队去了。我们处在一种除了这个办法，神仙也挽救不了的局面。紧接着，我向李鹏总理表态：挨什么处分我都认。在这关键时刻，李鹏总理支持了我的紧急措施。他说，你在第一线，你了解情况，就按你的意见办。不久，广东省委书记谢非来电询问，我又报告了一番。

新股认购抽签发售本是一件小事，我们已经搞了两次。小事情却酿成了大事件，教训非常深刻。虽然成功化解了危机，但我感到很内疚。后来，中央通报批评我负一定领导责任，我心悦诚服地接受。

"8.10"事件直接促成了中国证监会的成立。

六、吸收世界文化精髓

1978年12月18日，党的十一届三中全会在北京召开，作出了以经济建设为中心，进行改革开放，加速社会主义现代化建设的重大战略决策，具有划时代意义。其实，在十一届三中全会召开半年前，中国改革开放的序幕已经悄然拉开，它始于一次国家级的政府经济代表团出访活动。

问：四十年前，我国的改革开放大幕是如何拉开的？

答：中国改革开放最具有历史意义的出访活动，当属1978年5月的中国政府经济代表团出访欧洲。这是中华人民共和国成立以来首次向发达资本主义国家派出的国家级政府经济代表团。代表团成员由六位省部级干部组成，由时任国务院副总理兼国家进出口委员会主任的谷牧同志带队。当时，我在国家进出口委员会工作，也作为代表团成员之一，全程参加了这次出访活动。我们这个经济代表团，除一位欧洲司副司长外，其他人都没有出国经历。这次出国访问，真的大开眼界。我们完全想不到，资本主义国家能够如此繁荣发达，现代科技发展会如此迅猛！从5月2日到6月6日，我们对法国、西德、瑞士、丹麦和比利时的15个城市展开旋风式访问，从工厂、农场、城市设施、港口码头到市场、学校、科研单位和居民区，拼命地参观，拼命地吸收，感受欧洲国家高度发达的现代化文明。访问期间，所到之处无不让我们一直保持着紧迫感，无论是参观空客公司，还是到核电站考察，我们始惊、次醉、终狂。这种感受非常具体，是活生生的，书本上是无法体会到的。

问：这次访问，您为何还对莱茵河产生了非同一般的感情？

答：莱茵河是世界上人与河流关系处理得最成功的河流，绵延千里，流经欧洲6个国家。就连瑞士这样一个高山国家，经过近二百年的梯级开发，船只也可以从大海直接通航到瑞士境内。河上一艘接一艘的繁忙船只真的让我们感到震撼。我清楚地记得，西德总统会见我们时，指着窗外的莱茵河，十分骄傲地说："看，我们的莱茵河多么勤劳。"他的话深深地触动了我。莱茵河的旖旎风光让人陶醉。欧洲人民对环境的开发利用和保护意识更加值得我们借鉴。

问：1978年5月这次出访，对我国的改革开放有什么影响？

答：我国对外经济政策调整的主要依据，就是来自这次出访欧洲的报告。1978年6月下旬，考察归来后，谷牧同志向中央政治局领导作了汇报。不久，邓小平也听取了谷牧同志的汇报。邓小平明确表态：一定要下决心做引进这件事，要尽快争取时间，向国外借点钱搞建设。1978年7月，国务院召开了近两个月的理论务虚会。会上，谷牧同志系统地作了考察西欧五国的情况报告。

1978年12月18日，具有划时代意义的党的十一届三中全会在北京召开，作出了以经济建设为中心，进行改革开放，加速社会主义现代化建设的重大战略决策。

问：这一切，跟广东和深圳特区有什么直接联系？

答：党的十一届三中全会之后，提出了"对内搞活，对外开放"的口号。大家也都感觉到要"开"了，却不知道怎么"开"。

1979年2月，广东省委第一书记吴南生从汕头考察回来，提出在汕头划出一块地方搞试验，通过各种优惠政策吸引外资，把国外先进的东西吸引到汕头来。这一提法得到了广东省省长习仲勋和省委第二书记、副省长杨尚昆等老领导的重视。省委领导研究决定搞"出口加工区"。也就是这一年，深圳被升为半地级市。同时，招商局的袁庚同志（袁庚时任交通部所属的香港招商局常务副董事长，主持招商局全面工作，1981年提出了"时间就是金钱，效率就是生命"的口号）在蛇口搞了一个工业园。这些都成了广东向中央请求开放权限的直接原因。

1979年4月，习仲勋同志在北京参加中央工作会议期间率先向党中央提出请求：广东毗邻港澳，华侨众多，应充分利用国内外的有利形势，发挥广东的特点和人文地缘优势，积极开展对外经济技术交流。希望中央给点权，让广东在改革开放中先走一步。对此，邓小平同志表示支持："就叫特区嘛！陕甘宁就是特区。"

1979年7月19日，中央下发了中发〔1979〕50号文件《中共中央、国务院批转广东省委、福建省委关于对外经济活动和灵活措施的两个报告》，明确批示："出口特区"先在深圳、珠海两市试办，待取得经验后，再考虑在汕头、厦门设置。这份文件在改革开放进程中具有历史性意义。文件中之所以叫"出口特区"，主要是为了区别于资本主义国家和地区的"出口加工区"。

我清楚地记得，1978年5月出国访问，临行前，邓小平寓意深长地叮嘱我们："要广泛接触，详细调查，深入研究些问题。"我们也算是不辱使命吧！

问：在改革过程中，您对学习国外文明成果是如何理解的？

答：关于这个问题，首先要理解什么叫"对外开放"。邓小平同志说过，要学习借鉴全人类一切文明成果。我认为，开放就是学习借鉴全人类一切文明成果。现代社会交往高度发达，一个国家、一个地区如果想发展自己，就必须学习借鉴或利用国际社会一切可以利用的文明成果。

我到深圳后，从三个方面充分发挥深圳对外交往广泛的优势：一是借助他人的智慧、知识和经验来充实自己。譬如，聘请了一批有影响力的国内外专家、学者担任政府高级顾问，还成立了深圳日本协力会。协力会的日方学者和专家给深圳提出了许多富有价值的建议。二是借助他人的实力和条件来发展自己。譬如搞证券市场，通过与香港新鸿基公司交朋友，与日本的大和证券、小林实、宫崎勇等交朋友，虚心向他们请教。三是携手他人来完善、提高自己。譬如，城市管理和环境保护方面，我们与休斯敦结为姐妹城市，注重学习休斯敦这方面的成功经验。

问：应该如何理解您提出的"深圳改革开放的目标，是把深圳弄成按国际规则打篮球的地方"？

答：要学会"按国际规则打篮球"，是我在20世纪80年代提出的一个说法，其实是一个比喻，就是与国际接轨、国际化。

深圳是对外开放的前沿阵地，是试验场，应该建成一个在社会主义条件下，"按照国际规则打篮球"的地方。要改革那些自我封闭的、不符合全球经济一体化潮流的旧制度、旧方法；要勇敢地进入国际市场，参加国际竞争，建立一个符合国际惯例、实行公平竞争的市场经济的游戏规则，吸引外资，使深圳成为万商云集的国际市场，成为一个永不闭馆的国际展览中心，也为全国提供借鉴，肩负起中央交给深圳的使命。在国际交往中，自行另立一套规则或违反既定规则都是不行的。我们不能像阎锡山那样修窄的铁轨，全国行不通。后来，中央在一些文件里提出了"按国际惯例办事"，"按国际规则打篮球"这句话就是这么来的。

就市场经济而言，我们和资本主义国家"打篮球"所面临的"球场规则"是一样的，无法回避，必须直接面对。然而，还是有许多不一样的地方："球队"成员的组成和技术不一样，管理、精神动力和追求的目标不一样，价值取向也不一样。因为我们是建设社会主义的物质文明和精神文明。

问：深圳特区改革开放，学习、吸收国外的知识和文明成果过程中，如何避免盲目崇拜？

答：根据亚当·斯密的理论，实行自由贸易，经济走向全球化，是大趋势。地球上有两百多个国家和地区，建立在不同民族、不同文化和不同宗教信仰的基础上，各国的经济发展阶段和发展水平也存在较大差异。在全球化过程中，少数发达国家起了主导作用。制定国际规则，其实是国与国之间进行的、关系各自利益的博弈。我们在经济方面逐渐与国际惯例接轨是必然的，但也要学会在全球化过程中维护本国利益，特别是要在制定国际规则中发挥更大作用。

社会主义计划经济好比"看得见的手"，市场调节则是"看不见的手"。事实上，即使是资本主义国家，也没有纯粹的市场经济，货币、财政、金融、关税等，政府都不同程度地进行干预。

学习和吸收国外知识和文明成果的过程中，要认真思考，认真总结。一方面要明白该做什么，什么能做、什么不能做；另一方面还要敢做，敢负责任，敢担风险，要奋不顾身。遇事如果首先考虑对自己有没有利，对自己有利的才做，那是不行的。

20 世纪 90 年代初，杨振宁教授曾对我说过，他对青少年工作比较担心。他认为，改革开放，我国跟外国接触的机会增加了，加上我们的一些宣传舆论带有片面性，青少年如果没有得到正确引导，就会产生错误的认识，盲目崇拜西方，妄自菲薄，埋怨情绪增多，以为外国好像是天堂，可以不经过努力奋斗，就能过上好生活。杨振宁教授还说，中国能否稳定，能否繁荣富强，很大程度上取决于能否把青少年教育好。

七、旗帜鲜明地反腐倡廉

深圳特区处于对外开放的前沿阵地，是社会主义和资本主义两种思想文化的交汇点，商品经济比较发达。在学习外国先进文化、引进国外资金和技术的同时，资本主义的价值观念和腐朽的生活方式，也给特区党员干部和人民群众带来不良影响。反腐和廉政问题，对于深圳经济特区来说显得愈加重要。李灏坚决践行中央领导对深圳提出的明确要求："繁荣的经济，廉洁的政府"，确保深圳经济特区健康快速发展。

问：深圳在精神文明建设方面取得了卓有成效的成绩，有许多文艺作品在全国和国际上获奖，《世纪行》《力挽狂澜》和《深圳人》等影视作品也在国内外产生了巨大的影响。然而，20 世纪 80 年代，对于特区深圳，社会上曾经有过一种片面并且非常尖锐的说法——深圳这个地方除了国旗是红色的，其他一切都变颜色了。对于这种说法，您有什么看法？

答：这种说法显然是片面的，不符合实际。在深圳这个地方，要对外交往，企业有很大自主权，人们的思想也比较活跃。怎样才能建立一个有秩序的社会、建立起一支廉洁公正的公务员队伍，这确实是摆在我们面前的大问题，是一个很值得我们重视的问题。精神文明建设、廉政建设、反贪污受贿，不仅是处理几个贪污受贿分子的问题，而且还是关系到特区建设成败的问题。如果深圳真的是没有一个干部是干净的，那么我们的特区就是失败的。

我到深圳前，中央领导找我谈话，郑重地谈了廉政问题，告诫我：深圳市政府前有一座孺子牛雕塑，市领导却住着小洋房；外界说是"前有孺子牛，后有常委楼"，意思是说，深圳领导表面艰苦奋斗，其实是假的。领导要求我去深圳后要"三不沾"：一是要吃苦在前，享受在后，生活上不要特殊化，越是在特区，越要这样，出淤泥而不染；二是要按政策原则办事，不走后门，不送人情，不搞宗派，不要染上"私"字；三是真正把深圳搞起来，只许成功，不许失败。同时还强调，深圳要办好工业，多创汇，起窗口作用，不能被人当成"软骨美人"。

建设一个社会主义的经济特区不是一件容易的事情，需要进行许多探索，要做很多工作。必须坚定不移地贯彻执行中央的"两手抓"要求，在抓物质文明建设的同时，还要抓社会主义精神文明建设；在发展经济的同时，还要抓廉政建设。廉政本身并不一定是社会主义，但社会主义必须廉政。

问：深圳是充满机遇和挑战的舞台。深圳的精神文明建设和廉政建设主要体现在哪些方面？

答：第一，深圳经济特区在强调发展生产力的同时，搞好社会风气，依法办事。监察局认真贯彻方针：立法、教育、办案，预防为主。

第二，大力弘扬中华民族的优秀文化，大胆吸收了国外优秀的文化精华，创立了"开拓、创新、团结、献身"的特区精神。这种特区精神是我们共产党人的理想、道德、情操的体现，也是特区人必须具备的特区素质。它要求特区的干部群众要有强烈的改革开拓意识，科学的态度和献身精神。

第三，抓好宣传教育，弘扬正气。抓好新事物的报道，抓好倾向性问题的报道，抓好典型报道。同时，抓好法制、道德、理想这三个不同层次的教育。从小孩子抓起，让老百姓知道什么允许做，什么不允许做，培养市民文明礼貌的新风尚。到了深圳，人人都要有一种荣誉感、责任感，要提醒自己，你为深圳做了什么贡献？

问：深圳的建设，是否考虑过"高薪养廉"？

答：我来深圳不久，到罗湖区湖贝村与村支部书记交谈。他说，你当市长工资这么少，我比你多，我心里不安呀！我说，我与你不一样，我们公务人员应该是这样的，我们是两种不同的分配体系嘛。达到真正的分配合理化，是一个比较漫长的过程。

1985年11月，我第一次在深圳接待新加坡总理李光耀先生，他问深圳有没有贪污问题。我说，深圳是整个社会的一部分，怎么可能避免呢？再完善的社会也会有贪污的，不过深圳不是很严重。他又问，你们如何对付？我说，我们准备参考你们的做法，成立监察局。新加坡有反贪局，香港有廉政公署，但我们不会照搬。他问我，赌场能不能开？我告诉他，我刚来，接到过群众来信，反映她的老公让老虎机给迷住了，一天到晚不回家。据我了解，我们的深圳湾酒店曾开过赌场，弊病太多，不久就关闭了。看来，国家的发展不能靠赌场，赌场还是不要开好。接着，李光耀先生跟我讲"高薪养廉"。我告诉他："这点不能学你们。"新加坡的部长一个月薪水两三万美元，而我们实行低薪制，只有三五百元。我们的干部，尤其是党员干部，有理想，有觉悟，不光是为了钱才做事。再说，我们中国国情就是这样，干部拿太多了，脱离群众也不行。

世界各国办的出口加工区，最主要的吸引力，就是土地使用费低、工资低。我们刚开始办特区时也是靠这一条。如果一味追求高工资，就会失去这方面的吸引力。

八、"南方谈话"见证

1992 年 1 月 19 日至 23 日，中国改革开放的总设计师邓小平来到深圳视察，李灏全程陪同，先后视察了皇岗口岸、国贸大厦、先科激光公司、华侨城和仙湖植物园等地。这是继 1984 年之后邓小平第二次视察深圳特区。在国贸大厦，邓小平发表的 30 分钟的重要谈话内容构成了举世闻名的"南方谈话"宝贵篇章，掀起了中国改革开放第二次浪潮。邓小平高瞻远瞩，再次开创性地给中国特色社会主义注入新动力。"南方谈话"之后，市场经济体制被正式写入《中华人民共和国宪法》和《中国共产党章程》。

问：主政深圳 9 个年头，您最难忘的是什么？

答：1992 年春天，陪同小平同志在深圳视察的 5 天，让我毕生难忘。小平同志以开创性的视野，高屋建瓴地看问题。他的谈话涉及改革开放和社会主义建设的多个方面，尤其是关于方向、道路、性质的重大问题，讲得非常深刻，非常精辟，让我们受益终生！有些内容也许现在觉得很平常，但在当时却令人茅塞顿开。

问：小平同志是不是您请来的？

答：小平同志不是我请来的。之前我曾多次请他来深圳看看，期待他来检查指导工作，但他都没来。这次我还没来得及邀请，他就主动来了。

问：这是为什么？

答：小平同志有话要说。1991 年，苏联瓦解，东欧剧变之后，我们国内"左"的思潮泛滥，出现了改革开放姓"资"还是姓"社"问题的争论，对经济特区的非议很多，反和平演变的呼声也很高，甚至有人说什么"资本主义正从南方一个城市向北方蔓延"等。小平同志 1984 年来过深圳，之后，整整 8 年没来过，但一直关注着深圳的发展。当时，深圳的改革已经过了十多年的实践。深圳搞得怎么样？这是一个生死攸关的问题，直接关系到他所提出的中国特色社会主义、改革开放路线能不能成功。小平同志为什么来了？因为他有话讲嘛。小平同志要说话，所以他主动到深圳来了。

其实，深圳特区从开始建立到小平南方谈话，遭到的非议和反对声音就一直没有停过。深圳特区进行的各项改革，都是顶住各种压力，冒着很大风险进行的。我们在致力于发展以工业为主的外向型经济的同时，率先进行了工资物价、国有企业、金融外汇、证券市场、土地住房、要素市场体系、社会保障和行政管理监督等多方面的改革探索，初步建立起市场经济的体制框架。这些改革对或不对，我们期待着小平同志来检查指导。

小平同志对深圳特区的工作给予充分肯定，并斩钉截铁地说，特区姓"社"不姓"资"。听了小平同志的讲话，特区人民信心百倍！

问：1984年，邓小平是在什么背景下给深圳题词的？

答：1984年，邓小平同志到深圳视察，当时他说这次来只看不说，离开深圳5天后，在广州才补给深圳题词："深圳的发展和经验证明，我们建立经济特区的政策是正确的。"邓小平同志回到北京后，还曾经说过，深圳是一个试验，成功当然是好事，不成功也是一个经验。这说明小平同志对深圳充满期望，同时也不无忧虑。

邓小平同志是一个唯物主义者。特区刚办四五年时间，他当然不能轻易说是成功的，不能过早下结论，但他斩钉截铁地说，中央试办经济特区的决策是正确的。这是小平同志给深圳第一次也是唯一的一次题词。没有小平同志拍板，不会建立特区；没有小平同志1984年那么坚定的话，特区早就收摊了，就不会有后面的实践经验。

问：可否分享小平同志1992年视察深圳时的精彩片段？

答：1992年1月19日上午，我和广东省委书记谢非、深圳市市长郑良玉前往深圳火车站迎接小平同志。上午九时，小平同志乘坐的专列开进了深圳火车站。我们把小平同志一行先接到深圳迎宾馆。小平同志及随行人员和谢非在宾馆院内散步时，邓楠向父亲提起1984年1月26日为深圳特区题词一事。小平同志一字不漏地将他8年前的题词念了出来：深圳的发展和经验证明，我们建立经济特区的政策是正确的。在场的人们都佩服他的记忆力。

那天上午，本来是安排小平同志先休息的，但他心情很激动，急切地要看看深圳。在宾馆待了不到半小时，他就说要出去走走。因事先没准备，只好安排参观市容。小平同志和我们共同乘坐一辆面包车，我和他坐一排。一上车，他就开始了解深圳的情况："有人说，深圳现在是外资的天下，是不是这样？"我向他简要汇报：无论从投资总额或经济总量看，外资都只占1/4。小平同志说，深圳外资所占的比例只有1/4，还不是外资的天下，利用外资很有好处嘛，那些说多一分外资就多一分资本主义的人"连基本常识都没有"。

我告诉小平同志，深圳从1989年起建立了一个经济合作发展基金，每年拿出财政收入的2%，专门给内地的贫困地区搞"造血"项目，小平同志听了很高兴，就引出了他那段"走共同富裕道路"的话来。

那几天在车上，我坐在他身旁。他多次跟我说，他的腿不好。然后他又说："我的脑子还行。"他总是给人一种很自信的感觉。

1月20日上午，我陪小平同志搭乘国贸中心大厦电梯登上53层的旋转观光层。小平同志面窗而坐，目光炯炯，尽情饱览深圳风貌。外面高楼林立，车水马龙。我顺着老人家手指的方向一一向他介绍：那是通向火车站的人民路、建设路、和平路，再往远看，就是香港。小平同志说，八年了，变化太大了，看看，这些都是实干干出来的，不是讲话讲出来的，也不是写文章写出来的。要坚持两手抓，一手抓改革开放，一手抓打击各种犯罪活动。这两只手都要硬，不能软。要坚持党的十一届三中全会以来的路线、方针、政策，关键是坚持"一个中心，两个基本点"。不坚持社会主义，不改革开放，不发展经济，不改善人民生活，只能是死路一条。基本路线要管一百年，动摇不得。也就是这个上午，在国贸中心大厦，我见缝插针地抓紧时间向小平同志汇报了深圳的改革和发展情况。随后，小平同志发表了30多分钟的重要谈话，从而掀起了中国改革开放第二次浪潮。那天，小平同志搭乘电梯下楼后，一出侧门，就看到大厅里人山人海。从一楼到四楼，站满了闻讯自发赶来的市民。一看到小平同志走出来，人群中问候声此起彼伏："小平，您好！""谢谢小平同志！"许多市民看到小平同志，都激动得眼含热泪。小平同志也很高兴，满面笑容，向人群挥手致意。场面非常温馨感人。

接下来的几天视察，小平同志很兴奋，情绪高涨，一路看一路发表谈话。

他说，也有不少人担心股票市场是资本主义，所以让深圳和上海先搞试验。证券、股市，这些东西究竟好不好，有没有危险，是不是资本主义独有的东西，社会主义能不能用，要大胆地尝试。

他说，计划跟市场都是手段，市场调节、计划调节，资本主义可以用，社会主义也可以用。

他还说，没想到深圳发展这么快，看了以后，信心增加了。用一句话来讲就是"深圳的经验是敢闯"。

小平同志视察的第三天上午，我陪同他参观了深圳植物园。他精神很好，对各类植物也很感兴趣："这树为什么叫光棍树啊？""这种竹子是不是从四川移植过来的？我们四川也有很多竹子啊！"整个参观过程，他都非常愉悦。

由于行程比较紧张，我一直没有找到更多汇报的机会。在小平同志离开深圳的前一天，我盘算了一下，我还有几个问题没向他汇报。于是，在第二天去蛇口的路上，我在车上向他汇报了今后的几点打算，当场得到他的首肯。小平同志对我说："我都赞同，你大胆去干。"他要求我们，每年都要总结经验，对的就坚持，不对的赶快改，就不会犯大错误。我赶紧说，感谢小平同志对我们的支持，我们一定努力干好，争取少犯错误，不犯大错误。听到这里，小平同志当即严肃地指出，我们首先考虑的是要敢闯，而不是首先考虑犯不犯错误。第二条是发现问题要赶快改正。这实际上是对我的委婉批评，使我受到了深刻教育。试想，如果每个干部总是先考虑个人利害得失，畏首畏尾，改革开放怎能"杀出一条血路"？

小平同志说话很有针对性，一句是一句，没有空话、官话。

1月23日上午八点多，小平同志到了蛇口码头，即将乘船前往珠海视察。我们都告别过了。"欢迎您再来"这一类的话也全说过了。临别那一刻，他已走了几步，突然回过头来对我们说："你们要搞快一点！"

这短短的一句话，我的理解，是他老人家临别前的自然流露，是对深圳人民，也是对全国人民的叮嘱和期待，充满了迫切之情。

小平同志1992年春天视察深圳，看似闲庭信步，而他那双大手，谈笑间，再次推动中国这艘巨轮起航，沿着改革开放的正确航道奋勇前进，有中国特色的社会主义道路越走越宽广。

问：您陪同在小平同志身边时，又要汇报，又要听讲话。您通过什么方式记录他的讲话，是您的秘书记录还是录音？

答：实际上，小平讲话的时候很多人都不在场，有时现场没有一个记者。我曾经想过偷偷录音，便于日后整理，但我不敢这样做。我不知道他允不允许录音。我随身带着笔记本，都是自己记录的。小平同志在国贸中心大厦发表讲话时，在场听的人多一些。当时，陈建华拿了个录音机比较靠前，也给了我一个录音机，但我没有录音。我认为，领导讲话，最重要的是领会精神。后来，陈锡添写的《东方风来满眼春》中的一些内容使用的也是第二手材料。

问：陪同邓小平视察深圳的日子，您有什么遗憾吗？

答：我有遗憾。26年过去了，我至今仍然感到遗憾的是，小平同志在深圳视察期间，我们没能陪他吃过一顿饭。那些天，他一日三餐都是和家人在一起吃，不让我们陪。

问：历史是昨天的事实，今天又将成为明天的历史。像深圳这样的小渔村、小县城，全国有几千个，然而，为什么深圳显得这么重要？

答：布热津斯基说过："所有社会主义阵营都要崩溃，但中国例外，因为中国共产党改造过了。"深圳特区的作用就是因为它是实验场。实验场是什么概念？实验场的意思是说，整个国家旧的道路走不通了，需要你作为实验场来探索新的道路，探索有中国特色的社会主义道路。作为改革的试验场，深圳最大的贡献不是交多少税、创多少外汇，当然这些都是重要任务、重要贡献，但是最重要的任务、最大的贡献就是对中国特色社会主义的路子进行探索，取得了比较成功的经验。能够让中央作出全面实行社会主义市场经济新体制的决定，为从计划经济体制转到市场经济体制这样一个重大转变提供实践经验，这是深圳的最大贡献。

问：深圳特区为什么能够高速发展？

答：关于这个问题，不少人作过专门的探讨，其中不乏真知灼见，总结起来就是一句话：深圳特区的巨大发展，是天时、地利、人和这三方面综合作用的结果——党的十一届三中全会以来的改革开放政策、毗邻香港的地理优势、来自全国各地的新移民和深圳本土的原居民团结一致，艰苦创业，敢闯、敢试、敢探索，不唯书，不唯上，只唯实，不断为深圳的发展注入生机和活力，创造了两个牌子：一个是国际化城市，一个是特区。

问：有一种观点认为，中国的市场经济路子已经找到了，全国都实行了这个政策，经济特区这个实验就到此为止了。深圳实验场的作用没有了，就该关门了。您对这种观点有什么看法？

答：这种观点是非常浅薄的。譬如海军试验基地，试验完这种武器装备，武装好军队之后，还可以再试第二个、第三个。深圳作为改革试验场的功能并没有消失。

2012年12月8日，习近平总书记视察的第一站就到深圳来，回顾广东改革开放历程，传承深圳特区精神。这说明有中国特色的社会主义道路仍然要坚持走下去，经济特区仍然要敢闯敢试。20年前，小平同志南方谈话，像一阵春风，给处在改革十字路口的广东带来了生机和活力。习近平总书记视察深圳，像一道阳光，给转型中的中国以前进的勇气和力量。我希望，南粤大地继续当好改革开放的窗口，深圳续写"春天的故事"。

九、成长印记

李灏出生于电白县坡心镇红十月乡高圳车村一个较富裕的农家。那是一个令人敬仰的革命之家、英雄之家。李灏的父母亲李汉三和李陈氏先后生育了五个孩子——四个女儿和李灏。大姐和二姐都不幸夭折，只有三姐李惠秀、四姐李嘉和李灏健康成长。李灏年幼时，父母亲因病相继去世，四姐李嘉（中共地下党员、巾帼英雄、革命烈士）对李灏的成长、进步产生了重要影响。

李嘉出生后母亲病重，出生仅10天就被送给茂名县飞马村姑妈郑李氏抚养。16岁那年，由姑妈做主，李嘉跟茂名县兰石村（现属吴川市）的进步青年梁之模（中山大学学生，曾参与中山大学声援北平"一二·九"学生抗日救国运动，1939年从中山大学毕业后回到家乡当老师，秘密从事革命活动）结婚。李嘉积极追求知识，追求真理，是同时代青年中的佼佼者。在丈夫的支持下，她考入中学读书。抗日战争爆发后，她参加家乡的"战时妇女服务队"，并接受正规训练。1940年，李嘉加入中国共产党，以教师身份做掩护，从事革命活动。在李嘉的影响下，李灏夫妇和三姐李惠秀、表哥郑奎等坚定地走上了革命道路。李嘉还把婆家和娘家都建成地下党交通联络站。1946年，年仅28岁的李嘉、梁之模夫妇惨遭国民党残酷杀害。

李灏的家，在抗日战争和解放战争中，尤其是1941年至1949年间，是中共茂、电、信地委和电白县委组织秘密开展革命工作的重要据点之一，是中共华南分局向电白输送党员及交接组织的中转站，是策反陈赓桃部队起义的临时指挥部，是中华人民共和国成立前夕电白县委机关所在地。

青少年时代，李灏酷爱读书，渴求知识，立志学好本领报效国家。他有过许多梦想：曾梦想成为一名为民呐喊的新闻记者，曾梦想成为一名为国分忧的科学工作者，也曾梦想成为一名出色的水稻种植专家，却不曾想到会成为一名革命家。

亲人惨遭国民党反动派杀害后，李灏继承烈士遗志，化悲痛为力量，积极配合党组织做了大量工作。为了筹集革命经费，李灏毅然变卖家里的良田和财产。这一切，都印证了李灏的非凡能力和坚韧不拔的革命意志。

1946 年，李灏克服重重困难，从家乡步行到广州，参加了多所名牌大学举行的招生考试，名列前茅，均被所报考的大学录取。李灏就近选择了中山大学，成为农业系著名水稻专家丁颖教授的学生。大学期间，李灏积极投身学校各种进步活动，还与刘积昌、李卓儒等成立"电白留穗同学同乡会""秋白社"，秘密出版《电风》《电声》刊物。同时，多方筹款、筹物运送到茂、电、信游击区。1947 年，李灏参加了党的外围组织地下学联，1949 年 2 月加入中国共产党。不久，由于身份暴露，党组织决定让李灏从学校撤出，调到粤桂边区茂、电、信地区工作，从而开始了他的职业革命生涯。

1949 年，李灏成功策反了陈赓桃起义，还参与商讨了国民党电白县长王德全的策反工作，促使王德全将其所掌握的两营军队接受和平改编，为电白和粤西地区其他地方的解放扫除障碍。

半个多世纪的内忧外患和时代变迁，在李灏身上烙下了鲜明印记。数十年如一日，李灏的理想和信仰与国家命运紧紧地联系在一起，系着人民需求。

问：您是如何走上革命道路的？

答：主要是受我四姐李嘉的影响。我四姐、四姐夫梁之模和表哥郑奎都是中共地下党员，他们对我的成长产生了非常重要的影响。从 1941 年起，中共茂、电、信地委和电白县委领导人在我家活动和隐蔽长达 8 年之久。家里变卖所有田地和一切可以变卖的家产筹款筹粮，支持革命。我们家是游击队刊物《火车头战报》的编辑部和地下党的文件、布告的油印基地。1945 年，我结婚后，妻子陈惠珍非常支持我的工作，跟我三姐李惠秀在家里负责往来同志的接待、食宿安排和安全保卫工作。我家里开办了一个半公开的书店，曾是《列宁选集》《新华日报》和《群众》等进步书刊的秘密供应点。

1946 年，我四姐和四姐夫、表哥郑奎惨遭国民党残酷杀害。他们的牺牲让我感到震惊和愤恨。四姐和四姐夫牺牲时年仅 28 岁，留下三个年幼的孩子，是共产党把他们哺育成人。

问：是什么原因促使您上大学的？为什么选择中山大学农业系？

答：学好知识并报效国家是我青少年时代最强烈的愿望。1943年，我从高州中学毕业后，本来打算去昆明投考西南联大的，但由于筹措不到路费，只好放弃。

为了筹集经费，我回到家乡，在电白县林头木院小学等学校当老师，后来还担任校长。根据中共电白县委的指示，我安排中共电白县委负责人严子刚及刘俊才、黎成儒在学校里工作，学校骨干也多数是地下党员和进步人士。

1946年，我历尽艰辛，从家乡步行到广州参加大学招生考试。为了稳妥起见，我报考了包括北京大学在内的多所大学。让我喜出望外的是，我所报考的大学都录取了我。最终选择学校时，我考虑到，中国是农业大国，种植高产水稻大有作为，于是选择了中山大学农业系，师从著名水稻专家丁颖教授。恰巧丁颖教授也是从高州中学毕业的。

问：可是，您最初的愿望是当记者，为什么改变了初衷？

答：年轻时，我阅读过许多书籍，其中，邹韬奋的《萍踪寄语》、托尔斯泰的《战争与和平》、斯诺的《西行漫记》，以及约翰·根舍的《欧洲内幕》和《亚洲内幕》等对我影响很大。1946年，我很想报考上海复旦大学新闻系，希望将来能当一名新闻记者。遗憾的是，该校当年不在广东招生，故未能遂愿。

问：能请您回忆一下您成功策反陈赓桃的故事吗？

答：陈赓桃是我的一个疏堂舅父，原是国民党三十五军的团长。该团1948年在山东进攻解放区时被解放军消灭了，之后，他失业在广州。陈赓桃的两个儿子陈孔安、陈孔杰是我表哥。在中山大学读书时，我吸收他们俩参加地下学联，他们从此走上革命道路。1949年，在广州市委的布置下，我利用亲属关系，跟表哥陈孔安（共产党员）一起做陈赓桃的工作，鼓励他接任省保安九团团长，并介绍地下党成员郑伟猷给他当营长。陈赓桃任团长的国民党保安九团一度控制茂名、电白和信宜三县的主要城镇。我们乘陈赓桃招兵买马之机，介绍一些可靠人士进入保安九团，发动一百多名地下党员、团员、游击队员和进步青年到陈赓桃炮兵连当兵，成立秘密中共党支部、青年团支部。我和陈孔安陪同地委委员林其材、陈兆荣、车振伦前往陈赓桃家，跟陈赓桃面谈，向陈赓桃讲清形势，阐明中共政策，指出前途出路，终于解除了陈赓桃"怕被别人指骂脊梁骨"等思想顾虑，接受中共意见，同意率部起义。1949年10月15日，陈赓桃毅然率领保安九团下属的两个营（还有一个营驻惠阳）、三个直属连和一个通讯排，及其弟陈赓彬率领的保安二师某团一个营，共1 200多名官兵，在梅菉博铺宣布起义，把多余的枪支弹药统统交给中共党组织运送茂南游击区。

问：您为什么将家乡的故居无偿捐献出来，作为爱国主义教育基地？

答：家乡的故居是我出生和成长的地方。在那里，我四姐李嘉烈士指引我和亲人走上了革命道路。

抗日战争和解放战争期间，白色恐怖笼罩家乡，电白县国民党当局的军警到处搜捕进步人士。我家乡的故居是共产党员和革命志士隐蔽避险的坚强堡垒。1945 年，茂名飞马、烧酒地区抗日武装起义领导人郑奎遭到国民党茂名当局悬赏十万两白银通缉，就是潜到我们家隐蔽起来，安然渡过险关的。1944 年底，国民党电白县县长李明馨怀疑我们家开展革命活动，电告正龙乡乡长李以楷密切监视。李以楷找我谈话发出警告。根据这个信息，我的家人立即烧毁或收藏好交通站里存放的党内文件资料。第二天，国民党军队包围搜查我们家，没有搜出任何革命活动的证据，扑空而去。1948 至 1949 年间，中共茂、电、信工委和电白县委的多次重要会议就是在家乡的故居召开的。也是在家乡的故居，我们反复研究如何做好国民党电白县县长王德全和保安九团团长陈赓桃的策反工作。家乡的故居，见证了家乡人民抗日战争和解放战争的历史，它是家乡人民不屈不挠革命斗争精神的象征，它应当属于人民。

问：您曾在故乡工作过，故乡留给您印象最深的是什么？

答：故乡的母亲河沙琅江留给了我永恒的记忆。我们高圳车村西临沙琅江，东有小河环绕，敌难进，我易退。沙琅江有渡船，水陆交通便利。横渡沙琅江即可撤往西岸隐蔽，也便于往高州、水东、湛江，向上级汇报。当年，我父母亲去世后，家务由外祖母和三姐李惠秀操持。村里都是李姓人家，人口不多。外祖母心地善良，同情贫苦人民，邻里关系好。三姐有文化，知书识礼，活动能力较强，不易泄密。村民们还自发地在我的故居周围和沙琅江沿岸大量种植甘蔗和竹子，给革命同志隐蔽提供了便利，同时给敌人的搜捕设置了障碍。危难时刻，川流不息的沙琅江总是默默地帮助革命同志渡过难关。长期的革命斗争实践，令我和我的亲人、革命同志对沙琅江有着非同一般的感情。

问：调到北京工作后，听说您的名字曾经有过一段有趣的经历？

答：有些事情可以简，而有些事情不能简。1953 年，我调到北京工作后，由于"灏"字笔画太多，许多同志就简写为同音字"浩"。既然别人都觉得方便，加上"灏"与"浩"的字义也相近，我也就没太在意，久而久之就成了习惯。没想到，1982 年我调任国家经委秘书长后遇到了麻烦。当时，国家经委人事局局长的名字就叫"李浩"。这样一来，我到任后，变成同一个机关里有两个同名同姓的"李浩"，给工作造成诸多不便。最终，中组部要求我恢复原名"李灏"。

十、寄望未来

2004 年 9 月，经中央批准，李灏离职休养。由于对深圳特区有一种特殊的感情，李灏离休后更加关注深圳的发展。深圳建设国际化城市、特区内外一体化、深港合作、廉政建设、精神文明建设、大学城建设等，都是他关心和思考的问题。2005年12月，深圳经济特区研究会成立，李灏担任研究会第一任会长。他曾风趣地对特区研究会的同志说："你们的一个重要任务就是守住特区，别把特区搞丢了。"

问：您办理好离休手续后曾经说过，工作了几十年，年事已高，要开始做一个清闲人。然而，离休第二年，深圳经济特区研究会成立，您就担任研究会第一任会长，为什么闲不住？

答：我希望能有机会对经济特区的发展历史进行全面的回顾和科学的总结，既对历史负责，也可以启示后人。

问：您离休后，曾经有记者让您为自己主政深圳9年的表现打分，还记得您当时是如何回答记者的吗？

答：主政深圳是我一生的幸运，当然记得！"及格就不错了，还不一定及格呢！"

问：为什么如此谦虚？

答：我对批评过我们的人一直心怀感激。我在深圳主持工作已是过去式，历史自有公论。作为一个领导者，必须及时对自己的工作进行总结反思。

问：2012年12月8日，习近平总书记在莲花山视察，并向小平同志塑像敬献花篮。您作为深圳的四位老同志之一陪同视察，见证了全程，可以分享吗？

答：我很幸运，能在有生之年看到党中央新一届领导人视察深圳，能看到改革开放精神的传递与坚守。习近平总书记此次来深圳视察，没有封路；没有安排宴请，只吃自助餐；没有入住迎宾馆，只住在普通套房。这些都鲜明地体现了习总书记身体力行践行"新八条"规定。习总书记这次视察，距离邓小平南方谈话足足20年。20年的路，充分证明了邓小平理论的正确性。

作为改革的先锋城市，深圳的改革任务仍很繁重，改革的步伐不能停顿。作为改革"试验田"，深圳的改革空间还是很大的，深圳仍然有很多事情可以尝试，例如财富的二次分配、遗产税等。深圳要继续创造一种宽松的、鼓励创新的环境和文化。在这样的环境下，深圳不出马化腾也会出个"龙化腾"！

问：您对未来有什么愿望？

答：萧伯纳说过：人生不是一支短短的蜡烛，而是一支由我们暂时拿着的火炬，我们一定要把它燃得十分光明灿烂，然后交给下一代的人们。我们要老当益壮，继续为改革开放鼓与呼。

2018年8月初稿于华南师范大学

2019年春修改

黎乐民

中国科学院院士
北京大学教授

　　黎乐民，广东电白人，1935 年生。中国著名量子化学家和物理无机化学家，1991 年当选中国科学院学部委员（院士），现任北京大学化学与分子工程学院教授、博士生导师。

　　黎乐民院士 1959 年毕业于北京大学原子能系（1961 年更名为技术物理系），后留校任教。1962—1965 年师从著名物理化学和无机化学家徐光宪院士，攻读物理化学（核燃料络合物化学方向）研究生。1965 年研究生毕业后继续留在北京大学技术物理系任教。1969—1976 年随技术物理系前往北京大学汉中分校工作。1976 年 9 月调回北京大学化学系（化学与分子工程学院）工作。1984 年 2 月至 9 月，作为高级研究助手赴美国北卡罗来纳大学 Chapel Hill 分校化学系著名理论化学家 Robert G. Parr 教授的研究组从事科学研究。1984 年 10 月至 1985 年 6 月，作为客座科学家在美国能源部能源和矿物资源研究所著名学者 Klaus Ruedenberg 教授的研究组工作。

科学家的家国情怀

——著名量子化学家、北京大学教授黎乐民院士访谈录

  举世闻名的高级神经活动学说创始人、高级神经活动生理学奠基人、首位诺贝尔生理学奖获得者、苏联科学家伊凡·彼德罗维奇·巴甫洛夫先生，为了给自己至爱的科学事业留下更多的感性材料，直至生命的最后一刻，仍然密切注视着自己越来越糟糕的身体情况，不断地向坐在身边的助手口授生命衰变的感觉。而对于人们的关心、探望，他一概不近人情地加以拒绝："巴甫洛夫很忙……巴甫洛夫正在死亡。"巴甫洛夫在生与死的较量濒临高潮时所表现出来的勤奋、豁达、超然、镇静、无私、无畏，令人折服。他以毕生精力全心全意地诠释了这样的爱国情怀："科学没有国界，科学家却有祖国。我无论做什么，始终在想着，只要我的精力允许的话，我就要首先为我的祖国服务。"

——题记

  黎乐民院士是一位饱经风霜的长者，一位在困难面前"胜似闲庭信步"的睿智老人，跟我（本书作者之一：王佶）父亲是初中同学，刚好比父亲年长一岁，我们尊称他"黎伯伯"。2012年冬，偶然得知黎伯伯到广州参加会议，我陪同父母亲拜访过他。父亲告诉我，距离上一次见面，他们已中断往来50余年。我以为那是我们的第一次见面，黎伯伯却纠正我说是第二次，他1962年暑假探望父亲时就见过襁褓中的我。黎乐民院士平易近人的言行，瞬间拉近了大科学家与我之间的距离。

  2016年11月下旬，我们专程从广州到北京拜访了黎乐民院士。初冬的北京，一场小雪刚过，阳光灿烂，北风萧萧，天空碧蓝，空气清新。我们按约定时间来到北京大学化学楼，满头银发的黎乐民院士早已站在寒风凛冽的大门口等候。他身穿灰色连帽外套，普通黑色皮鞋，精神矍铄，步履稳健，沐浴着朝阳，更像一位慈祥的邻家爷爷。在他的引领下，我们有幸参观了北京大学化学楼内的一些实验室，第一次近距离接触化学缤纷迷人的色彩，领略化学王国的奇妙世界。在化学楼九层接待室，阳光透过宽大的玻璃窗，尽情地洒了进来，黎乐民院士微笑着向我们介绍了北京大学化学与分子工程学院校友们的优秀成果。交谈过程中，他更加神采奕奕，自然地倚着洒满暖阳的

沙发，娓娓道来，畅谈人生追求和感悟。有幸分享他的成长史和奋斗史，我们受益匪浅，回味无穷。

一、成长的记忆

黎乐民院士1935年12月6日出生于广东省电白县大衙铺贝村一户贫苦农民之家。年幼时有一个姐姐，两个妹妹。上大学后，父母亲又为他添了一个弟弟。由于贫穷，黎乐民院士只读过两年正规小学；1949年考入电白三中读初中；1952年初中毕业后考入电白四中（后更名为电白一中）读高中；1955年高中毕业参加高考，被第一志愿北京大学化学系录取；1958年被转派到北京大学原子能系学习，参与原子能化学方面的工作。童年时代，一本《详订古文评注》，使他对文学痴迷；少年时代，一本《化学奇谈》，又使他与化学结缘。"我的成长过程有许多偶然"，访谈过程中，黎乐民院士（以下简称"黎院士"）用得最多的一个词是"偶然"。

王佶：黎伯伯好！您是家乡的骄傲，我们一直仰慕您。小时候父亲告诉我，您是他们同学中贡献最大的。父亲还告诉我，您很注重同学情谊，1962年暑假，您专程到他任教的电白三中看望他。其实父亲跟您同窗共读的时间很短。请您回忆一下中小学时代，您印象最深的是哪位同学？

黎院士：小学同学我几乎没有什么印象了。初中同学我印象最深的有两个人，一个是你父亲王槐，另一个是蔡儒珠。1949年初中入学考试时，你父亲成绩最好，考第一名，当我们的班长。中华人民共和国成立初期，电白的农民生活普遍还很困难，对形势认识也不够全面，不知道读书有什么用，加上社会上流传着许多谣言，引起恐慌，土匪又多，局势比较乱。不久，你父亲和一些同学陆陆续续放弃学业回家耕田了。我的初中同学，刚入学时100多人，两个班，1950年少了三分之一，毕业时只剩下一个班，还不到50人。1962年暑假，我回家探望父母亲，听说你父亲从中等师范学校毕业后在母校电白三中任教，就特意去探访过他。其实，我父亲也曾想让我考师范当老师的，因为当老师不用干农活，工作不必日晒雨淋。那时我们年龄都还小，对许多事情不够了解，自己也就没法坚持，都听家里的安排。初中一年级上学期结束后，我父亲的打算是让我放弃学业回家帮忙干活。我不晓得该怎么办，幸亏蔡儒珠到我家里来，动员我跟他一起继续读书。蔡儒珠比我大两三岁，是我们班的班主席，有组织能力，威信较高，平时很热心张罗班里的事情。我父亲觉得他讲得有道理，就听他的，让我继续去上学。初中顺利毕业后，我继续上高中，蔡儒珠则在读完初中二年级以后"参干"（参加工作，在基层当干部），经过短期培训后参加土地改革，到韶关地区曲江县工作。得知我经济很困难，在我读高中时他非常慷慨地寄给我15元。15元，现在好像不算什

37

么，但那个时候他每月工资才 27 元，15 元占工资很大比例啊。我上大学后跟他还有联系。1958 年，由于我工作需要严格保密的缘故，联系就中断了，但我一直惦记着他。20 世纪 80 年代后，我曾写过信到韶关市委组织部寻找他，还委托在茂名市委组织部工作过的梁立端同学帮忙寻找他，可是都没法寻找到。2012 年，我到华南师范大学参加学术活动，偶然的机会在广东省公安厅工作人员的帮助下，找到了三个同姓名的"蔡儒珠"，随后我通电话确认我要找的那一位。2015 年，我专程到韶关看望了他。

再过 10 天我就 81 周岁了，一路走来，我经历过很多事情，其中有许多偶然的因素。

高中同学印象最深的也有两个人，一个是叶汝裕（本文作者之一黄佐华的舅父），另一个是孙庆文。他俩成绩都很好。平时我们三个人的成绩几乎不相上下。通过高考，叶汝裕考上了清华大学建筑系，成为梁思成①的学生。我们那一届同学就我和他考取了北京的大学，一起到北京来。大学时代我们的关系都很密切。他跟我一样，家里也很困难，整个大学阶段也没有回过家。大学毕业后，他分配到昆明工学院工作，并一直在那里工作，发展得很不错。2005 年，他偕妻子回到清华大学参加庆典活动，我们见了一面。

黄佐华：听汝裕舅父说，他大学毕业到昆明工学院报到前，特意来跟您告别。得知他想绕道回家乡看望阔别 5 年的老母亲缺少路费，您慷慨地给了他 50 元，让他感动不已。其实，您才参加工作不久，手头也很紧。

黎院士：这没什么，人都是需要互相帮助的。别人帮助我，我帮助别人，这很自然。

孙庆文的父亲是南下干部，他各科学习成绩一直都很好，发展得很全面，还当过班主席和校学生会干部。高考结束时他曾告诉我，可能作文写得不理想，结果他考上了华南工学院（后更名为华南理工大学）。这只能说是偶然事件。高考的确有许多偶然因素。他在华南理工大学发展得很不错，当过建筑系主任。清华大学强手很多，竞争很激烈。他如果到清华大学来也许会更顺意，但也不能肯定。很多偶然的事说不清楚。我只是偶然顺意一些，其实没有多大能耐。

王佶：您还记得接到北京大学录取通知书时的情形吗？您能和我们分享一下您在北京大学的生活吧？

黎院士：接到北京大学的录取通知书，我当然很高兴！我的父母亲和老师也跟我一样高兴。随着入学时间的临近，父母亲也加紧为我筹备路费，倾其所有，东拼西凑，一共才筹集到 20 元钱。我怀揣着那 20 元，跟考上大学

---

① 梁思成，梁启超之子，中国科学院学部委员（院士），著名建筑历史学家、建筑教育家和建筑师，参与了人民英雄纪念碑、中华人民共和国国徽等作品的设计，中国现代教育史上第一个建筑学系的创立者。

的同学一起乘坐汽车到广州集中，然后跟全省各地考上北方的大学的同学一起从广州乘火车北上。我跟到北京上学的同学直接顺利地到达北京。中途陆陆续续有同学跟我们告别，转车分赴各自的学校。整个入学过程所需费用全部由政府支出。高中阶段，我当过班学习委员、校学生会学习部长等职务，在学校里算是突出的，到北京大学后就一般了，心里感到很失落。由于压力太大，历史上北京大学有过一些学生因此患病甚至自杀的。我提醒自己：没有退路，必须面对现实，坚持尽力向前走！我的大学生活全靠政府发放的助学金维持，每月12.5元是伙食费；第一年零花钱2元，后来提高到4元，用于理发、购买文具和邮票等。由于我中学当过班干部，跟我联系的同学较多，寄信买邮票的钱都欠缺，手头实在很紧。整个大学阶段，我没再拿家里一分钱，当然，假期也就没钱回家了。

王佶：自从到北京上大学后，第一次回家是什么时候？

黎院士：我第一次回家是1959年8月底，大学毕业办理完报到手续后。由于我们这届同学1958年就参加原子能化学研究工作，毕业时，国家补发我们半个月工资20多元。拿到那笔钱，我才有了第一次回家探望父母亲的路费。我们的工龄从9月1日算起，试用期工资每月46元，工作一年转正后每月56元。为了帮助家里解决困难，大学毕业初期，我每月把工资的三分之一寄给父母；有了孩子后，还坚持把工资的四分之一寄给父母。

王佶：在您的成长过程中，父母亲扮演着怎样的角色，给您留下怎样的印象？

黎院士：父母亲非常勤劳刻苦，待人和蔼友善，家庭和睦，邻里关系好，在苦难面前从不怨天尤人。父母亲都是贫困农民后代。听母亲讲，外婆家很穷，她出嫁前，冬天睡觉从未盖过棉被，全靠盖稻草取暖。父亲家里同样贫穷，因家乡鼠疫流行，祖父在他27岁那年不幸患鼠疫去世。当时父亲年仅4岁，姑妈也只有5岁。我的叔叔是个遗腹子，在祖父去世后不久才出生。就这样，祖母带着三个幼小的孩子，生活非常艰难。幸好有两位叔公热心相助，祖母才好不容易把我父亲姐弟三个拉扯成人。为了养家，父亲很小就到大衕墟店铺当学徒工。他没有正式上学读书的机会，只在白天劳动之余，晚上参加村里"夜学"识字班，也只持续一年。但他坚持随时随地自学，后来也认识比较多的字，并且利用当学徒的环境学会简单算术和记账。我离家后，父亲跟我通信，意思表达清楚，语句也通顺。为了供我读书，父母亲尽其所能。家虽贫，但父母的勤奋和刻苦、相濡以沫让我终身受益。

1974年，我在北京大学汉中分校工作期间接到家里来信，得知父亲病重，马上带着两岁多的儿子回去探望，坐火车辗转略阳、重庆、贵阳、桂林、茂名等地，再换乘汽车回到家乡。村里的"赤脚医生"告诉我，父亲可能是心脏问题，却没料到会危及生命。由于没法在家里久待，我留下一些费用给父亲治病，就带着儿子回到汉中。遗憾的是，几个月后父亲就去世了。

母亲一直在农村劳动，尽管我给她寄生活费，但老人家平时很俭朴，舍不得吃，舍不得穿，有好东西都让给我弟弟的孩子吃。弟弟为此向我表示不安。我对弟弟说，我理解母亲的情意，只要她心里欣慰就好了。我曾把母亲接来北京短期生活过，可是，辛勤纯朴的母亲更牵挂我弟弟家里的困难，坚持要回家乡帮助我弟弟照顾小孩子，做一些力所能及的家务。直至去世当天，母亲仍然外出拾柴，中午回家休息时突发脑溢血，两天后就去世了，享年82岁。我没能赶到家里给她老人家送葬。父母亲的恩德我终生难忘！

王佶：听说您的求学和成长都历尽艰辛。

黎院士：我的求学和成长过程的确有许多偶然因素。1947年，一生坎坷的祖母去世。为了寄托哀思，孝顺的父亲倾其所有给祖母办丧事，拿不出钱来供我上中学了。直到1949年才筹到一点钱，我才得以上初中。如果不是因为祖母去世，我很有可能1950年就初中毕业了。按当时的情况，家里一定是要我报考中等师范学校的。1952年我才初中毕业，选择就不一样了。由于家里的偶然变故，我的人生发生了很大改变，这是谁也无法预测的。人类社会的发展有其必然的规律，但就个人经历而言有许多偶然性。必然与偶然总会相伴，好事与坏事难以过早定论，所谓"祸兮福所倚，福兮祸所伏"。我认为，不必太纠结于一时的逆境。

王佶：您的成长过程中，哪位老师对您的影响最大？

黎院士：总的说来，所有老师对我都很好，没有不好的。我小时候患过疟疾，贫血，身体瘦弱，做体力活缺少力气，跟别人打架也不行（笑）。年龄越小，对老师的印象也越深。由于家里穷，我只读过两年正规小学。之前念过私塾①，主要学认字、写字和读一点古文，上了小学才开始学数学。给我帮助最大的启蒙老师是从广东江门三埠逃难到我们村里来的一名女老师。她对我影响很大，可是我不知道她叫什么名字。我们村里的人都管她叫"三埠婆"。日本侵略者入侵江门一带时，抢光、杀光、烧光，害得她家破人亡。她独自一人逃了出来，历尽艰险逃到我们家附近的一个村子里，嫁给一个家徒四壁的挑夫。据说她初中毕业，我们村里人便请她教小孩子读书认字。现在回忆起来，她的文化水平相当高。在一年时间里，她教过我《诗经》《幼学故事琼林》《详订古文评注》等。《诗经》只是认字和背诵；《幼学故事琼林》和《详订古文评注》则不光认字，还简单讲解，我能理解大致意思。我后来曾经统计过，当年她教我《详订古文评注》中的80多篇文章，其中有50多篇是包含在《古文观止》中的。她对我的帮助的确很大。我因此从小养成读书的习惯，各种各样的书拿来就看。直至现在，我感觉最愉快的事情就是

---

① 私塾是中国古代私人开设于家庭、宗族或乡村内部的一种民间幼儿教育机构、学校。

阅读。初中阶段我阅读过《西游记》《水浒传》《三国演义》等中国著名小说，高中阶段阅读过不少苏联小说，大学阶段阅读一些欧洲文学作品。如果说我有一点点中华传统文化底蕴的话，那得益于那位乡村女老师给我打下的基础。1959 年，我大学毕业后回到家乡时还见过她。问她是否回过三埠，她说抗战胜利后仍然没有钱，回不去，曾委托到三埠的熟人去了解过娘家的情况，回来的人说她家所在地被日本侵略者炸成了废墟，根本说不清哪里是谁的家了。她娘家人也毫无消息，没有下落。她非常懊丧。日本侵略者很可恨！遇上那位启蒙老师，是我的福气，我觉得也属于偶然。

王佶：是谁将您引入化学大门的？

黎院士：对我职业生涯影响最大的是我的初中语文老师、班主任梁家麟先生。他当年是广州的进步青年，远离大城市到我们县工作时才 20 多岁。他语文教得很好。你父亲对他应该也有印象的。

王佶：是的，我父亲一直都很敬重梁家麟老师。我们小时候，父亲经常绘声绘色地跟我们分享梁家麟老师讲课时的精彩片段。那么，梁家麟老师是如何影响您的？

黎院士：抗日战争时期，电白县政府曾从电城迁移到霞洞大村。电白三中就在霞洞大村，校长蔡英华是进步人士，学校办得很好，图书馆藏书也多，我经常去借阅。1950 年暑假期间，我又到图书馆借阅文学书籍，恰好遇到梁家麟老师。他问我："你借什么书？"得知我借阅小说，他告诉我，中华人民共和国成立了，需要许多工程技术人才建设国家，光喜欢语文，光阅读文学书籍还不够。他给我介绍了几本自然科学方面的书籍，其中一本是法国人著的《化学奇谈》。该书被翻译成中文，以浅显易懂的文字解释有趣的化学现象，阐述化学原理，介绍化学在实际生活中的广泛应用，深入浅出，引人入胜，很快就深深地吸引了我。我从此对化学产生了浓厚的兴趣。虽然梁家麟老师当时并不晓得我以后将会怎样发展，但是，他偶然把我引进了化学的大门，激发了我的求知欲。

王佶：您离开母校已经 60 多年了，您对高中阶段的老师还有印象吗？

黎院士：高中老师都很好，而且水平很高。教课最好的当属数学老师李同尧先生。邓维道老师是我们的班主任和体育老师，他一直都鼓励我要锻炼好身体。

王佶：大学阶段，您跟老师的关系密切吗？

黎院士：我在北京大学的本科阶段主要上大课，跟老师直接接触不多。对我影响最大的当属研究生导师徐光宪先生。

王佶：您是家乡学子的楷模。中学阶段，您对高考有什么目标？有没有理想中的大学？

黎院士：中学阶段我还没有名牌大学的概念，只知道北京大学、清华大学很不错，广东的中山大学也很不错。我做了很好的准备。1952 年，我国恢复高考；1953 年，我们中学有两个人考上了北京地质学院；1954 年，由于我们中学应届毕业生不重视高考，没有认真准备，结果没有人考上本科，只有两个考生上了大专。这件事给我们这一届学生敲响了警钟，也给了我不少压力。我找来前两年的高考试题试做，觉得自己也会做。高二已学完了新课，高三开始复习。那时候，老师们的复习讲义全部靠手工刻好蜡纸后再印刷发给学生。老师们自己忙不过来，请人刻写蜡纸又需要花钱。我就自告奋勇地向老师提出帮助刻写蜡版的请求，得到了老师的允许。我包揽了数学、物理、化学三科全部复习讲义的蜡版刻写工作，一字一句地刻写，一边刻写一边思考。讲义刻写好了，相当于里面的内容我也仔细学过了一遍。高考填报志愿，我第一志愿填报北京大学化学系，第二志愿填报兰州大学化学系。虽然当时我对化学并不太了解，但是知道化学能生产制造许多东西，对生活很有用处，因而对化学情有独钟。我考上北京大学，也包含着偶然性与必然性两个方面。

王佶：是兴趣激发了您的学习欲望？

黎院士：兴趣是最好的老师。我认为，小孩子对学习、对身边的事物要有兴趣，要有求知欲，要有自己的想法。做什么事情并不是最重要的，重要的是对某种事物要有兴趣，当然不能是坏兴趣。要有追求，有理想。

王佶：家乡过去很贫穷，现在仍然还处于欠发达地区之列。离开家乡 60 多年了，家乡留给您最深刻的印象是什么？您对家乡有着怎样的期待？

黎院士：贫穷。我印象中的家乡真的很穷很穷。中华人民共和国成立以前，家乡有饿死人的，还有卖儿卖女的。1945 年前后，我一个堂伯父腹水很严重，按现在掌握的医学知识分析很可能是肝炎、肝硬化，实在拿不出钱来治病，就把两个女儿卖给了地主当婢女。堂姐比我大几个月，被卖时 10 岁左右，卖了 4 担谷，相当于现在 600 元吧，堂妹 8 岁左右，仅卖了 2 担谷。钱很快就用完了，我伯父也在贫病交加中死去。这是小时候家乡留给我最深刻的印象，非常贫穷。直至到了高中阶段，我和我的同学还常常在饥饿的折磨中坚持学习。

家乡要发展，必须抓教育，必须将教育和发展经济结合起来抓。教育需长期抓才能出效益，务必重视基础教育，从小学抓起，提高全民素质，培养社会栋梁。2014 年底，我参加电白一中百年校庆时的题词是"提升大众素质，培育社会中坚；强根固本，振兴中华"。一方面，全社会要尊敬老师；另一方面，老师要鼓励学生有想法，培养学生树立成为栋梁的意识。栋梁有大小，小栋梁也是栋梁。茂名市应想办法解决拓宽就业领域问题，提高生产力，做好石油下游产业。把握机遇，发展以石油为原料的石油化工产业，可以拉动就业，增加茂名市居民的收入和茂名市政府的财政收入。当然，还要完善管理，防止环境污染。经济发展得好就可以有更多资金支持教育。

二、有国才有家

黎院士童年亲历了日本人入侵、山河破碎的苦难。日本飞机轰炸家乡的情景深深地震撼了他幼小的心灵，鞭笞着他的人生。他自小立志报国，不论何时何地，始终自觉把个人奋斗目标与国家命运紧紧地联系在一起。1958 年，对于黎院士来说是人生的一次重大转折。他在北京大学刚读完三年级，被组织抽调去参与原子能科技方面的工作，开始了他的报国篇章。按当时极其严格的保密要求，他跟除父母亲以外的所有亲友、同学中断了一切联系。当年参加原子能研究，他在绝密的研究环境中默默无闻地奉献宝贵的青春。他仅仅是中国庞大原子能科技大军中的普通一员。在那项史无前例、对中国后来的发展至关重要的伟大事业中，他的贡献虽然没有起到很大作用，然而他付出了最大的努力。1984 年，他到美国访问、工作，虽然可以留在美国发展，但是为了国家的科学事业，他毅然如期归国。

黎院士发表学术论文近二百篇，获得多项国家级和省部级学术成果奖励。其中，"应用量子化学——成键规律和稀土化合物的电子结构"获国家自然科学奖[①]二等奖。他早年从事核燃料络合物化学研究，用正规溶液理论阐明萃取过程中惰性稀释剂的溶剂效应，早于国外同类工作；从事量子化学和理论无机化学研究，建立了有效处理镧系元素[②]4f 轨道的 INDO（Intermediate Neglect of Differential Overlap Approximation，间略微分重叠近似）方法和相应计算程序，比国际同行完成类似工作早好几年。他还合作编著《量子化学——基本原理和从头计算法》（上、中、下册）等一系列研究生教材。

在艰苦的科研环境中，黎院士和他们的团队坚韧不拔，创造出令国际同行刮目相看的"中国冲击"……

王佶：当年，国家环境对您的选择有什么影响？在原子能研究工作中，您主要参与哪些方面的工作？国家挑选参加原子能科技工作人员有什么要求或限制？

黎院士：根据党中央和毛主席的部署，我国要发展原子能事业，当时急迫的任务是自己造出原子弹。国家给北京大学和清华大学的任务是培养原子能事业的科技人才。清华大学重点负责工程方面人才，北京大学重点负责科学方面人才。1956 年，上级在中关村安排一栋楼给北京大学筹办原子能系，

---

① 国家自然科学奖一般指中华人民共和国国家自然科学奖，授予在数学、物理学、化学、天文学、地球科学、生命科学等基础研究和信息、材料、工程技术等领域的应用基础研究中，阐明自然现象、特征和规律，作出重大科学发现的中国公民。

② 镧系元素是元素周期表中第 57 号元素镧到第 71 号元素镥 15 种元素的统称。镧系元素再加上钪和钇共 17 种元素被统称为稀土元素 Rare Earths，通常用 RE 表示。

开展教学和科研工作。1958 年，我读完大学三年级，被抽调到原子能系，一方面继续学习，一方面参加科研工作，开始时参与矿石中铀、钍的元素分析和浓缩铀样品中铀的同位素分析。铀是制作原子弹的必需原料。由于美国的绝对封锁，苏联背信弃义撤走专家时什么也不留给我们，我们国家只好从寻找铀矿开始，在全国范围内寻找。

矿样的含铀量测定是必须做的工作。我刚到原子能系时，被分配到分析组，任务是分析矿里面有没有铀，含铀量多少。当时感觉我们是铀资源短缺国家，认为铀含量超过千分之一的矿就有开采价值，因此分析结果一定要精确可靠，如果得出的结论不对就会耽误大事。大家都感觉到很有压力，对工作很认真，也很负责。分析组还开展铀 235/238 同位素分析、超纯材料中超微量杂质的放射化分析等方面的研究，我也参加了。这些工作当时在国内还是刚刚开展的，没有经验可借鉴，遇到许多困难，却培养了我们敢想敢干的精神。我从文献里找到一种比较简单的测定矿石中铀含量的分析方法，通过试验并向别人请教获得了成功，得到领导的肯定。

前面已经提到，我喜欢化学，缘于中学阶段从书本里了解到化学能制作出许多有用的东西来。上大学后，我比较喜欢物理化学，喜欢有机化学，希望通过生产药品和生活用品造福社会。1959 年，我毕业后留校工作，被分配在分析化学教研室。经过一年的工作，我感觉做化学分析工作受制于别人提出的任务，个人的主动作用难以发挥，因此不喜欢做化学分析工作。然而，分配我做化学分析工作是国家发展原子能事业的需要。既然如此，我就必须服从，而且必须尽力做好，由不得自己喜不喜欢。

北京大学原子能系当时定位为保密单位，所涉及的研究内容是绝密的，对被选拔参加工作的人员要求很严格：政治审查合格（配偶或未婚夫、未婚妻的政审也必须合格），社会关系简单（尤其不能有港、澳、台以及海外关系），成绩优秀，表现好。并且要求：除配偶和父母亲外，尽量不要跟其他人联系。每个人都必须签订保密协议，如果泄密，须负法律责任。保密期为从离开保密单位算起 20 年。按保密要求，不得公开自己的具体通信地址。我们的通信地址也只写成"北京市 546 信箱"。因此，我主动中断了跟所有同学和亲友的联系。在具体工作中，组织上对我们的要求也很严格：所有使用的记录本每页都有编码，不能带出实验室，所有实验数据必须上交；每次所领取做实验的贵重放射性实验材料，在实验完成后要回收，允许损耗量比较小，交回的量要求达到 85%～90%；涉及保密内容的研究结果不能写论文发表。

我毕业后留在北京大学当教师，主要任务是培养人才，对我国原子能事业的发展没有什么直接的贡献，但我的很多同学和原子能系（技术物理系）的其他毕业生是付出了艰巨劳动、作出过巨大贡献的。1999 年庆祝中华人民共和国成立 50 周年庆典，国家表彰了对研制"两弹一星"作出突出贡献的 23

位功勋科学家，其中 12 位在研制原子弹、氢弹中作出了突出贡献。他们功勋卓著，表彰是完全应该的。不过也应该看到，伟大的成就是集体的劳动结晶。实际上，参与原子弹、氢弹研制和生产工作的是千军万马。尤其是 1956 年至 1965 年的毕业生，许多人毕业后就直接到青海、新疆、内蒙古、甘肃去参与原子弹、氢弹的研制和生产工作。

我妻子就是从北京大学技术物理系毕业直接分配到青海核基地工作的。原子弹研制和生产现场保密工作要求更加严格，每次进出工作区域都必须接受严格检查，绝不允许随便到自己工作区域以外的场所"串门"。就拿我妻子所在的青海高原来说吧，住地离工作区十多公里，每天专车接送往返。海拔 3 200 多米，严寒、缺氧、气压低，连饭都煮不熟，生活条件非常差，时间稍长她就得了胃病。在茫茫戈壁滩上，原子弹爆炸试验人员的生活条件可能更加恶劣。国家研制原子弹事业是一项伟大的事业，尽管条件十分艰难，被组织抽调参加工作的人员都感到很光荣。

由于历史原因，我国在青海的核研发基地已经搬迁，当年的原子弹研制和生产基地现场现在已经建设成旅游景点了。

王佶：当年化学分析工作的最大困难是什么？同时进行稀土分离吗？

黎院士：当我们掌握铀的分析方法以后，矿物分析就不算困难了。当时做铀同位素分析的最大困难就是我们的仪器落后。仪器不稳定，分析结果误差大，精度达不到要求。后来，国家有了专门分析机构，准确度也大大提高了。我们当时的工作对象是铀、钍等锕系元素①的化合物，有时也涉及稀土元素，但稀土分离作为主要研究任务是 20 世纪 60 年代末才开展的工作。

王佶：哪位导师对您选择科研道路的影响最大？

黎院士：当然是徐光宪先生。徐先生早年在美国从事量子化学研究，1951 年获得美国哥伦比亚大学哲学博士学位后，历尽艰辛回国参加建设，忠诚党的教育事业，高风亮节，功勋卓越，给我的影响很大。几十年来，徐先生为了国家需要，几次变更科研方向，每次都能看准前沿，迅速取得累累硕果，一方面是由于他具有为祖国科研事业作出贡献的强大精神驱动力，另一方面也由于他具有广博深厚的学科基础。"文化大革命"期间，徐先生被怀疑是特务，被冤枉审查了两三年，下放到江西农场劳动，他就偷偷在家里做实验，林彪垮台后他才回到北京大学化学系。当时，原子能系、力学系（研究火箭的）、无线电系三个系都搬到了北京大学汉中分校（原子弹、火箭和无线电控制三者组合就可以构成核导弹），可是仍然不让徐先生参与汉中的工作，徐先生并未因此有情绪。徐先生忍辱负重，逆境中仍然念念不忘报国初衷，不忘科学研究和人才培养。1980 年，他和夫人高小霞双双当选中国科学院学

① 锕系元素（actinicles）是周期系ⅢB族中原子序数为 89～103 的 15 种化学元素的统称。

部委员（院士）。得益于徐先生的精心培养，1991 年，我当选中国科学院学部委员（院士）。徐先生另外两名研究生和一名助手也先后当选中国科学院院士。一位导师带出四位院士，在中国科学界还是很少见的。徐先生本人获得过许多科技奖项，例如：1987 年获得国家自然科学奖二等奖、三等奖各一项，1988 年他编写的教材《物质结构》荣获全国高等学校优秀教材特等奖（迄今为止是化学学科获得特等奖的唯一教材），1991 年获得国家科学技术进步奖[①]三等奖，1994 年获得北京大学首届自然科学研究突出贡献奖，1995 年获得首届何梁何利基金科学与技术进步奖[②]，2005 年获得何梁何利科技成就奖，2006 年获北京大学首届蔡元培奖[③]，2008 年荣膺国家最高科学技术奖等。在中国化学界，取得如此杰出成就的人是不多的。

王佶：您为何选择当徐先生的学生？

黎院士：我能有幸成为徐先生的研究生，也属于偶然。我读本科时就听过徐先生讲授的两门课，但直接接触很少，彼此并不太熟悉。我留校任教后，有一天到图书馆查阅文献资料，想查找一篇刊登在英国法拉第学会会志上的论文，却找不到，巧遇徐先生到图书馆来。他带我找到了那篇论文。我感觉徐先生很热心帮助别人，1962 年，我国恢复研究生入学考试，我就报考了他的研究生，师从他攻读核燃料络合物化学（现在叫配位化学），属于物理化学专业。研究生期间具体科研内容是研究与原子能关系最密切的元素铀、钍等形成络合物的性质，及将其用于铀、钍的化学分离提纯。

后来还跟随徐先生做过核燃料后处理方面的研究，主要是研究从反应堆燃烧过的核燃料中分离回收铀、钚和其他重要超铀元素的方法。

王佶：您对徐先生印象最深的有哪些方面？您跟随徐先生的团队是如何创造出令国际同行刮目相看的"中国冲击"的？

黎院士：第一，徐先生献身科学事业的执着追求。他非常投入，勤奋耕耘，未曾稍懈，把毕生精力贡献给祖国的科技事业。及至晚年，尤其是他夫人去世后十多年，他行动已经相当困难时，还坚持用计算机写文章，发表对发展我国科技和教育事业的观点和建议。直到去年（2015 年）95 岁高龄去世，徐先生一直都在工作。他脑子里装的好像没有其他内容，整天想的都是跟科学有关的事情。1952 年，全国高等院校调整后，北京大学化学系是人才高度集中的系，从清华大学和国内其他大学调来了许多著名学者和青年才俊。

---

① 国家科学技术进步奖是国务院设立的国家科学技术奖 5 大奖项（国家最高科学技术奖、国家自然科学奖、国家技术发明奖、国家科学技术进步奖、国际科学技术合作奖）之一。

② 何梁何利基金科学与技术进步奖由何梁何利基金设立，是香港金融家何善衡、梁銶琚、何添、利国伟先生各捐资 1 亿港元，于 1994 年 3 月 30 日在香港注册成立的社会公益性慈善基金。授予在特定学科领域取得重大发明、发现和科技成果者。

③ 蔡元培奖以北京大学老校长蔡元培的名字命名，为表彰长期从事教育事业并在创建世界一流大学中作出突出业绩和具有良好职业道德的教师和教育工作者而设立。

徐先生积极争取承担国家科研任务，迎难而上，百折不挠，努力为国家科技事业做贡献。他很重视建设科学研究和培养人才的基地，一而再，再而三地争取。为了在北京大学建立稀土材料化学及应用国家重点实验室，他三番五次申请，真的很不容易。1989年，争取得到上级批准时他已经快70岁了。他担任重点实验室筹建组组长、学术委员会主任，让我当实验室主任，给我锻炼工作能力的机会。

第二，徐先生的爱国情怀。徐先生有崇高的共产主义信仰。1983年，徐先生光荣地加入了中国共产党。数十年来，他急国家所急，忍辱负重，根据国家需要及时改变研究方向。他在美国学的是量子化学，回国后，根据国家当时的科研条件和需要，在国内带头开展溶液络合物化学研究。1955年国家要搞原子能，需要他搞核燃料方面的研究。他就搞萃取化学，研究铀、钍等锕系元素的萃取分离方法。纯稀土元素广泛应用于原子能、强磁（强力磁铁）材料、光纤（光导纤维）等多种国防科技和工农业生产中。1973年，国家提出搞稀土元素分离提纯的研究任务。徐先生接受任务后，迅速组织并带领团队开展研究。他创建"稀土串级萃取理论"，在全国普遍推广应用，使我国稀土工业由在国际上默默无闻，一跃成为稀土生产量和出口量世界第一。我国单一高纯稀土的生产与外贸曾占到全世界85%以上的份额，迫使法、美、日等国的稀土分离厂停产。国际同行称之为"China impact（中国冲击）"。

第三，徐先生热心教育事业，重视培养人才，着力提携后辈，帮助后辈进步成长。薪火相传，徐先生培养出一个高水平的学术团队，先后有4人当选为中国科学院院士，其中，高松同志现任北京大学党委常委、副校长，兼教务长和研究生院院长（高松同志2018年已调任华南理工大学校长），中国科学技术协会副主席；严纯华同志现任南开大学党委常委、副校长（严纯华同志2017年已调任兰州大学校长）。徐先生培养的学生遍布全国各地，其中许多人成为我国的大学、科研院所和工业企业中出色的学术骨干或者学术领导人。

第四，徐先生很乐意帮助别人，包括学术和生活方面，即便不是他直接管理的学生。所以，国内不少晚辈自称是他的学生，来向他求教，都得到他的指导和帮助。

王佶：成功分离、提纯稀土的研究对我国的科研工作和经济建设有什么意义？

黎院士：关于稀土分离研究的意义，我举一个例子你们就容易明白了。1958年，我刚开始做科学研究时，有些材料非常昂贵。记得我有一次到器材室去领取光谱纯氧化镧作为试剂，被告知一克氧化镧需一千元，相当于一个大学毕业生18个月的工资。我手里拿着轻轻的试剂，心里感觉的是沉甸甸的责任。稀土包含17个元素。我国有丰富的稀土资源，但不掌握分离单个稀土元素的技术，只能以低廉的价格出口稀土矿产，却不得不以昂贵的价格进口含纯单一稀土元素材料；并且，重要的含纯单一稀土元素的材料，其他国家还不肯卖给我们。

从1973年开始，徐光宪先生带领的研究组，经过20多年的不懈努力，研究出分离稀土元素的系统方法，并实现单个高纯稀土化合物的工业生产，单个稀土元素的纯度达到99.99%以上，使稀土产品的价格大大降低了。这就是刚才说过的“中国冲击”。由于稀土分离研究的成就，徐先生荣获2008年国家最高科学技术奖。这个奖项每年最多两项，宁缺毋滥，由国家主席颁奖。徐先生是中国化学界荣膺此殊荣的第一人。

王佶：说起徐先生您滔滔不绝，徐先生的成果您如数家珍。其实，您参与了其中部分工作，朝乾夕惕，夙夜不懈。您个人也取得了巨大成就。

黎院士：这里面有许多偶然因素，我个人没有什么能耐。关于徐先生，我还要补充一点，徐先生处理人际关系能力强，凝聚力强，研究团队内部摩擦少，我这个国家重点实验室主任好当。1995年，国家重点实验室建设通过验收，参与全国评估获得良好成绩；1999年参加全国评估，被评为优秀实验室。当然，这不是我个人的功劳，是实验室里大家共同努力的结果。2000年，我65岁，按规定，国家重点实验室主任改由年轻的严纯华教授担任。

王佶：尽管当年的科学研究环境非常艰苦，您和您所在的团队却取得傲人成就。其中，用正规溶液理论定量解释萃取中惰性溶剂作用等研究成果的取得，您比国际同行早了好几年。这些，您可以跟大家分享吗？

黎院士：关于用正规溶液理论定量解释萃取中惰性溶剂作用的研究，我们是1966年完成的，论文投稿到《化学学报》，恰好遇上该杂志停刊，到1978年才发表。国外的同类文章，直到20世纪70年代才发表。

（黎院士念念不忘恩师徐光宪先生的功绩，而对自己的付出和所取得的成就总是用“偶然”一词带过，轻描淡写。对自己在“文化大革命”期间所遭遇的种种不公和歧视，黎院士仅用“没有受到太大冲击”简单概括。）

王佶：“文化大革命”对您个人的学习和发展有影响吗？

黎院士：总的说来，“文化大革命”期间我没有受到太大冲击。由于徐先生被怀疑为特务，我受了牵连，被清理出队。当时我刚结婚，妻子在青海参加原子能研究，也受到牵连。另外，我原子能系的一位女同学也在青海工作，被怀疑为苏修特务。因那位女同学是我妻子的室友，我妻子因此又遭到怀疑。由于受双重牵连，我妻子被调离原子能研究工作，到河南一个部队农场参加劳动。我接受审查了一段时间，写交代材料、到工厂劳动，后因没发现我有什么问题，就把我派去汉中参与北京大学汉中分校的校舍验收工作。可是，校舍还没建好就开始武斗了。后来，徐先生多次对我表示歉意：“‘文革’期间，我连累了你，让你受牵连，受委屈了，对不起！”我安慰他，有些事情不是他能左右的，是历史造成的。

王佶：可以谈谈您在北京大学汉中分校期间的情况吗？

黎院士：1969年冬，我随技术物理系搬迁到北京大学汉中分校工作。当时校舍还没完全建好，师生们首先参与基建劳动。在汉中分校参加基建期间，我当过搬运工、泥瓦工、木工等。汉中分校有不止一座楼的纱窗是我和同事们生产并安装好的。我白天参加体力劳动，晚上看书学习，继续深入学习物理特别是量子力学方面的知识。1972年以后，分校就恢复科研和教学工作了。由于我妻子下放在河南部队农场劳动锻炼，没法带小孩，1973年冬，我独自把儿子带到汉中分校。白天送儿子上托儿所，我正常参加工作，晚上哄儿子睡觉后我再看书学习。

1976年底，我调回北京大学化学系。徐先生一直惦记着量子化学研究。从事这方面的研究，对数理基础要求较高。他认为我的数理基础较好，可以开展这个方向的研究工作。1978年，徐先生让我回到他的科研组参与工作。

王佶：为了学习理论基础知识，您常常废寝忘食。请分享您在这些方面的学习体会，好吗？

黎院士：我这方面的体会很深刻。20世纪60年代初期，我自学了物理、数学和理论化学（包括量子化学和统计热力学）等方面的课程。当时配位场理论（说明和解释配位化合物的结构和性能的理论）是络合物化学研究前沿。英国剑桥大学 J. S. Griffith 教授编著的 "The Theory of Transitio-Metal Ions"（London：Cambrige University Press，1961）（中译本：《过渡金属离子理论》，黄武汉、林福成译，上海：上海科学技术出版社，1965年）是这一领域的名著。该书用抽象的数学方法（群论方法）处理化学问题，对配位场理论研究很重要，但很难读懂。我决心要读懂它，在该书的扉页写上马克思的名言："但是在科学的入口处，好比在地狱的入口处一样，必须提出这样的要求：这里必须根绝一切犹豫，这里任何怯懦都无济于事。"最终，我还是坚持把它看懂了，还自己推导，验证其中的重要公式。我自己以为已经掌握该书的内容了。1963年，徐先生让我到著名理论化学家唐敖庆[①]先生受高等教育部委托在吉林大学举办的"物质结构讨论班"旁听学习。唐敖庆先生的课程之一就是以 Griffith 编写的《过渡金属离子理论》为主要参考书，讲授如何使用数学方法解决配位场理论中的问题。他不需看讲稿，直接在黑板上推导很复杂的公式，从不出差错，让我和其他学员惊叹和敬佩不已。直至现在，我仍然保留着当时听课的笔记。听了唐敖庆先生的课，我才知道自己原来对该书的理解很肤浅，好像是一个人在大森林里沿着别人已经踏出的小路行走，看到的

① 唐敖庆，中国科学院学部委员（院士），中国量子化学学科的开拓者和奠基人，被誉为"中国量子化学之父"。

范围非常局限，很迷茫，不知道前人为何选择那样的走法，也想不到能否找出一条更便捷好走的路；而唐敖庆先生对相关科学问题的认识，宛如站在直升机上近距离俯瞰大森林一般，对全局情况了然于心。他清楚地说明了需要解决的问题、面临的困难和前人所提出的解决办法，同时指出前人的办法还有哪些不足，并提出进一步解决问题的方向和值得尝试的途径。他高瞻远瞩，胸有成竹，判断准确，指导物质结构讨论班完成的配位场理论科研成果 1982 年获得国家自然科学一等奖。

掌握基础知识很重要。刚开始时，我做矿物中铀、钍含量分析和铀同位素分析，后来搞过核燃料络合物化学及其用于萃取分离、铀同位素化学分离、含铀工业废水处理等项目的研究，对象有铀、钍以及其他一些锕系元素、稀土元素等，研究任务不同，研究对象不一样，但依据的基本原理是相同的，基本实验方法也大体上一样。所以说，老师承上启下，对人类发展进步所起到的作用很大。没有老师，不继承前人的知识，向前发展就没有基础。当然，自己不创新也不能进步。

王佶：您 1984 年 2 月至 9 月到美国北卡罗来纳大学当高级访问学者；1984 年 10 月至 1985 年 6 月，您受聘为属于美国能源部的能源和矿物资源研究所的客座科学家。其实您有机会留在美国发展，可是，您选择回到当时还贫穷得多的中国。您的选择，很多人都难以理解。您为什么作出这样的选择？

黎院士：从不同角度看问题，想法不同，选择也不一样。20 世纪 70 年代末，我国改革开放初期，高级知识分子出国只能公派，优先考虑 1956 年以前毕业的部分教师。我年轻，还轮不到。1982 年以后，国家允许个人自己联系出国学习了。我联系到对方给予资助的出国学习和工作机会。1984 年，作为副教授，我在国内每月基本工资才 100 元，到了美国后，对方只按当时博士后的标准，每月给我 1 500 美元，当时相当于 12 000 元，是国内工资的 120 倍。有些人因此认为在中国收入太低，想改善生活没有希望，选择留在美国。事实上，当时有些人留在美国开个洗衣店或做点其他事，收入也比在中国高得多。可是，我脑子里一直谨记着，从中学到大学，我都享受国家提供的助学金。没有国家的培养，我是不可能上大学的。我总应该为自己的国家做点事情，以回报国家的培养。我常常回忆起日本人侵略家乡时的情景。日本侵略者轰炸电白县城、践踏水东的情景仍历历在目。那段日子，家乡人民被国破家亡的黑暗笼罩着，生活在恐惧之中。大人们要求我们小孩子背熟族谱，背熟族谱中历代祖宗的名字，特别是曾祖父以下三代的名字，并在小孩子脖子上挂一个牌子，上面写着孩子的姓名、父亲姓名和家庭地址，以备一家人被冲散、孩子流失后，遇上好心人能与家里联系。我从未忘记家乡人民在公路上挖出许多两丈多长的深坑，阻断交通，阻止日本侵略者进入乡村的情景。那段经历刻骨铭心。我也常常回忆起启蒙老师"三埠婆"的苦难。所有这些经历让我深刻地体会了有国才有家，国兴家才旺的道理。在外国毕竟是寄人篱下，梁园虽好终非久恋之家，我应该回国做点事。报效祖国，是道德要求，又是义务和使命。于是，我没有像同时期出国的一些人那样想方设法在美国长期待下去，而是按规定的时间回国了。我的选择，现在的年轻人也许没法理解。

三、教育与未来

数十年来，黎院士与书籍为友，跟科学结伴，没有休过节假日。不论寒冬酷暑，只要不外出，他每天晨起便开始工作，常常持续到午夜，潜心搞好基础研究和教学，桃李满天下。

黄佐华：有人强调学校教育要跟上时代，要加大当前广泛涉及的前沿知识教育；也有人说，中国现在大学的教育方法不行。对此，您有什么看法？

黎院士：人类科学知识是在不断发展的历史长河中逐步积累起来的，是继承和发展两者的辩证统一。有人说，对大学生要多传授一些当前广泛涉及的热门知识，适应社会需要，让他们跨出校门就能熟练接手具体业务工作。学校教育应该与社会接轨，这无疑是正确的，但不能减弱基础知识的教学。更重要的是引导学生善于学习前人分析问题和解决问题的方法，并运用已学过的知识处理所面临的问题，而不是死记前人给出的结论。知识的前沿不断发展，表现为不停顿地变化，但过去积累起来的、符合实际的基础知识是不变的。发展要建立在已有知识的基础上。有些18世纪产生的基础知识，甚至16世纪或者更早产生的基础知识现在仍然要用到。许多知识都是贯通的。基础知识和处理问题的方法掌握好了，到哪儿都用得着，可以应付各种不同的工作任务。有些学量子化学的学生，所学的知识属于理论范畴，转行做实验研究，比许多单纯会动手做实验的人做得更好。主要原因是他掌握了量子化学原理，物理基础好，能运用理论原理思考实验问题。我举这样的例子，目的就是强调学生不能死读书，而要深刻领会原理，懂得运用知识。有的学生为了尽快获得学位而只学习前沿的具体文献，不认真学习更宽广一些的相关基础知识，毕业论文可能做出来了，但根基不坚实，毕业后做科研的发展潜力不一定大。

有人说中国现在大学教育方法完全不行，我说不是那么回事。问题的关键是要加强创新意识教育。科学是要前进的，创新必不可少，但强调基础知识和能力的教育并没有错。实际上，中国教育培养出很多科学家嘛。

黄佐华：应如何看待中国化学学科的发展？

黎院士：中国的无机化学在最近几年里所取得的突出进展，主要表现在固体材料化学、配位化学方面，在某种程度上与国际保持同步发展。中国的化学发展很快，但不能停留于跟踪状态。事实上，从国际上发表论文的情况看，中国化学科学的水平已经处于"老二"的地位，仅次于美国，但真正原创性科研成果较少，很多研究都是在别人开拓的科学领域里做些锦上添花的工作，好像是在别人砌好的炉子上添柴火。当前，学科发展的潮流还不是由我国化学家引导的。

黄佐华：您对大学生勤工俭学有什么看法？

黎院士：勤工俭学有两面性。苦难可以催人上进，让人更努力。如果生活确实困难，勤工俭学赚点钱来维持完成学业也是好的。现在北京大学本科生的情况我不太清楚，好像家庭困难学生的生活，学校是适当帮助解决的。北京大学化学学院研究生每月的生活津贴由国家和导师共同负担，应该不必搞勤工俭学也足以能维持生活和学业。额外搞勤工俭学，为了每月可多拿两三千元，却占用了潜心搞科研的时间，不值得。大学时光非常宝贵，应确保专心学习，搞研究，做学问。我不赞成大学生，特别是研究生额外搞勤工俭学。

黄佐华：您是否对北京大学的学生做过这样的比较：来自农村或困难家庭的学生跟来自大城市或富裕家庭的学生，他们的学习成绩有差异吗？

黎院士：关于这个问题，北京大学曾经做过调查。从不同环境来的学生都有表现出色的或者比较一般的。但不同来源的大学生的表现也存在一些差异：平均看来，农村和困难地区来的学生学习更刻苦一些，来自艰苦地区的学生比来自富裕地区的学生成功概率要稍大一些。

王佶：现在，有些中学生早恋，您对这个问题有什么看法？

黎院士：青年人恋爱，这是生理必然过程，没什么好说的。我个人认为，中学生还是不要谈恋爱为好，因为年龄小，自控力差，容易影响学习，甚至荒废学业，妨碍正常成长。不仅北京大学和中国科学院的家长，实际上整个北京市的中学都要求中学生不要谈恋爱。当然，中学男女同学之间，关系较好与谈恋爱两者也没有截然的分界线，不要越线太多就是了。大学生谈恋爱不至于荒废学业，到了一定年龄，总的说来理智占上风了。

王佶：几十年的教学生涯，您最满意的学生是哪一个？

黎院士：我有的学生很不错，很有成就。学生各有所长，在校期间学习和工作一般都比较努力。北京大学本科生入学分数比较高，不少人是奔着毕业后读研究生而来的，不努力绝对不行。研究生不努力就不能毕业，他们都懂事，有些学生专业很过硬。20世纪60年代初期，我教过本科生的课，后来都是带研究生，对本科生的情况没有特别关注。我的研究生毕业后基本都出国发展了，尤其是早期毕业的。有几位出国深造后回来工作的。回国工作的学生当中，有的在我们北京大学化学学院当教授，有的在北京科技大学、四川大学当教授。在他们当中，有的还是长江学者特聘教授，有的当了系主任、研究中心主任。不少学生从国外回来都会来看望我，可能是感到我作为老师对他们有过帮助。这让我感到欣慰。

王佶：如果请您给中小学生演讲，您最想表达什么？

黎院士：我最想表达四点：第一，要有道德，有上进心，全面发展，健康成长。第二，从小要对科学或其他有益于社会的事情有兴趣，有较高的追求境界。第三，要坚持不懈，不怕困难，勇攀高峰。做任何事都会有困难，任何人都不可能一生一帆风顺。第四，要脚踏实地，实实在在，养成良好的学习和工作习惯。我给青少年活动题过的词是：志存高远、脚踏实地、坚持不懈、奋力攀登。

四、信仰与人生

除了繁重的教学和科研工作，黎院士还承担过30多个学术职务和社会职务。例如，教育部稀土材料化学及应用开放实验室主任、稀土材料化学及应用国家重点实验室主任、稀土材料化学及应用国家重点实验室学术委员会主任等，在中国科学院化学部、中国化学会、吉林大学、中国科学技术大学、四川大学和山西大学等兼任过职，担任过《中国科学：化学》（中英文版）主编和其他十多种刊物的副主编或者编委，1998年至2007年任中国人民政治协商会议第九届、第十届全国委员会委员、常务委员，北京市民盟副主席等。

黎院士喜读诗书。古老的中华文化精髓塑造了他儒雅大度、乐观豁达、真诚正直、虚怀谦逊的高尚品德。他的一言一行常在无意中诠释着"不以物喜，不以己悲"的淡定，举手投足间总能体现"风物长宜放眼量"的从容。他对科学的执着追求从不因环境变化而动摇；他从不把物质生活享受当作追求的主要目标；他在《二十世纪北京大学著名学者手迹》中所写的字条"学海浮槎，乐不思它，求知求是，淡泊生涯"正是他淡泊人生、安贫乐道的最好概括。

王佶：黎伯伯，现在社会上流行偶像，您有偶像吗？

黎院士：偶像？我没有偶像。我对偶像的理解是非理性的一种盲目崇拜，有迷信的味道。我当然没有偶像，但有许多值得我崇敬的人物。就中国现代而言，我最崇敬毛泽东。一是毛泽东对中国的贡献。在他的领导下，中国从一穷二白的半封建半殖民地状态变成兴旺发达、在世界上扬眉吐气的国家，变化太大，翻天覆地。并不是说现在没有问题了，哪个社会都有问题，但中国的巨大进步是实实在在的，举世瞩目。二是毛泽东的才能。在他生活的时代，他的政治才能和军事才能无人可比。他没有祖宗建立的"根基"。一个农民的后代，两手空空，打败那么多对手，很了不起。从井冈山开始，历尽艰难险阻曲折，最终取得胜利，真是不可思议。蒋介石战败，不是因为蒋介石没有能力，问题是他遇上毛泽东，毛泽东更有能力（笑）。第三，毛泽东很善于学习，善于继承历史精华和结合实际创新，社会科学理论水平远超出同时代的其他人，看问题异常深刻，分析问题非常透彻。我不是共产党员，但我很尊敬毛泽东。我认真阅读过四卷《毛泽东选集》。毛泽东对中国土地革命、抗日战争、解放战争中许多问题的看法非常出色。他分析问题的方法给我留下了深刻印象，我深受启发。另外，毛泽东对问题的表述条理很清楚，通俗易懂。《矛盾论》《实践论》中的哲学思想并不是他的创造，但是他表达得很清楚，让人一看就懂。同样的问题，列宁的表述就让人比较难懂。现在有人对毛泽东的《矛盾论》等哲学著作有一些议论，认为不是原创性的哲学著作，我看这些议论无损毛泽东这些著作的价值。毛泽东对中国革命和建设的贡献在各个方面都可以看到。就拿发展核武器这件事情来说，在苏联和西方严密封锁的情况下，如果没有毛泽东的胆略，没有毛泽东的战略部署，中国的原子弹和氢弹研制不可能这么快取得成功。

王佶：美国是一个信仰上帝的国度。我听说，"上帝"在美国有至高无上的地位。请问，您相信上帝吗？

黎院士：我不信上帝。我相信人生的遭遇有偶然性，但我不迷信，不迷信上帝主宰一切。搞科学研究的人不信上帝。在美国访问期间，我问过Ruedenberg教授做不做礼拜，他说，有时也去教堂做礼拜。他是犹太人，希特勒纳粹把他家里其他人都杀光了，只有他逃了出来。他说他们家信教很自由，他的夫人和三个孩子有信基督教的，有信天主教的，也有信犹太教的，而且随时可以改变。我问他信什么教，他说什么教也信，什么教也不信，但也去教堂，是带小孩子去的。在西方，去教堂做礼拜，对小孩子来说是接受社会道德的熏陶，成年人也可利用教堂交际、交流，可以互相帮助。我还问过一位年轻的美国教授，他说他根本就不信什么上帝。然而，我也遇到过一个很迷信上帝的年轻人。我在美国艾奥瓦州能源与矿物资源研究所做访问科学家期间，住处离工作地点较近，步行上班。时值隆冬，气温零下30摄氏度左右。我早上上班途中不止一次遇到那个人，在寒风中走路哆哆嗦嗦的。他说他是神父的儿子，拿着一本《圣经》要送给我。我不要，他就跟着我，对我说："大陆中国被共产党占领后，上帝遗弃它了，不管它了。现在大陆改变了，上帝又关心它了，要拯救它。"我告诉他，我不信上帝。他吓唬我说："你不信上帝，上帝要惩罚你的。"他一路啰啰嗦嗦地纠缠着我。为摆脱他的纠缠，我说，我不清楚也不关心宗教问题。他仍坚持吓唬我说："上帝要惩罚你的。"我就调侃道："我管不了这么多，爱惩罚就惩罚吧。"（笑）

王佶：那么，可以谈谈您的信仰吗？

黎院士：我有坚定的信仰。我信仰马克思列宁主义和辩证唯物主义。有些人说，列宁主义主张暴力，现在不应讲列宁主义了，但我认为，列宁主义还是很有道理的。使用暴力与否要看条件，有些时候、有些问题还是要使用暴力才能解决的。我们不提倡暴力，但不能否定暴力，必要时还是要使用暴力才能解决问题。

马克思从辩证唯物主义角度对社会发展、对经济关系、对各种各样的矛盾讲得很清楚。中华人民共和国成立以前，占统治地位的儒家文化崇拜"圣人"，宣传"复古"，开口闭口都是古人怎么说的，教导人们按"圣人"说的去做。中华人民共和国成立以后，宣传社会是不断发展的，凡事应向前看，要用发展的眼光看问题，使我的思想有了很大转变。我逐步学会了用辩证唯物主义的思想思考问题。

世界是物质的，没有什么神灵鬼怪。恩格斯在一百多年前就断言，有机生命是一种物质的运动形式，生命活动包括物理和化学变化。当然，这只是一个哲学判断。哲学跟科学不同，哲学只在概念层面确定一般性的命题，科学则需要弄清楚事物的具体变化规律、客观现象的因果关系及其微观机理。

我赞成恩格斯的唯物主义观点，从化学的角度看，可以认为生命体是一个组织非常完美的自我调控的化学反应体系。但生命体不同于普通化学体系，其基本特征是其中存在持续不断的新陈代谢，在保持体系暂时相对稳定的条件下，自动攫取养料，不断更新和发展自身，同时把没有用的东西排除出去。生育后代可以看成是化学系统的一次彻底更新。人工合成有生命特征的化学体系是多年来化学家追求的目标，当前仍是前沿研究课题。生命现象的微观机理是十分复杂的，现在的生命科学基础研究，希望逐步弄清楚各种生命现象和相关化学与物理过程的具体联系。

王佶：您参与了许多社会工作，可以分享您的体会吗？

黎院士：1999 年至今，我一直参加北京青少年科技俱乐部的活动，名义上是俱乐部副主任之一（著名天文学家王绶琯院士是俱乐部的奠基人，俱乐部主任）。北京青少年科技俱乐部主要吸收北京市初三到高二学生参加，组织他们到大学或科研院所活动，初步实际接触科学研究，激发青少年对从事科学技术工作的兴趣和学习热情。我们实验室也接收过中学生做实验，并有年轻老师指导。俱乐部推荐在科技活动中表现出色的优秀学生参加全国性的青少年科技竞赛活动，例如全国青少年科技创新大赛、明天小小科学家奖励活动等。在这些活动中，北京青少年科技俱乐部的成员获得的奖项还比较多。我觉得组织这类青少年科技活动，除了可以让他们对科学研究有初步的实际感受，学到一些知识外，更重要的是让他们通过活动产生对科技事业的兴趣，同时也间接促进社会对国家科技事业的关注。

我多次参加全国性的青少年科技创新竞赛活动；参与北京市的科普活动；到北京四中、北师大附中、中国人民大学附中等多所中学跟青少年交流；给中小学生做过科普讲座，也在中国科学技术馆做过科普报告。借助各种各样的交流活动，我告诉中小学生们，要全面看待化学在人类生产和生活中的作用。不能只知道化学有副作用，例如六六六、氟利昂等化学品对人类社会有很严重的危害；也不能只知道化学生产过程中会造成环境污染；更应知道化学在造福人类方面发挥着十分重要的作用，例如，制造药物治病保健，生产化工产品满足人们日益增长的物质需求，提高人们的物质生活水平。我还告诉他们，随着科学的不断进步，化学对人类的贡献将越来越显著，污染问题将得到控制。这个历史重担，在不久的将来就会落到他们的肩膀上。

王佶：在许多人看来，科学家每天的大多数时间都在埋头钻研业务。请问，您有业余爱好吗？业余时间一般都做些什么？

黎院士：我喜欢安静地做点事情，对生活要求不高，吃饱穿暖就可以了。什么叫休息，什么是娱乐，不同人的理解有所不同。对于我来说，阅读感兴趣的书籍就是娱乐。我觉得，看书的确是一件愉快的事情。我经常看书学习，充实自己。遇上烦恼时，我会特意去看书，看着看着，烦恼就忘记了。我一有空闲就拿本书来看，躺下来也看书，已经形成了习惯。我对电影、电视没有什么兴趣，大多数时间我都在阅读跟工作有关的书籍。

由于小时候身体瘦弱，从中学到大学我都很注意锻炼。我不会打球，锻炼项目主要是跑步。跑步最简单，不用找人配合。别的项目我不会（笑）。我中学阶段跑 1 500 米，大学阶段跑 1 500 米或 3 000 米。跑步还真的很有效果，我一直没生过什么大病。

王佶：您年轻的时候夫妻长期工作在不同的地方。您的人生经历了许多曲折，但困难并没有影响您对事业的追求。请问，您遇到最困难、最难过的事情是什么？您的家庭有矛盾吗？

黎院士：有困难是必然的，生活本来就是这样，没有什么特别的。跟小时候比，跟别人比，我遇到的都不算什么困难。夫妻两地分居那个阶段，我把孩子送托儿所，可以正常工作和学习。我的家庭没有什么矛盾。我妻子两次怀孕过程中的妊娠反应都很剧烈，虽然我都没有在她身边照顾过她，但她从未向我诉过苦。她很坚强，也很支持、理解我的工作。

王佶：如何理解当前在婚姻、爱情中出现的"闪婚""闪离"现象？

黎院士：我看主要是受西方社会影响，是宣传导向问题。有些媒体宣传不得体，甚至有过于动物化的倾向，引发某些当事人缺乏家庭责任感。人是高级动物，自然有七情六欲，但情感世界是有理性的，注重道德情操。我认为，相当一段时间以来，文娱界在感情、爱情方面的宣传很多是低级的、庸俗的，过于动物化，误导人。人类感情过于动物化就缺乏责任感，缺乏担当。这种过于动物化的问题是社会问题，人类肯定会以适当方式解决的。

王佶：黎伯伯，再过几天就是您 81 周岁生日，是否可以对自己的人生做一次自我小结呢？

黎院士：是啊，时光在不知不觉中流逝得太快了！有道是"人生七十古来稀"。我已达耄耋之年，本来还想多做一些事情的，但有时候觉得力不从心了。概括起来，我个人的工作大体可以分为三个阶段：第一阶段是参与原子能科学研究，搞分析、萃取分离等，这个方面的内容前面已谈过了；第二阶段是 20 世纪六七十年代，我参加过一些科研工作，也不忘尽量抓紧时间学习，充实自己；第三阶段就是党的十一届三中全会以后，主要从事量子化学和理论无机化学的科研和研究生培养工作。

我在 2003 年出版的《二十世纪北京大学著名学者手迹》的题词，其实也可以当作我的人生小结："学海浮槎，乐不思它，求知求是，淡泊生涯。"在几十年的生活中，我主要有三个特点：

第一，求知欲强。从童年到青年再到老年，一路走来，我都保持着非常强烈的求知欲。不论何时何地，我都力排外界干扰。我阅读过物理学和数学领域基础性书籍，拓宽了知识面，为后来开展理论化学研究打下坚实的基础。同时，也阅读了一些哲学、社会科学和文学等方面的书籍，注重吸取别人思考、分析问题的方法和结论。我很欣赏苏轼、郑板桥等文学大家的作品。文学作品帮助我更好地理解社会，也令我向往大自然，保持心态平和。

第二，爱国敬业，不怕困难。前面我已经说过，是国家培养了我，上中学以后，我拿的都是最高奖学金。如果没有国家培养，我一事无成。我一直都怀着一颗感恩的心为国家工作，爱国敬业，矢志不移，努力克服遇到的困难。我不是共产党员，但我绝对拥护中国共产党的领导。

第三，对社会和家庭有强烈责任感。关心国家和社会的大事，时刻牢记"贫贱不能移，富贵不能淫，威武不能屈"的古训。对父母亲和兄弟姐妹关心；对家庭忠诚，关心孩子的教育和成长。

作者：黎伯伯，您的自我小结像一面镜子，给我们启迪和鞭策。非常感谢您的热情接待和殷切教诲！衷心祝愿您生日快乐！福如东海，寿比南山！

访谈结束时，黎院士一再强调，我个人没有什么能耐，只不过是偶然做得顺意一些罢了，千万不要写我。

这次拜访黎院士之前，我们以黎院士的姓名作了一首藏头小诗《赞黎乐民院士》，并抄写在一张精心挑选的生日贺卡里："赞歌一曲抒情怀，黎民本色栋梁概。乐钻科研桃李丰，民仰楷模国颂才。"临别时，我们奉上生日贺卡，向黎院士献上衷心的祝福，敬祝他 81 周岁生日快乐。

告别的时刻，黎院士一再坚持陪我们步行到化学楼外门，伫立在寒风中，挥手目送我们远离。

黎院士是迄今为止唯一一名电白籍院士。2012 年，我们陪父母亲拜访他后，写了一首赞誉诗《献给黎乐民院士》：

您从故乡山区走来，求学探索辛劳筑英台。
您从电白乡村走来，院士成长史册烙下精彩。
师从徐老青出于蓝，结缘化学六十载；
无悔青春萃取硕果，教学相长造就英才。

您是父亲同学中的佼佼者，风霜雪雨诠释同窗情怀。
耄耋之年喜相逢，重拾少年时代。
您是吾辈学习典范，大科学家兼有邻家爷爷般慈爱；
母校学子敬仰您，低调而健谈谦逊且豪迈。

不久，我（王佶）产生了想采访他的念头，但心里又很矛盾。我非常清楚，由于自己学识浅薄，没有资格采访黎院士。2016年暑假，黄佐华的舅父叶汝裕教授夫妇从昆明到广州来小住，我和黄佐华前去拜访。交谈过程中，我们共同关注培养中小学生正确世界观、人生观和价值观等问题，自然而然地谈及家乡学子的楷模黎乐民先生。汝裕舅父告诉我们，他和黎院士是非常要好的高中同学。

得知我们和叶汝裕教授的关系，黎院士高兴地跟我们分享了他和汝裕舅父几十年来的深厚友谊，并邀请我们到北京探望他。我们斗胆借拜访之机向他提出一些带有倾向性的问题，喜出望外地得到他的详尽解答。这让我们受益匪浅，终生难忘！

经过多次交流，我们更加深深地体会到，黎院士的修养、成就和家国情怀是我们这支秃笔远远无法表达的。

谨以此文自警，也希望能借此文聊表我们晚辈对黎院士的崇高敬意。

2016年12月初稿
2019春修改

杨冠玲、何振江

华南师范大学教授

杨冠玲，女，广东省大埔县人，1938年出生，著名光电技术专家、教授、博士生导师，享受国务院特殊津贴。原中国光学学会光电技术专业委员会常委、中国颗粒学会理事、国家教委光电技术及系统开放实验室（重庆大学）学术委员会委员。1949年6月参加解放战争时期的华南文工团，曾受叶剑英元帅的关注。1961年毕业于天津大学，参与并主持了我国"七五"攻关子项目研究，多项研究成果达到国际先进水平，填补国内空白，两次获国家科学技术进步奖及多次获省、部、市级科技奖，荣获"全国模范教师""南粤优秀教师""全国教育系统巾帼建功标兵"等称号。1981年在日本东京大学精密工学部当访问学者。

何振江，男，广东省南雄人，1936年出生，著名光电技术专家、教授、博士生导师，享受国务院特殊津贴。原全国高校仪器仪表专业教学指导委员会委员、中国仪器仪表学会理事、重庆大学光电精密机械研究所副所长、广州仪器仪表学会理事长。1961年毕业于天津大学，多次获国家科学技术进步奖及省部级科技奖。20世纪60年代，参与我国第一代核潜艇项目（09工程）的研制工作，主持研制的多项成果达到世界先进水平，多次填补国内空白。1984年，作为教育部首批派出的光电精密机械专家到美国Spex公司考察学习。1990年，作为高级访问学者被派到苏联莫斯科和基辅工学院访问交流。

杞梓连抱　琴瑟和鸣

——著名光电技术专家、博士生导师、全国模范教师、华南师范大学教授杨冠玲、何振江夫妇访谈录

墙角数枝梅，凌寒独自开。遥知不是雪，为有暗香来。

历史告诫有智慧者，不要笃信时运，而应坚定信念。

——题记

　　杨冠玲、何振江教授夫妇熟悉英语、俄语和日语等多门外语，是我国光电技术与仪器领域的主要开拓者之一，具有很深的专业造诣和深厚的爱国情怀。长期以来，夫妇二人风雨同舟，携手共进，以国家需要作为努力方向，把奉献社会作为义不容辞的神圣职责，大学毕业后无条件服从国家分配，到祖国最需要的地方工作。在长达55年的教学和科研生涯中，他们多次调整攻关目标，百折不挠，不断挑战自我、超越自我，不遗余力地致力于光电测试技术及仪器系统的教学和研究工作。夫妻俩共获得国家科学技术进步二等奖三项、省部级和市级奖项数十项，发表研究论文近百篇，获发明专利十多项。

　　由于出类拔萃，20世纪90年代初，杨冠玲、何振江教授夫妇受到国务院表彰，双双被国务院和国家教育部聘为博士生导师，成为重庆大学和华南师范大学第一对博士生导师夫妇。那个年代，夫妻双双成为博士生导师的实属凤毛麟角。

　　在同事们的共同努力下，经过杨冠玲、何振江夫妇的不懈努力，20世纪90年代，重庆大学的光电精密机械科研水平跃居全国高校一流水平。如果继续留在重庆大学发展，他们夫妇的事业将迎来更高的飞跃。然而，像大多数同龄人一样，杨冠玲、何振江夫妇有着深厚的家乡情结。1995年，知晓家乡华南师范大学急需像他们一样的高级专家人才组建光学博士点，他们毅然回到当时科研基础非常薄弱且科研条件仍相当艰苦的华南师范大学物理系，因陋就简，一丝不苟，精益求精地致力于科研工作。在学校领导的重视下，他们俩与刘颂豪教授携手，和同事们一起克服重重困难，为华南师范大学成功申请了光学博士点，组建了光学学科，建立了光电技术及系统实验室，为华

南师范大学后来获批全国光学重点学科奠定了坚实的基础，作出了重要贡献。

严师出高徒。杨冠玲、何振江夫妇的学生遍布世界各地，在国内工作的学生，许多都已成为所在领域的领军人物。

杨冠玲、何振江夫妇工作标准很高，是名副其实的工作狂，节假日也经常工作到深夜，人们称杨老师为"铁娘子"。而他们对生活的要求却非常低。不论寒暑，甚至节假日，一日三餐都在学校饭堂解决。为了获得准确的实验数据，他们不知多少次错过饭堂的开餐时间，却为工作赢得了更多的宝贵时间。

刚刚步入耄耋之年的杨冠玲和何振江教授夫妇是一对慈祥的邻家爷爷奶奶，健康开朗，反应敏捷，幽默健谈，平易近人，令人信赖。这对博士生导师言语间流露更多的是直率与关切。

由于他们的谦逊和低调，我们的访谈颇费周折，从 2017 年到 2018 年岁末，来来回回，持续近两年时间。

杨冠玲（以下简称"杨老师"）、何振江（以下简称"何老师"）教授夫妇的祖籍都在广东省的山区，他们的童年经历却迥然。青少年阶段以后，不论是学历还是人生经历，他们俩都有着惊人的相似：初中毕业后都上过一年中专，同一年高中毕业、同年考入天津大学，同年代出国深造、晋升为教授、博士生导师……是什么力量让他们俩渐行渐近，比翼齐飞，共同走向辉煌？他们的成功，到底付出了什么？带着好奇，让我们一起来探寻他们俩的成长成才轨迹吧。

一、一样的童年，不一样的处境

杨老师和何老师都出身于名门望族，可是，由于残酷的战争，他们的童年时代，家庭物质生活却有很大差别。

杨老师的家乡大埔县位于粤东山区，物质生活贫穷，但并不落后。出身于书香门第的杨老师是他们族裔的第二十二代传人。据清朝同治年代大埔县志记载，杨老师的祖上"恤寡怜孤，容人所不能容，忍人所不能忍，犹重教育"。她的高祖父母分别封朝议大夫和四品恭人；曾祖父母道试第一入泮，诰封奉直大夫及五品宜人；祖父是俊秀补国学生，大学士，任职于苏州。父亲杨庆祥曾为南昌起义后到达梅县三河的朱德部队当过方言翻译。杨老师四岁那年，杨庆祥参加了远征军，此后再也没有回过家乡。杨老师的母亲杨丘若曦是同龄人中的佼佼者，知书达理，自强自立，忍辱负重，集孝、勤、恕于一身；20 世纪 30 年代开始在家乡当老师，辅助杨茂轩先生在家乡创办了全国第一所农村幼稚园，并长期担任该幼稚园的教学和管理工作，力排战乱与贫穷烟雾，悉心照护杨应彬等革命家的子女安全。母亲的言传身教对杨老师的健康成长起到至关重要的作用。

何老师的家乡南雄县位于粤北山区，水陆两便，商贾云集，造纸业发达，也是黄烟的主要产地。何老师祖上不乏成功的贸易商人：祖父家族是南雄主要的纸业贸易商，外祖父家族则是南雄最大的烟草贸易商。他的父亲何见美是南雄贸易商人中的杰出人物，更是一位爱国儒商，中华人民共和国成立初期当选为南雄商会会长。

何老师和杨老师一样，上有哥哥，下有一个弟弟。所不同的是，何老师的童年生活优裕，而杨老师的童年生活却较为困苦。尽管如此，他们都立志长大后做个真正有用的人，为人类创造美好的未来。

作者：杨老师好！何老师好！跟您二位在一起，容易让人自然联想起著名物理学家袁家骝和吴健雄夫妇。袁家骝教授是袁世凯的孙子，默默地支持妻子吴健雄教授的工作。1957年初，吴健雄验证了杨振宁、李政道提出的"弱相互作用中宇称不守恒"理论。同年，杨振宁和李政道被嘉以诺贝尔物理学奖。袁家骝言语谦和，吴健雄则比较外向，直率气盛，他俩的性格互补得很好。你们似乎有着相似之处。

杨老师：他们对人类贡献太大了，我们普通人物，最好不要这样比较。

何老师：如果单从性格方面来看，我的性格比较沉稳，杨老师则比较活跃，好像是这样的。

杨老师：可能跟我们的成长经历有关。

问：你们的童年时代，战火纷飞，世事纷扰。你们的成长过程历尽艰难困苦。从乡村少年到中国著名专家、教授，您二位经历了怎样的人生磨难？学习动力来自哪里？

（鹤发童颜的杨老师双眸闪烁着求真求实的光芒，微笑着招呼我们坐到她退休后亲自制作的电脑桌前，打开电脑，跟我们分享她退休后收集到的珍贵历史照片）

杨老师：我的成长，离不开家乡，离不开历史。回答你们的问题之前，我想先简单介绍我家乡和家族的情况。我的家乡大埔，山清水秀，人杰地灵。历史上出过不少进士、举人和秀才。20世纪初，由于国内长期战乱，我们家包括叔公、姑姑在内的好几位长辈被迫离乡背井，远渡重洋谋生。家乡水坝上篆刻的"亲民亲物亲赤子，问古问今问未来"，体现了家乡人民怀古惜今，向往未来的家国情怀。

生我养我的百侯，依山傍水。百侯的母亲河——梅潭河，发源于福建，流经百侯至三河坝，与梅县流下的梅江和另一条从福建流经茶阳到三河的汀江汇成韩江，在汕头入海。

我们家族爱国爱乡，非常重视教育，注重文化传承，历史上出过多位五品以上官员。我小时候还见过我们家族的祠堂里挂着好几块皇帝送的牌匾。

令人遗憾的是，20 世纪 60 年代祠堂坍塌，那些牌匾也都不慎丢失了。

1933 年，中国教育家陶行知先生应百侯知名人士杨德昭先生的邀请，派遣他的得意弟子潘一尘和程吾今先生到百侯开展生活教育，发起了在中国南方的普及教育运动——小先生教育运动。这一运动对我家乡人民文化水平的提高起了很大的作用。这也是百侯文化较为发达的原因之一。

乡人崇文重教，贫穷但不落后，再穷困的人家也要让孩子上学。孩子们的衣服，虽破旧，打满补丁，但肯定洗得干干净净，补得好好的。

我在百侯中心小学念书时，德高望重的杨作龙先生是我们的校长。为了办好我们百侯的教育，扩建学校时，他不辞劳苦，远渡南洋搞募捐，得到华侨们的慷慨捐助。作龙先生募捐回来那天，我们全校一千多名师生爬上高高的山冈迎接他。杨作龙校长与师生们一起从山冈上走回学校。大家一路高唱着老师们自编的歌曲："作龙校长为谁忙，跋涉千里赴重洋。募得巨款荣归里，巍峨校舍耸侯乡。"

作龙先生精打细算，自己亲自设计校舍，还发动孩子们到河里淘沙子，在百侯中学校长杨德昭先生等人的支持下，终于建成了当时最气派的百侯小学。

初中阶段，我在百侯中学就读，杨曾仰先生担任校长，张孔慢、潘仲元、杨仕芳和廖寿山等先生分别担任我们的语文、物理、生物和数学老师。老师们都毕业于名校，帮助我打下了牢固的文化基础。

我在大埔中学完成了高中阶段的学业。大埔中学也是我母亲的母校，当时是广东省省立中学。戴海畴老师教我代数，田老师教我几何和三角。罗史琴、梁子杰、张扑基、林业荣和黄老师等分别教我语文、历史、物理、俄语和化学。老师们教学孜孜不倦，注重对学生的思想品德教育，还在生活方面关心爱护我们，对我的成长起了十分重要的作用。师恩深厚，我永远铭记！

我母校的教学质量很高，学生学习很刻苦。我们高中毕业那年，全年级同学几乎都考上了大学。由于教学质量高，抗日战争时期，厦门大学每年都在我们大埔免试招收一定人数的毕业生。

问：杨老师的父亲是个文人，文章写得好，字也写得漂亮。可是，他为什么要离开家乡，弃笔从戎？您后来见过父亲吗？父亲给您留下什么印象？

杨老师：我父亲当年是个热血青年，一心想报国。1942 年初，父亲毅然弃笔从戎，参加远征军，投身抗日战争，从翁源出发，据说是步行往广西，再到前线去的，主要负责部队后勤补给方面的工作。

父亲参加远征军前曾回过一次家乡，当时我弟弟刚出生几个月。记得父亲离家前那天，抱着我，牵着我哥哥上街去，给我们兄妹各买了一个艺术瓷器。给哥哥买的是一只老虎，给我买的是一只小狗。

问：那是不是你们兄妹的属相？

　　杨老师：不是，随意买的，还给我弟弟买了一只狮子。在回家的路上，哥哥对我说："我的老虎可以吃掉你的狗。"我反击说："我的小狗会叫，狮子听到叫声就会跑过来吃掉你的老虎。"

　　问：您父亲当时是什么反应？

　　杨老师：父亲什么都没说，只是静静地听我们争论，抱着我，牵着哥哥，沿着那条熟悉的巷子回家。

　　那次离别后，母亲和我们苦苦地等待，日夜盼望着父亲平安归来。可是，他没有回来。远征军解散十几年后，父亲却在重庆遇害了。平反时，母亲到了重庆。母亲强忍着巨大悲痛，用漂亮的塑料片做成花朵，再做成两个很美很美的花圈献给父亲。一个花圈写上母亲的名字，另一个写上所有儿女的名字。我从来没见过那么漂亮的塑料花，也从未见过那么精致的花圈。那两个花圈寄托着母亲和我们所有的哀思，也饱含着母亲对父亲终生忠贞不渝的全部情爱。每每回忆父亲，我的心情都难以平静。

　　1976年初夏，我出差到南京去。母亲让我去看望她的一位老朋友——参加过长征的杨菜贞姑姑。她很了解我的父亲和母亲。后来，每当我无意间回忆一些事儿时，往往会想起菜贞姑姑对我说过的一句话："中国革命的胜利，是非常艰难曲折的。这么多年，看看许多对革命作出了牺牲的领导和同志的情况，你家长辈的经历，就把它当作对中国革命的贡献吧。"

　　问：您父亲离家后，主要以什么方式表示对你们的关心？

　　杨老师：写信、寄一些进步书籍和照片回来。印象中，我上小学的时候，父亲陆陆续续寄回了：《论联合政府》《矛盾论》《实践论》等书籍和一些连环画，还有美国作家辛克莱的小说《屠场》，以及贵州、云南等地的少数民族照片。每当收到父亲寄回来的读物，我们都觉得像见到父亲一样亲切。

　　问：在您的女性长辈中，谁对您影响最大？

　　杨老师：奶奶、母亲和姑姑对我的影响都很大。奶奶慈祥、吃苦、忍让、爱护下一代；母亲对工作兢兢业业、吃苦耐劳、尊老爱幼、善良忠贞，挑重担无怨无悔；姑姑喜欢文艺，爱护我们、孝敬父母、直面苦难的毅力都深深地感动着我。她们对人的友善、对事业的执着、对爱的忠贞，勇于面对困难的坚毅，对我如何做人影响很大。

　　问：您外公去世前为什么给自己写好了挽联？

　　杨老师：外公与外婆感情很好，平时喜欢看书、吟诗。外婆过世不久，悲痛万分的外公就为自己写好了一副挽联。外婆过世两年后，外公也随之而去了。外公灵堂前所挂的挽联，正是他预先给自己准备的，写得很动情。你们看——"萱花早谢悲未已，椿树又损泪何穷"。

　　问：的确写得很好！您母亲的负担很重吧？

　　杨老师：是的。无论是经济上或精神上，母亲的压力和负担都是很重的。

母亲要抚养三个孩子、赡养奶奶，还要部分赡养外公外婆，生活压力真的很重。

问：母亲对子女的影响是潜移默化的，将伴随儿女后代终生。有人说，女本柔弱，为母则刚。也有人说，一代好媳妇，三代好儿孙。女子一旦选择了当妻子，当母亲，则意味着在未来的生活中，如果灾难降临，她必须担负起家庭生活的全部重担。是这样吗？

杨老师：的确如此。在我童年的印象中，奶奶和母亲、姑姑都特别能吃苦，脾气也相当好。她们一直都和睦相处，却没能过上一天好日子。为了照顾好哥哥、弟弟和我，奶奶和母亲、姑姑都吃了不少苦头。她们的恩情我永远铭记在心里。

问：可以谈谈您记忆中家里的生活情况吗？

杨老师：父亲参加远征军后，家里的生活基本上靠母亲教书的微薄工资维持。母亲总是工作很忙。别人家的孩子送到幼稚园来，母亲肯定会第一时间上前抱一抱，但是，母亲好像没抱过我们，以至于我觉得母亲更爱别人家的孩子。

我的童年，更多时间是跟奶奶一起度过的。尽管奶奶经常闹胃病，仍然尽力照顾我们。我平时放学回到家里，就可以吃上奶奶准备好的饭菜。可是，奶奶72岁那年，不慎摔了一跤后卧床不起。母亲请村里的医生来给奶奶看病。医生告诉母亲："大树老了……"一天下午，我放学回家，看见桌面上放着5分钱，刚好可以买一小块豆腐。想起奶奶平时喜欢吃豆腐，我就悄悄地拿那5分钱去买了一块豆腐回来。由于我没有事先征求母亲的意见，擅自做主，一向温柔的母亲动气了。

记得奶奶病重的一天下午，我一放学回家，就跑到奶奶病床前。望着奄奄一息的奶奶，我坐立不安。奶奶用极其微弱的声音对我说："阿玲，你是不是饿了？奶奶不能给你做饭了。"说着，奶奶用无力的手从大襟衣的贴身口袋里掏出1分钱给我，说："拿去，买一块年糕吃吧，奶奶起不来给你买……"接过奶奶的钱，我眼泪夺眶而出，难过得什么话都说不出来。我把带着奶奶体温的那1分钱放进自己最贴身的口袋里，天天带着它去上学，一直都舍不得花掉。

奶奶过世后，母亲的生活担子就更重了。学校里提供为老师煮午餐的服务。老师们各自将自带的大米洗干净，放进草编的小饭袋里，由学校厨房的校工用大锅一起煮熟，再交一定的菜金，就可以在学校吃午餐。可是母亲舍不得吃，总是将饭袋子带回家来，分成三份，让哥哥、弟弟和我一起吃。母亲自己通常都是吃一些番薯之类的粗粮充饥。

我姑姑结婚前也在家乡教书。姑姑聪明美丽，善良贤惠，还爱唱歌，教过我唱《故乡月》等抗日歌曲。姑姑唱过的歌曲我都记住了，至今还记得她唱的电影《魂断蓝桥》主题歌："为君断肠，为君断魂，君可知我意，恨重如山，命薄如絮，无限惜别意……"姑姑特别疼爱我们，教我们许多做人的道理。每年中秋，姑姑都会给我们寄月饼回来，并在月饼上用黑芝麻镶上"群（我哥哥杨冠群）、玲、中（我弟弟杨冠中）三儿，祝中秋快乐！姑姑"的字样。以至于每年的中秋节前，我们都盼着姑姑的月饼。父亲虽然不在家，但有姑姑他们的关心，好像父爱不曾缺失。不料姑姑结婚后命运多舛，失去了工作，还患上了肺病。厄运降临，姑姑顽强抗争，刚正不阿。在最艰难的时刻，姑姑仍然尽力帮助我完成学业。我上大学之前，特意前去跟病重的姑姑道别。姑姑将其唯一值钱的财产——一支最珍贵的51型派克钢笔和两段衬衣布料都送给了我。可惜姑姑没能等到我大学毕业出来工作，就因贫病交加，遗下8岁的女儿无奈离世。

问：童年课外时间您一般有什么活动？

杨老师：我童年的课外活动内容很丰富，玩耍的时间也比较多。我常做哥哥他们的跟屁虫，虽然他们并不喜欢被我跟着。放学回来，天气好的时候，我们有时到池塘边钓鱼，有时玩铜钱游戏，将铜钱垒在地上，看谁打下来最多。雨天，天井里经常有许多积水，我们就玩水，玩"砍水"游戏；还玩放灯游戏：在灯芯旁边贴上自己的名字，放进小脸盆里，再往水里放，让风吹着走，小脸盆走着走着，挨到谁，谁就输。有时，我们采一些合欢树子玩画线游戏，还自制沙包做丢沙包游戏，全是我们自己挖空心思做玩具、制定玩耍规则。我们也常去看时代剧社的演出（1935年，我们家乡建立了时代剧社，我们的老师大多是时代剧社的成员）。时代剧社的小演员角色常常让我们小朋友来扮演。我们还经常参加学校组织的文娱演出，平时排练也是很花时间的。学校也会组织学生去野外活动，如拍皮球、打乒乓球、到河里游泳等。我们的作业一般都在学校里完成，很少回家再做家庭作业的。

童年时代，夏天的夜晚，我常常跟奶奶坐在门前看星星，看云彩。奶奶总会告诉我星星的名字及其所在位置：那颗最亮的是北斗星，那个形状像调羹一样的叫七姑星。奶奶还告诉我如何将星星的位置变化与季节变化联系起来，譬如，银河的位置发生了怎样的变化就可以挖芋儿了。看着天上飘忽着的云朵，我可以充分发挥自己的想象力：一会儿像一条龙、像一朵花、像一个人、像一匹马、像一只兔子……有时候，我和奶奶坐在屋檐下想念我远方的父亲和叔叔。直到现在，我仍然喜欢看星星，看云彩。

我们族里人居住的房子，具有典型的客家人房屋特色：分上厅、中厅与下厅，厅与厅之间是天井，厅的两边是横屋，还有碾米房和小铺子，屋前有一个较大的混合土平地。我们好几家人就合住在这样一间较大的房子里。所有公共场所都是我们小朋友平时活动的地方，踢毽玩耍，好不开心。逢年过节，我们小孩子就包揽所有公共场所的卫生清洁任务，把环境打扫得干净整洁。

问：您小时候违反过纪律吗？

杨老师：跟同学一起偷偷给老师起外号算不算违反纪律？我就做过这种事情。（笑）我还真的违反过课堂纪律，被老师打过手指。小学阶段教育特别严格，老师讲课时，学生必须将双手反背，专心听课。那天上数学课，我竟忘了课堂规矩，将手指放在课桌边，老师看见了，举起尺子就打下来。我下意识地迅速将手缩了回来，不料被尺子的金属边缘刮伤了手指，破了点皮，还有点出血。

问：您恨那位老师吗？

杨老师：不恨，只是不喜欢他，有点怕他。可是奶奶看见我的手破皮渗血了，怨他。（笑）

问：都说一方水土养一方人。何老师的童年阶段，家族富甲一方。您在家乡南雄县生活的时间很短。那么，您对家乡，对自己的童年有着怎样的记忆？

何老师：在中国历史上，塔的高度可以显示一个地方的行政级别。从唐代开始，南雄建了许多塔，并且一点都不比广州的六榕塔逊色。南雄在广东的历史地位可想而知。南雄位于粤北山区，浈江和凌江是流经南雄的两条大河，汇合后到了韶关段被称为北江。我爷爷那个时代，南雄陆路交通不便。南雄之所以发达，主要得益于北江，水运便利。江西、福建一带的货物都运到南雄来集中发送。20世纪初，南雄是广东省的一个重要商埠，主要有两大产业：造纸和黄烟。我爷爷的家族主要从事纸业贸易，外公的家族则主要从事黄烟贸易。两个家族都是南雄贸易商的领头羊。

我们何氏之家，家族大，家族观念强。我父亲1910年出生，是爷爷奶奶最小的孩子，有三个哥哥和两个姐姐。家里按家族辈分给他取名何见美。上学后，他给自己取了一个颇为上进的名字叫何觉民。爷爷希望孩子们多读书。父亲早年独自在广州广雅书院念书时跟叶挺他们有来往，参加过一些革命活动。1927年，大革命失败后，父亲被迫逃到香港避难。风头过后，家里以结婚为幌子要求他回到家乡。

我爷爷是一位成功的纸业经销商，早年在南雄县城购置了两套大房子，每套房子都有几个店面。由于爷爷去世得早，大伯父当家。奶奶、大伯父和父亲一起居住在县城里。二伯父和三伯父则一直居住在乡下，我对他们没什么印象。奶奶信奉佛教，城里的房子有一层是专门为奶奶而设的"念经楼"。奶奶整天都待在念经楼里念经，不怎么管家里的事情。在我四五岁时，奶奶去世了，大伯父就跟我父亲分了家，将县城的两套大房子一分为二。父亲早年在广州读书，见世面多一些，却从未插手家里的生意。分家之后，父亲利用他的学识和人脉，主动往外发展，业务迅速扩展到广州、东南亚等地，生意做得红红火火。在广州十三行，父亲还有一个铺面，跟别人合伙做转口贸易。父亲经常在外忙碌，家里人都不常见得到他。

抗战时期，国民政府曾撤到桂林，广东省政府则临时搬迁到韶关，省政府大多数机构也随迁韶关，而偏军事方面的机构则设在南雄，还在南雄建设了飞机场。南雄成了广东省的大后方。除烟草外，香菇、桐油等都是南雄特产。我父亲同时还从事香菇、桐油贸易。由于日本侵略者阻断了中国与外国的贸易，导致国内物品严重稀缺，物价飞涨。当时制作报纸需要用"洋纸"，可是买不到洋纸，报纸也就脱销了，给抗战宣传工作带来诸多阻力。国内其他地方生产的纸张达不到印刷要求，有关方面焦急地到南雄寻找出路。而南雄的造纸机器只能制作草纸，也达不到印刷质量要求。父亲急国家之所急，想方设法大胆尝试，终于成功地制作出了印刷纸。这一成功，有助于父亲的事业迅速跃上新台阶。那时南雄还没通火车，制作好的印刷纸先用船只运输到韶关，然后通过火车运送到其他地方。每次运送印刷纸，父亲必亲自押车。一次，在押车途中惨遭日军轰炸，火车侧翻，父亲胸部受压，因未能得到及时有效治疗，过后伤口处常常作痛。据说，父亲早逝，就是因为那次受伤落下了病根。

大哥比我年长6岁。按我们家乡的习惯，大哥出生不久，父母亲就将他过继给没有生育儿女的大伯父和大伯母抚养。不料大哥9岁那年患伤寒，持续高烧多日无法控制，不幸夭折。大哥的尸体停放在大伯父家的大厅里。我年小，不晓得"死"的真正含义，独自好奇地围绕着大哥的尸体转圈圈。家里的大人也没管我。大哥活着的时候，我对他没什么印象，他死后的样子却让我印象很深。

我的外公很有生意头脑，主业是黄烟贸易，同时开设酒楼，是南雄最大的酒楼老板，还购置了不少房产物业。外公的家比爷爷家富有得多。

我的母亲刘必庄，是外婆和外公所生四个孩子中最小的一个，聪明伶俐，深得外公宠爱。那个年代的女孩子是极少有机会上学的，外公却专门给她请了家庭教师。母亲很争气，学习用功，做事灵活。成年后就到外公的店里帮忙，管核"师爷"的账目，是外公的好帮手。外公到哪里都喜欢带上她。母亲因此有机会到杭州、上海等许多地方做事、旅游，住的是锦江酒店等高级宾馆，见过的世面自然就多了。

母亲善于接受新生事物，积极参加南雄的社会活动和妇联工作，带头为抗日战争捐款，还喜欢唱流行歌曲。抗战胜利后，母亲还是南雄县第一个烫头发的女性。

问：您对外公有印象吗？外公一家对您的童年有哪些影响？

何老师：我4岁那年外公就去世了，但我对外公还是有印象的。记得外公生病时，我曾去看望他。外公用手抚摸我的头，还拿零食给我吃。外公一家对我的主要影响，是让我学会了辩证地看问题。外公的家底原本很殷实，可是，由于舅父吸鸦片的缘故，外公去世时，家产已被舅父败得差不多了。中华人民共和国成立时，舅父一家在城里的生意早已全部倒闭，城里的物业和乡下的田地也早已卖光来还债。因此，土地改革划成分时，舅父家是贫农。后来，政府坚决取缔黄赌毒，买不到鸦片，舅父自然也就成功戒毒了。可见，在一定的条件下，坏事变成了好事。它符合唯物辩证法的原理。

作者：您舅父是真正获得了新生啊！（笑）

何老师：舅父只有一个儿子，比我年长六七岁。他就是我的表哥，美术家，现在还健在。表哥当年考上广州美院，就读两年后，由于全国院系调整，转到武汉中南美术专科学校继续完成学业。表哥是关山月的弟子，对我影响很大。他经常要到野外写生。我好奇，常常像跟屁虫一样模仿表哥的样子绘画。没有画架，我就找来一块小木板之类的东西，贴上白纸，装模作样地画。在表哥的影响下，我莫名其妙地对绘画产生了兴趣，美术潜能得到激发。记得小学阶段，有一次父亲在饭桌上问我："你长大后想干什么？"我不假思索地回答："我想学美术。"

问：可是，您后来为什么没有在美术方面继续发展？

何老师：随着知识的增加，我的选择余地越来越大，美术就作为一种辅助技能、一种业余爱好了。我小时候真的比较喜欢绘画。初中阶段，我有幸遇上一位优秀的美术老师叶老师。叶老师很有才气，素描教得很好，对每个学生的作业都批改得很仔细，还写了许多批语，打分也很认真。在叶老师的悉心教导下，我更加爱好美术。后来，我机械绘图绘得好，也得益于叶老师给我打下的牢固美术基础。

问：童年时期，对您影响最深的长辈是谁？

何老师：当然是父母亲。父母亲感情很好。我从小自觉把父母亲当作自己的一面镜子，随时规范自己的行为。父亲长得英俊魁梧，我很崇拜他。父亲那张穿着军装的照片，甚至让我产生了长大后去当兵的念头。

我们家在南雄县城的房子很大，三层楼房，前面一楼是商铺，楼上做招待所，家属住在后面。家里订了很多报纸，供"师爷"和员工们休息时阅读。大家在一起时经常谈论社会上的事情。我也习惯每天看报，然后静静地听他们谈论。跟父亲有生意往来的商人，譬如纸厂老板、桐油生产商老板，他们常常从外地来、从乡下来，在我们家吃住两三天。父亲在家的日子，每天晚上都是他接待客人的时间。客人们围坐在父亲身边，听他谈生意上的事情，谈进出口贸易，也谈论国内、国际形势，涉及面很广。大多数时间都是父亲讲，大家专心听。我也喜欢在旁边静静地听，从中学会一些人来客往的规矩。我往往边听边思考：如果我遇到这种事情该怎么办？事实上，父亲跟客人们的交流场所也成了我了解社会、了解世界的一个重要窗口。至今，我一直保持着那时候养成的习惯：耐心倾听，独立思考。

我们家没有家暴。父母亲自控力很强，从来不打孩子。可是，我一直觉得父亲不怒自威，从小就敬畏父亲，有时候敬而远之。说来奇怪，还是在小学阶段我就告诫自己：长大后，我一定要跟我的孩子亲近一些，一定不能让我的孩子畏惧我。

母亲的言传身教对孩子的影响很大。母亲性格温和，我跟母亲接触的时间比较多一些，脾气也比较像母亲。

我童年阶段比较贪玩，不怎么爱读书，但每天放学回来我都是自己完成功课的。父母亲都忙于做生意，偶尔走近来看我一眼。每次考试成绩单发回来，我总是战战兢兢地交给父母亲过目的。

问：为什么？考得不理想吗？还是老师告状？

何老师：老师没有告状。我成绩不怎么好，有时还会逃学。看了我的成绩单，父亲不满意时就不吭声，很威严的样子，我明显看得出他不高兴。遇到这种情况我总会感到很害怕。母亲有时会唠叨几句："要努力哟！老这样子不好啊！"父母亲对我们都是很正面的说教。

问：您小时候跟哥哥、弟弟的关系如何？经常在一起玩耍吗？

何老师：我跟哥哥和弟弟不怎么玩到一块。我比较"野"，哥哥和弟弟比我规矩一些，他们俩在家里的"处境"都比我好。大人们往往更关注家里最小的孩子。弟弟何振洋比我小两岁，母亲照顾弟弟的时间自然就多一些。我不大不小的，不怎么受重视。我总是吃醋，觉得自己没比弟弟大多少。因此，我小时候喜欢黏着母亲，跟弟弟争宠。（笑）在家里闷了，我就溜出去玩耍，跟周围商铺的孩子在一起，自由自在，但不干坏事，到了吃饭的时间就各自回家。哥哥的活动圈子主要在外婆家。表哥表姐们喜欢在一起谈论抗战问题。我到外婆家，也喜欢钻到他们的圈子里，静静地听他们聊天，想听就听，想走就走。他们不在乎我的去留。

回到家里，我第一时间将所见所闻告诉母亲，再加上我自己的体会。母亲准会耐心地听。我说得不对之处，母亲就及时插话，引导我。

现在回过头来想，小学阶段的教育很重要。我的小学阶段，每天早上校长都要训话，教育我们如何做人。

杨老师：小学阶段的教育的确很重要。我们小时候，可供阅读的课外书很少。许多革命道理都是听大人讲，听哥哥姐姐讲，内容涉及政治方面的多一些，涉及文学方面的少一些。学校也组织各种演出，对我们的健康成长很有帮助。我家乡的时代剧社经常演出一些名剧，比如，《雷雨》《家》《万世师表》《白毛女》《王秀鸾》《赤叶河》《刘胡兰》等。各种各样的正面教育，帮助我们树立了正确的人生目标，从小懂得要报效祖国。

问：杨老师为了参加革命还逃过课，是真的吗？

杨老师：是真的。1947 年到 1949 年，在我们家乡，共产党军队和国民党军队陷入拉锯战，部分中学生参加了游击队，我们小学生很羡慕，也想参加革命。1948 年，我才 10 岁，读小学五年级，跟村里的两个女同学私下约好去参加游击队。那天，天刚蒙蒙亮，我们就悄悄地起床，各自偷偷地带上一筒米，沿着中学生参加游击队走过的那条靠山的小路，向游击队的驻扎地走去。大概走了 9 华里，我们都累了，在河边的凉亭歇下来时，远远看见我奶奶追了上来。我们急忙躲到凉亭的后面。奶奶也看见了我们，知道我们躲着她，就坐在凉亭的石凳上哭了起来。我不忍心让奶奶伤心，就走了出来。奶奶说我们还小，等长大了再去找游击队也不迟。在奶奶的耐心劝说下，我们终于回到学校上课了。适逢那节课是音乐课，我们迟到了。音乐老师刘宝谛微笑着对我们点点头，继续教同学们唱着一首叫《苦竹叶》的歌曲："苦竹叶，青又青，家家户户要抽壮丁。张家抽了张阿大，石家抽了石耀庭。张阿大、石耀庭，还有那弯头的王逢顺。生活拉扯去当兵，丢下家中老小一大群。挨饥受饿无依靠，啼啼哭哭有谁怜？"下课后，刘宝谛老师对我说："你想参加革命是好事，可是你还太小，现在的任务就是要学好文化，学好本领。"他问我上中学想读哪所学校。我脱口而出："想读正治学校。"那是我道听途说的，听说汕头有一所叫"正治"的普通学校。老师以为我想读"政治"学校，就鼓励我："你如果读政治学校，我就送你一支手电筒。"中华人民共和国成立后我才得知，刘宝谛老师原来是地下共产党员。

二、战火中成长，少年更自强

杨老师、何老师自小求知欲强，思维活跃，兴趣广泛，刻苦耐劳。1949 年暑假，对于杨老师和何老师来说，都是人生的一次重要转折。何老师离开家庭的庇护，独自到广州南海中学读初中，坚定地迈开人生独立第一步。杨老师报名参加了华南文工团，考试时用的还是华南文工团丁波团长的派克笔。她年纪虽小，刻苦顽强，跟着团队跋山涉水，克服重重困难，给人民群众演出宣传，传播革命道理，发动群众积极支援前线，在战火中锻炼成长。

问：何老师的少年时代，父母疼爱有加，家庭经济状况好，生活条件优越，用一句现在的时髦语形容，属于典型的"富二代"。可是，您小学毕业后怎么舍得远离家庭独自到广州来上学？

何老师：那时候，社会风气是这样的，不管家里条件好与不好，青少年离开家庭出来读书，独立生活，住校都属于很自然的。社会舆论方面也很支持。我父亲从小就离开家乡到广州来读书。我哥哥也在我之前到广州来读书。我初中就读于南海中学，是广州南海同乡会支持办的一所学校，位于广州市西华路。我刚到广州时，住在广州西关，家里给我租了房子，也有保姆照顾我。不久，我对情况熟悉了，就住到学校里。我觉得学校的条件还是比较好的。

问：学校的生活全靠自己照顾自己吧？

何老师：当然。学校不安排人员照顾学生的生活，下课以后也没有老师管我们。学生都住集体宿舍、睡碌架床（粤语：双层床）。整栋宿舍楼的学生共用公共厕所和公共洗澡房。衣服、被子全靠自己手洗。

问：当时，你们也就十三四岁。周末家里有人来接回家吗？

何老师：不需要家里人来接，都是自己回家的。我不回家，总是留在学校，吃饭堂。家在学校附近的广州同学回家时还不忘跟我说一声："今晚番去（粤语：回去）饮（粤语：喝）汤。"

问：学校生活比较艰苦。看到广州同学周末回家，您是否动摇过？是否产生过回家乡南雄读书的念头？

何老师：没有。我到广州上学不久，中华人民共和国成立了。父亲任南雄商会会长，到学校来看望过我几次，了解我的学习情况，还问我有什么困难，需不需要跟他回南雄去。我坚决地告诉父亲："不！我不回去。我就在这里读书。"父亲欣慰地对我说："好好读书吧！我把在广州买的部分公债债券留给你做生活费和零花钱。这些是政府要求我们买的公债，每年都有到期的。"

问：您当时的手头比较阔绰，却没有染上大手大脚的坏毛病。假期或周末，花钱会不会随意一些？

何老师：到广州念书后，我学会了管理财物和自我约束，从不大手大脚，不该花的钱我就不花。周末或假期，我更喜欢到体育场上做运动，或跟同学一起上街看看电影、逛逛书店。我们当时看得最多的电影是苏联影片，在假期内，学生还可以享受半票待遇。热门书籍借阅的人多，学校图书馆一般都难以借到。我就到书店买回来慢慢阅读。电影和文学作品对我的影响很大。我好奇心很强，每次上街，必到书店逛一逛，但目的性不是很强，东看看，西瞧瞧，就跟女孩子逛街看衣服的情况差不多吧。我喜欢国画，尤其是山水画、风景画。到了书店，我特别喜欢看美术方面的书籍。在这类书籍前面，我常常停下来翻阅很久。

问：中小学阶段，您的美术天赋已初露端倪。而您没有选择美术创作作为终身职业，是不是因为更喜欢从事有挑战性的、创造性的工作？

何老师：的确如此。老师经常挑选我的美术作品张贴到学校宣传栏里。后来，我更专注于工程设计类等有挑战性的工作。我的空间想象能力和构思能力比较强。一件物品，我只需看一眼就可以画出它的三维图，准确率达70%以上。

作者：这可称得上是绝技！对于许多人来说，画三维图是很难的。

何老师：这主要得益于我中小学阶段美术基础牢固。一个人的能力绝对不是天生的，都要靠后天积累，积累到一定程度才能融会贯通。

问：初中阶段，您印象最深刻的是什么？

何老师：印象最深刻的是初一暑假，我独自参加的广州市中学生夏令营活动。我一辈子都忘不了！那次中学生夏令营活动是由共青团组织的。出于好奇，我报了名。学校只负责通知我报到地点和必带物品，其他什么都不管。我当时住在广州西关，自己背着铺盖行李，坐公交车到广州石榴岗的中山大学文理学院报到。从西关到石榴岗，远得不行，需转几趟公交车。我一路走，一路问。报到时我才晓得，全广州市近二百名中学生参加那个夏令营，而我们学校只有我一个人参加，并且我属于年级最低的。夏令营设在现在的海军司令部。全新的环境，陌生的朋友，孤独的自己，这些都让我感到恐惧、胆怯。我暗暗鼓励自己：必须坚持，不能当逃兵。担任我们辅导员的是中山大学文理学院的大学生。整个夏令营的活动全由这些大哥哥、大姐姐安排：做操、做游戏、举办科普知识讲座和各种体育活动，从早上起床，到晚上睡觉，活动内容相当丰富，想逛商店都没时间。我很快就适应了新的环境。大哥哥大姐姐们的亲切和能干让我从此崇拜大学生。我把他们当楷模，仔细观察他们的一举一动，自觉规范、修正自己的言行举止。有了那次经历，我上大学后，在中小学生面前也就不敢乱说乱动了。经过夏令营的训练，我更加喜欢集体生活，走到哪里都要想办法融入集体。如今，60 多年过去了，参加那次夏令营的情景我仍然记忆犹新。

问：中小学阶段，您最喜欢哪些科目？

何老师：我更喜欢体育运动，喜欢打篮球、游泳、健身等各式各样的运动。初中阶段，我每月必到广州的西郊游泳池和海角红楼游泳池游泳。我喜欢上体育课，但又不满足于一般的课程内容。我更喜欢专业队伍那样的训练，很欣赏专业人员跨栏、投掷、飞镖、推铅球的动作。我们学校操场的训练条件很不错，外面的体育专业队经常来借我们学校的场地训练。我就坐在旁边观看，观察、模仿、偷师，譬如跑步，如何呼吸，怎样才能跑得更快。我收获很大。

模仿体育专业队伍的训练方法，我自己练习举重、举哑铃、推铅球。果然，我铅球推得挺好的，在学校少年组拿到最好的成绩，还参加广州市长寿区运动会，获得青少年组铅球冠军，拿到金牌。

问：中学阶段，您是否考虑过以后从事体育工作？

何老师：没这个考虑。我仅仅是偷了点师，爆发力比较好，铅球偶然推得好一点而已，也只是矮子里面的高个儿。我初中体育课成绩一般，是班篮球代表队队员，还达不到学校代表队要求。

问：您其他文化课成绩怎么样？

73

何老师：我不偏科，全部课程都及格，学习成绩属于中上水平吧。我的学习很依赖老师，老师讲得好的，我就学得好；老师讲得不好的，也就学不好。我的经历很简单，不像杨老师。杨老师是有故事的人。

问：杨老师，1949年7月，您小学毕业即参加了华南文工团，属于中华人民共和国成立前参加工作的，应该享受离休干部待遇呀？

杨老师：我们后来继续念书了，不晓得能不能享受离休待遇。我有机会上大学，还享受国务院特殊津贴，我满足了。

问："百侯"这个名字很有意思。当年华南文工团为什么到你们百侯村招收儿童队员？

杨老师：据《广东革命文艺史料》华南文工团专辑上记载，我们家乡历史上知识分子多，外出当兵、当官的也多，所以叫"百侯"。据长辈们回忆：百侯、枫朗的学校和祠堂，厅堂上曾挂满了楹联与官赐的牌匾，显示出侯门世家的气派。那一带还是久经考验的革命老区。大革命时期，古大存、罗明等同志在那里播下了革命种子。抗战前，陶行知先生在那里试点办教育，工作基础好，老百姓觉悟高，乡村人民政权已公开建立，也是区民主政府所在地。

1949年7月，华南文工团来到大埔县百侯。据史料记载，文工团到达百侯后，我们家乡的时代剧社专门为他们演出了《白毛女》；共青团组织儿童们到自家菜园里挑选最好的瓜菜摘下，每两人一箩筐抬去慰问文工团。孩子们每天都去观看文工团排演节目，迟迟不愿离去，还自告奋勇地给文工团表演自己的节目。文工团领导回忆说：每逢他们活动时，总有一批喜爱唱歌跳舞的孩子跟着他们团团转，个别大胆的孩子还提出要参加他们的队伍做个"红色小鬼"。丁波团长和文工团的同志发现百侯的孩子有教养，很可爱。文工团的同志还觉得这一带文化比较发达。经过慎重考虑，在我们家乡地下党组织的支持下，文工团以抗战期间的"新安孩子旅行剧团"为榜样，决定在百侯招收一批儿童队员。文工团的这一决定马上得到我们家乡妇女会的响应和大力支持。母亲们纷纷带着自己的孩子前来报名，把孩子送到革命队伍中来。

问：参加华南文工团需要办理什么手续？

杨老师：需要报名，然后参加考试。百侯村有20多个孩子报了名。当时学校刚放暑假，笔试在百侯中学的大礼堂里进行。开考后，我才发现自己没带笔。这时，有个中年人走进考场，我问他，能不能借用他的笔。他随即从口袋里掏出一支钢笔给我，是派克牌的，很好用。考试内容主要是一些政治常识，我平时经常听哥哥他们谈论这些问题，觉得不难，结果我得了第一名。毫不费劲，我加入了华南文工团，属于解放军编制。后来我才知道，借给我钢笔的那个人是华南文工团团长，叫丁波。在华南文工团这个革命大家庭里，我们在驻地接受各种基本功训练，冒着敌人的炮火跋山涉水，到群众中去演出、宣传，得到了很好的锻炼。

问：您母亲是如何支持华南文工团工作的？

杨老师：华南文工团刚到百侯时，我母亲是小学教师，也是妇女会的成员，把文工团的困难当作自己家的困难，毫不犹豫地把准备了多年、计划给我们做衣服和蚊帐的布料全都送给了华南文工团。我们参加文工团后所穿的灰色衣服就是用这些布料染成灰色做成的。母亲以实际行动帮助文工团解了燃眉之急。

问：为了更好地深入群众，宣传革命道理，你们有过许多惊心动魄的经历，可以跟我们分享你们的故事吗？

杨老师：我们进入华南文工团不久，听说国民党军队来袭，已经到了湖寮，也就是现在的大埔县城，离百侯只有12公里。文工团只好撤退。文工团领导把我们儿童团和大同志（我们称他们大哥哥大姐姐的）安置到离百侯约5公里的南山一个祠堂里。到南山的第六天早上，我们刚准备吃早饭，就传来消息说白军到了百侯，要求大家马上撤到安全的地方。我们顾不上吃饭，背起背包就往山上撤。爬过山冈，我们好不容易到了乌石坪。黄昏时分，在乌石坪，我偶遇刘宝谛老师。老师得知我参加了华南文工团，非常高兴地鼓励我说："手电筒我一定会送给你的。"在这山路上匆匆一见，大家又急急忙忙赶自己的路去了。文工团团部要求我们继续前往相距几里地的茅屋住下。刚走二里地，就有人慌张地过来告诉大家：前面有一队荷枪实弹的国民党军正朝我们走来，大家千万不能再往前走了。于是，我们的队伍立即掉头往另一个山头撤退。同时撤退的还有其他单位的同志。我和另外四个儿童团员只管跟着前面的大人走，却不晓得已与自己的大队伍走散了。天完全黑下来的时候，我们走到一个山头上，草长得跟大人一样高，前面就是悬崖，无路可走了。临时的领导说，今晚就在这里过夜，谁也不许发出声音。不一会儿，我们看见对面的山头上亮起了一串串火把，同时听到呼唤声："儿童队的同志们，你们回来吧！刚才是一场误会。快回答我们，回来吧！"听到呼唤声，我们儿童队员当然很高兴，正要回答，大同志朝一位儿童队员的脑袋敲了一下，压低声音说："不许说话！说不定是敌人抓住了我们的人。万一他出卖了大家呢，你想过这后果吗？你一旦回话，不仅你活不成了，在这里的所有同志都会遭殃。现在规定：谁也不许回话。明天，待探听到消息后，再决定怎么办。我们决不能当叛徒。要不然，大家都从这悬崖上跳下去……"大家都不敢再吭声了，眼看着火把的亮光随声远去。我们爬了一天山，又累又困。望着天空中弯弯的月亮，闪闪的星星，听着远处的狗吠声，我们多么想念大哥哥大姐姐们啊！当然也很想家。待到月亮慢慢落去，我竟在草丛里睡着了。大家都席地坐着睡了一夜。露水打湿了我们的衣裳、背包和草帽。

正当我睡得朦朦胧胧的时候，突然，一阵沙沙的脚步声把大家惊醒了。

我睁开眼，首先看到的是初升的太阳。清晨还没到，山顶上的日出时间比村子里早。由于草丛茂密，看不清来者，大家以为是国民党军队来了，都有点惊慌。原来是到村子里探听消息的同志回来了。他告诉大家："昨晚是一场误会，现在可以回到村子里去了。"我们立即下山，回到村子里。大哥哥大姐姐们都在临时作为团部的小学里等待我们。走散的儿童队员回来了，大家都非常高兴。

后来，我们遵照团部的决定，到群众基础较好的南桥开展工作，白天排练，晚上给群众演出，民兵为我们放哨。几天后，团部认为我们撤到大埔县委所在地会更安全一些。于是我们到了一个叫"麻园"的地方，那里就是大埔县委所在地。我们被安排住在一个牛棚的上面，是用木板铺成的阁楼。大家都认为这里最安全。我们痛痛快快地在流水潭里游泳洗澡。终于可以洗干净衣服、鞋子了，大家美美地度过了一个轻松愉快的夜晚。第二天一早，大家把洗好的衣服、鞋子全都晾晒在牛棚上，光着脚丫就到后山去。大同志告诉我们：这里是最安全的地方，大家先了解一下地形。"万一……万一有情况，我们就沿着这条路撤退。"大同志一连说了几个"万一"。话音刚落，忽然传来了枪声。我们真的遇上了敌人。大家不顾一切，光着脚拼命往山上跑。团部命令大家迅速撤到一个竹林里就地休息。在丁波团长的带领下，大家以最快的速度撤退。山上到处都是又尖又硬的蕨萁头和小石子，大家全然不顾。到了休息地，我才觉得脚底有点痛，低下头一看，双脚被扎得鲜血直流，仔细一数，被扎了满满 23 个小孔。在紧张的撤退中，大家竟然都感觉不到双脚被扎伤的疼痛。上午 10 点左右，哒哒哒哒的枪声越来越激烈。探听消息的人回来说，这里不能久待。他还告诉大家，刚才在不远处，一队国民党兵朝山上招手，叫喊着"自己人"。我们的民兵信以为真，刚从山上下来就遭到国民党军队的扫射，牺牲了很多人。

中午时分，丁波团长告诉大家，这里离敌人很近，如果敌人一个榴弹炮打过来，我们全部人马都可能牺牲。他命令大家：立即往南桥回撤。于是，我们又回到昨天早上离开的地点。

由于离开村庄时我们什么都没带，且太阳十分猛烈，一个个都晒得像红虾米似的。南桥群众见到我们很是心疼。我们又开始了白天进山，在齐人高的草丛里躲避敌人，夜晚出来为群众演出的生活。我们就是这样跟国民党军队"捉迷藏"。后来，我们往福建方向前进。

作者：其实，你们也在长征。

杨老师：是的，我们"长征"到了福建下洋、龙岩，跟游击队的十三团汇合后再继续前进。后来，我们又从福建回到了梅州。在松口和梅县的演出中，我们小朋友都在台上作了自我介绍，讲述我们的"长征"故事，传播革命道理。得知我们在如此艰难的情况下坚持演出，群众都很受感动。有的群众专门走上台来鼓励我们，有的群众送来了鸡蛋表示对我们的慰问。我们深切地体会到军民一家亲的力量。我们就是这样经受战争洗礼和锻炼的。

三、庆广州解放，相遇未相识

1949 年 10 月，盘踞在广州的国民党散兵游勇举起了白旗投降，广州西南角的枪炮声宣告国民党彻底败北，解放军随即占领了国民党南迁广州的总统府、行政院以及省、市政府等机关。广州解放了。然而，国民党兵弃城逃跑前疯狂地炸毁了广州的大量重要设施，白云、天河机场、海珠桥和石井、石牌、黄埔等处的军火、军需仓库惨遭毁坏。死于市内爆炸的广州市民达 2 000 多人。

华南文工团已由成立初期的 120 多人迅速发展到 500 多人。1949 年 11 月 11 日，在庆祝广州解放入城式上的表演是华南文工团献给广州人民的第一份见面礼。在入城式的游行队伍中，气势浩大的华南文工团队伍走在最前列，举着红旗、扭着秧歌、吹着唢呐、敲着腰鼓、打着金钱棒，场面热烈而壮观。每到主要路口，文工团都停下来进行特别表演。《解放区的天是明朗的天》《你是灯塔》《没有共产党就没有新中国》等歌曲响彻广州市大街小巷。杨老师是打金钱棒队伍中最引人注目的一个。报社记者还特意给她拍了一张特写照片，留下了珍贵的历史记忆。杨老师和何老师从不同角度，以不同方式共同见证了广州解放。

问：解放广州，您二位印象最深的是什么？

何老师：我印象最深的是海珠桥被国民党炸毁。我们家当时就在海珠北路，离海珠桥不到一公里，后来住到了大新路，离海珠桥更近一些。国民党极度残忍且疯狂，炸毁海珠桥的爆炸声我听得很清楚。珠江面上的滚滚浓烟和坠入珠江的海珠桥残骸、死于非命的渔民尸体和血肉横飞的人体碎片令人触目惊心。广州市民熟悉和依赖的海珠桥是 1920 年前后由英国人承建的，管用一百年，可惜啊！我听说，几年前，英国的承建公司来函告知：海珠桥的使用期限到了，应该保养了。他们万万没想到海珠桥已被国民党炸毁了。

杨老师：给我印象深刻的事儿很多。1949 年 10 月 14 日，广州解放了。华南分局命令文工团赶赴广州集中。我们随团从福建到梅州，立即坐船前往东莞樟木头，再从樟木头坐火车到广州。

在樟木头，我们搭乘的是一列运载煤炭的敞篷列车。第一次听见火车汽笛声，好像惊马一样地叫，我们被吓坏了。敞篷火车上风很大，沿途多处可见"散兵游勇"的标语提示。溃败的国民党官兵，三三两两，许多都挂着伤，有的蹩脚，有的用绷带吊着手臂。有的国民党军官还拽着穿旗袍、高跟鞋的姨太太攀爬火车，被火车上的解放军用枪托赶了下去。国民党士兵跟军官的穿着不一样，很容易分辨出来，但他们的颓丧和狼狈相完全一样。

傍晚时分，我们乘坐的火车到达广州大沙头。领队让我们几十个孩子坐在马路边等待打前站的文工团人员前来接待。我们秩序井然，快乐地高歌："解放区的天是明朗的天……""你是灯塔……""革命军人个个要牢记，三大纪律八项注意……"我们这群娃娃兵的歌声感动了周围的广州市民，也感动了附近酒店的老板。午夜时分，酒店老板邀请我们入住酒店休息。第二天早上，大同志来接我们到沙面，入住胜利大厦。对于我们这些乡村孩子来说，胜利大厦里的一切都很新鲜。走进酒店房间，首先吸引我们的是沙发床。几个女孩子兴高采烈地在床上蹦蹦跳跳。现在，每当我看到外孙女们在床上蹦蹦跳跳时，就自然想起自己童年的那段经历。第一次使用抽水马桶，看到水哗哗地流，我们都担心停不下来，急忙呼叫服务员，可又不知道该按哪个按钮呼叫。大家手忙脚乱，到处乱按，按到最后一个按钮时，恰好马桶也停止出水了，我们可算松了一口气。哪知道也就在这时，已经接到我们呼叫信号的服务员来敲门。打开房门，我们都感到惊讶：一位高大英俊的男青年服务员毕恭毕敬地站在门外，朝我们行鞠躬礼后问："你好！有什么需要帮忙的？"可我们是小孩子啊，从来没见过这种场面，大有受宠若惊的感觉。我突然急中生智地说："我们需要一点开水。"服务员说："好，我这就去拿来。"我总算知道了酒店里还有此等服务，也算为小伙伴们解围了。

问："长征"途中，由于卫生条件差、营养不良、睡眠不足等原因，您跟许多小朋友都长了疥疮。您哭过吗？这是否影响广州解放入城式前的训练？

杨老师：我没哭过，那时不觉得苦。虽然我的疥疮最严重，双手肿痛，手指弯曲困难，但一点都不影响训练。我们到广州后，看了医生后就慢慢好了。

问：安顿下来，文工团马上投入紧张的排练之中，从早到晚，训练非常严格。还记得哪些首长到训练场慰问过你们吗？

杨老师：记得。刘伯承元帅和罗明等首长都到训练现场看过我们排练。刘伯承有一只眼睛在战斗中严重受伤，被摘除了，戴着眼镜。当时，虽然我不知道那个戴眼镜的就是刘伯承，但他留给我的印象还是很深刻的。罗明，就是《毛泽东选集》第三卷提到的"罗明路线"的那个罗明，是我们大埔人，他与广州大埔同乡会的长辈们专程来看望、慰问我们。

问：你们训练过程中还遭到国民党飞机轰炸。大家都很紧张。是这样吗？

杨老师：广州解放初期，国民党飞机经常来轰炸，当时是挺紧张的。我们住在广州东山口附近的恤孤院路和农林下路东山区委党校旧址等处。国民党飞机轰炸前，解放军会拉警报提醒市民。闻到警报声，大家就迅速找地方躲避。

问：庆祝广州解放入场式规矩很严格，有人形容它堪比打仗。可以分享您对那天的记忆吗？

杨老师：入场式前，大同志对我们的训练动作要求几乎完美。上级反复对参加游行人员强调纪律，要求大家必须像打攻坚战一样全情投入，保证万无一失。入城式那天，我们按规定早上五点就起床了，步行到东较场集合。为了保证动作整齐划一，表演到位，到东较场后，我们还抓紧时间练习。后来我们到市府门前右侧马路待命。广州市的标志性建筑物——15 层的爱群大厦挂起了毛主席像，令人敬仰。在"三大纪律八项注意"的背景音乐中，一队队军容整齐的年轻解放军战士走过主席台，接受叶剑英、方方、陈赓、朱光等首长检阅。军民大游行队伍浩浩荡荡，沿着中山路—北京路（当时称为永汉路）—沿江路—长堤一线游行，偶尔闻及喜庆的鞭炮声。街道两旁如山的群众，秩序井然地拉起了横幅，挥动着彩旗。我们文工团的队伍走在入场式队伍最前面，一路唱着革命歌曲，大家都专注地表演着。到了主要路口，我们还停下来做特别表演。游行途中下起了大雨，淋湿了我们的演出服，冻得厉害，但丝毫不影响我们的游行和表演。我们非常投入地打着打金钱棒，心里充满了自豪和喜悦。入场式结束后，有大卡车来接我们回驻地。驻地的炊事员早已为我们煮好了红糖姜汤。

问：可是，参加文工团还不到一年，你们就离开了，为什么？

杨老师：1950 年初，国家经济困难，我们这批儿童团员年龄都还很小，好几个小朋友才 12 岁，南方局决定让年龄小的队员继续回到学校读书。1950 年 5 月，我们二十几个孩子告别了华南文工团，回到大埔，回到百候村。乡亲们称赞我们是经过革命战争洗礼的，把我们当宝贝儿，排着长队，放鞭炮迎接我们。

问：从华南文工团回去插班念书，是否感到不适应？学校是否另外安排老师给你们补课？

杨老师：学校对我们这批孩子很重视，刚插班那个学期让我们部分功课免考。初中一年级只读了一个多月就放暑假了，我们利用暑假自学课本知识，没有老师另外辅导我们。暑假结束后，我们直接升上初二继续学习。学习方面有一段缓冲时间，我觉得一切都很自然，功课没有什么压力，也没有不适应的地方。我初中阶段对功课的理解能力也不错，还经常受到老师表扬。

问：回到学校读书，你们是否还参加学校组织的文艺表演？

杨老师：我们那班经过华南文工团正规训练的孩子都成了学校和区里的文艺骨干，还当上了文艺队的辅导老师。学校和区里组织的文艺演出，我们肯定要参加。学校档案室至今仍保存着我们当年的演出照片。

问：请分享您印象最深的一次演出，好吗？

杨老师：印象最深的一次演出？说来好笑！那是高中阶段的一个寒假，学校组织我们二三十人到埔北矿山慰问。矿工们很高兴，专门给我们搭了一个戏台子，还特意宰了一头猪招待我们。饭堂师傅的红烧肉做得香喷喷的，我们胃口大开，很快就把第一锅饭吃得干干净净。饭堂临时决定加煮一锅饭。这期间，同学们又唱又跳，待第二锅饭煮好，都已消化得差不多了，很快又把第二锅饭吃得粒米不剩。饭堂师傅只好再煮第三锅饭，同学们又吃了个锅底朝天。矿工们傻眼了，为没能招待好我们感到不好意思地说："很遗憾，没能让你们吃饱"，准备继续煮第四锅饭。这时，我们的带队老师发话了，严肃地批评了同学们："你们像话吗？一头猪都给吃完了，三锅饭也吃完了，还有完没完……"老师坚决不让饭堂再加饭了。（笑）

四、心中有目标，重选求学路

1952 年至 1956 年，是少年杨冠玲和何振江人生轨迹最接近的第一段时间。他俩各自以优异的成绩完成了初中学业，不约而同地进入中专学校学习一年，继而进入普通高中读书。何老师在广州，是学校的体育明星和学习标兵；杨老师在大埔，是学校的文艺骨干和学习标兵。他俩同是动静两相宜，德智体美劳全面发展。

问：杨老师初中毕业考试成绩名列大埔县榜首，为什么到东北鞍山医士学校去学习？那里的生活条件怎么样？为何当了"逃兵"？

杨老师：初中毕业那年，我填报的中专志愿只选择了机械专业。其实我对机械专业并不了解，仅仅是听说学机械不错而已。我没有填报医士专业，却被东北鞍山医士学校前来招生的老师抢先录取了。我心里十分不乐意学医，但又担心不服从分配会从此失去上学资格。到了入学报到的最后期限，我不得不告别亲人去东北上学。

我是穿一双胶鞋去东北的。东北的天气很冷，大雪天我还是穿着那双胶鞋去上课。学校小卖部的老太太看见我穿胶鞋踏着半尺深的积雪惊奇又心疼："哇！这么冷的天，穿着胶鞋会把脚冻坏的！"老太太不知道南方人是没有棉鞋的。我们学生宿舍是鞍钢总医院员工宿舍最靠边那几间房子，是暖气供应的最末端，可供暖气很少。宿舍门外走廊的窗户玻璃早已破碎，下大雪的日子，北风一吹，窗户的积雪就达一尺多高。我的被子很单薄，晚上睡觉常常觉得很冷。早上起床，宿舍里脸盆的水全都结了冰。课间，看着窗外的鹅毛大雪，我触景生情，经常与同学一起唱《白毛女》的插曲："青石裂开千条道，北风刮来似钢刀。破布烂草不遮身，深山野洞难活命。"因为不喜欢学医，我总想退学回家。

问：条件如此艰苦，您的学习怎么样？

杨老师：入学后，我主要学了一个多学期的人体解剖学，还学了一个学期的拉丁语。拉丁语我学得很好，经常受到老师表扬。我最讨厌人体解剖学。

每次上解剖课看标本时我都站到最后一排，但还是很用心听老师讲解各块肌肉与骨头的位置及其作用、每条血管和神经的走向、各内脏的位置，以及它们的结构等。我瞄着老师手里的标本，暗暗记在心里。同学们把人体骨头标本拿回宿舍里复习，晚上还搂着它睡觉，可是，我一次都没摸过那些东西。期末考试，全凭老师上课时的讲解和自己的记忆、想象答题，我竟然得了满分。考试成绩出来后，解剖老师非常高兴，表扬了我，还特意带我们几个成绩特别优秀的同学到鞍山赶集，奖励我们吃鞍山特产。

问：您是不是在学习过程中逐渐改变了害怕学医的想法？

杨老师：完全不是。从被鞍山医士学校录取的那一天开始，我时时刻刻都想逃离。

问：您学得那么好，如果不是坚决要求退学，也许早已成了著名医学专家，很可惜啊。学校怎么会同意您退学呢？

杨老师：起初，学校是不同意我退学的。学校认为，国家培养了我们一年，在我们身上花了学费、路费等，而且我也学得不错，退学太浪费。如果退学，学校还要承担我回家的路费，学校当然不愿意。幸运的是，1953年4月，卫生部派人到我们学校搞调查。汇报情况时，那位去梅县招生的老师很不理解地说：那个从广东山旮旯出来的人还不愿意学呢！卫生部的人表态，她不愿意学，硬逼着她留下来是没有意义的。就这样，1953年5月，鞍山医士学校批准我退学。后来，我想，那位老师去招生时才到梅县县城，就觉得很山旮旯了，如果到我们大埔百侯来，她才见识山旮旯是什么样子呢！（笑）

问：终于争取到来之不易的普通高中学习机会，整个高中阶段，您是不是成绩一直都很好？

杨老师：不是的，因为我是开学后一个多月才回到学校的，第一次数学的三角考试，我压根儿就像从未学过一样，只考了三十分。老师批评了我，及时鞭策我。后来，我很认真地听课、复习，还利用午饭后的时间自己补习各科内容，学习很快就步入了正轨，成绩大概在前三名之内吧。

问：您对高中老师还有印象吗？

杨老师：都有印象，高中老师的水平都很高，各科老师讲课都很有特色。生物老师林士芳为了让我们增强记忆，带我们到山上实地认识各类植物。俄语老师林业荣组织我们参加俄语课外小组，大家用俄语对话，俄语会话能力普遍较强。到天津大学后，上俄语课时，我可以用俄语回答老师的提问，让老师感到惊讶。还有教我代数、语文、物理、历史、地理、三角、体育等课程的老师，如戴海俦、罗习武、张扑基、梁子杰、温家祥和黄老师、罗老师，老师们都给我留下了非常深刻的印象。

问：您是学校文艺骨干，经常要参加学校组织的演出和其他活动，会影响学习吗？

杨老师：不会的，排练节目都是利用课余时间，演出一般安排在假期，不会对功课有影响的。除了文艺，我还喜欢体育，喜欢体操类。我表演平衡木、自由体操、跳绳都很好，乒乓球打得也还可以。由于在中小学阶段打下了基础，我大学阶段体育课的柔软体操多次得到老师好评。可是，我参加田径类运动不行，进入不了状态。我认为，青少年参加体育训练，很有好处。

问：杨老师主要是由于喜欢工业才报考了中专机械专业，可是，何老师您初中毕业时为什么也选择读中专？当年是不是优秀的学生才去读师范呢？

何老师：主要是受环境影响，也涉及家庭经济困难的原因。我到广州上学不久，父亲突然病逝，家庭生活陷入了困境。

中华人民共和国成立初期，广州文盲很多，小学毕业生就算知识分子了。广州市朱光市长提出要发展广州文化。为了尽快解决中小学老师严重缺乏问题，1952年，也就是我初中毕业那年，广州市政府决定办速成师范（以下简称"速师"），在全市招收六七百名学生，学制一年。工业、农业、卫生等各个系统的中专学校也同时招收学生。广州的学生普遍都想学专业知识，将来参加国家建设。大多数学生都奔工业方面的专业去了，而当时老师地位不高，年轻人一般不愿意读师范。于是，各级从上到下动员学生报读师范，朱光市长明确表态：多多益善。然而，报名人数仍达不到要求。我是班长，跟班干部商量："我们班干部应该带头。"于是，我先报了名，并参加了全国统考，被广州市越秀师范学校录取了。越秀师范学校的前身是广州协和中学，一个很出名的教会学校，位于广州广雅中学旁边。它跟培正中学、培英中学和执信中学一样，都有教会姻缘和背景。我们的师范学校沿用了广州协和中学的校址、设备和师资，增加了部分老师，分速成师范（速师部，学制一年）和普通师范（普师部，学制三年）两个部分。两个部分的校区仅用一围墙隔开，食堂是共用的，老师宿舍也在一起。速成师范一年内学完普通师范三年的主要课程。我当时下决心当一名小学教师。

问：可是，您后来为什么又读普通高中？

何老师：我上师范不久，全国形势发生了很大变化。国家考虑要合理布局，协调发展。广州市一届师范毕业生有六七百人，太多了，没有那么多中小学接纳，因此，重新调整了速成师范毕业生的去向：愿意参加工作的可以工作，愿意继续读高中的就继续读高中。待到毕业分配时，学校领导才跟我们谈这个情况，让大家重新选择。学校还告诉我们：如果读高中，可以选广州市的任何一所中学就读，且不必参加入学考试；可以插班从高二读起，也可以从高一读起。

我不晓得该怎么办，就找班主任商量。班主任是个二十多岁的女老师，后来当过广州市第十六中学的教务处长。班主任对我说，"速师"学的课程跟高中不一样。"你这个年龄，不要急于工作。你基础好，如果有机会，就继续上学多读一些书。"老师的话给了我很大启发。我选择到广州市第六中学（以下简称"六中"）读高中，从高一读起。

问：为何选择六中？

何老师：六中由两三所学校合并而成，有住宿条件。广州市的黄埔中学、珠江中学和中山大学附中，这三所中学都是"六中"原来用过的名字。20世纪末，六中在广州市属于很冒尖的中学，高考成绩可跟华师附中媲美。

问：读"速师"一年，您有哪些收获？

何老师：在"速师"班，我属于年龄最小的。一年的师范生活，我成熟了许多。学校当时很困难，将大办公室简单改造成学生宿舍。一间宿舍住一二十个人，一个小组七八人。同学们都睡碌架床，很自然地在一起过集体生活。大家一起上课、晚饭后散步，谈天说地，交流活跃，很少个人独立活动时间。考虑到同学们一年后就要出去工作，各奔东西，大家都有即将分离的感觉。班主任和科任老师也经常提醒我们，即将步入社会，该掌握哪些技术，哪些技能。因此，大家都很努力，很珍惜。我们还到小学去实习、听课、拿个小板凳，坐在小学生的后面，听老师讲课，还组织学生搞活动，带小孩子唱歌、跳舞、做游戏等。才一年工夫，我增加了许多社会知识，也变得活跃起来，不再害怕面对公众。我开始懂得该如何学习了。高中阶段，我学习非常积极主动。

问：当年读"速师"班的都是广州学生吗？

何老师：不是！我的师范同学里，三分之一是从南洋回来的侨生。侨生年龄都比我大，文化基础普遍比广州同学差一些，许多人小学都还没毕业就回来了。

问：什么原因？

何老师：从马来西亚回来的王进秀，祖籍海南岛。他给我介绍了马来西亚的许多风土人情和社会风气。他告诉我，华裔在国外普遍读不到什么好学校，教育条件相对差一些，在南洋找工作也不容易。他回来读书的目的主要是想在国内找工作。

问：哪位同学对您的影响较大？

何老师：刚才提到的王进秀比我大两岁，爱好跟我比较接近，也喜欢体育。我们成了好玩伴，互相促进。他跟大多数侨生一样，带着羽毛球拍回来，打羽毛球这项运动便在学校里流行起来了。"速师"毕业那年，他跟我一样选择了六中。高中毕业后，他去了长春地质学院，搞水文地质，在太原水文地质研究院工作。我们一直保持联系。

除了侨生，"速师"班香港学生也不少。从香港回来的雷鸣跟我像兄弟一样。他比我大一岁，家庭经济条件很好。"速师"毕业后，他到广州市第七中学（以下简称"七中"）读高中。七中校址在广州东山，后来叫培正中学，现在分成七中和培正中学两所学校。雷鸣假期也住校，不回香港。我们俩在一起经常畅谈理想和未来，并相约报考天津大学。高考结果如愿以偿，雷鸣跟我和杨老师是天津大学的同班同学。

问：六中在广州河南，七中在广州东山，两校距离很远。高中阶段，您跟雷鸣这些要好的同学通过什么样的方式保持联系？

何老师：我们总是提前约好会面地点。刚好我们班有个同学家里有一套房子在东山，我偶尔和雷鸣他们相约，周末到那个同学的房子里疯一个晚上。

问："疯"，是什么概念？抽烟？喝酒？还是像现在一些年轻人那样干一些乱七八糟的事情？

何老师：不！我们从不抽烟，从不喝酒，也不说粗口。大家在一起只是随意聊一些我们喜欢的话题，晚一点睡觉而已，偶尔也到街上吃夜宵。同学之间能够走近的，一般都"臭味相投"。那时候，我们学校没有"三观"不正的同学。

问：师范属于职业教育学校，老师和同学所关心的事情普遍跟社会联系密切。当年师范学校的师资水平如何？

何老师：当年的越秀师范学校校长和老师水平普遍都很高。我们校长由广州市越秀区教育局一位副局长兼任。他是一位南下干部，是我们国家早年派到苏联留学回来的，曾在陕西省当过县委书记，名字我不记得了。当时，中苏关系非常友好。校长教我们唱《中苏友好》歌。他先把歌词翻译成俄文再教大家唱。我们学会后就到街上教群众唱，在广州普及这首歌。我现在还能唱上几句："中苏两国人民团结一条心……"

"速师"的老师水平也相当高。我们的物理老师黄飞白是西南联大毕业生，后来当了暨南大学物理教授。音乐老师和体育老师的水平同样也很高。老师们后来几乎都调到中山大学、华南理工大学和华南师范大学当老师了。

问："速师"毕业后，您读普通高中的目标是上大学，可是，您为何成了六中的体育明星？

问：我前面说过，初中阶段我的体育是不行的，但我总有一种愿望：什么时候也能在运动场上试一试？我觉得自己爆发力比较好，心里有一股劲，特别想在短跑等运动激烈的项目里试一试。

我喜欢田径运动。高中阶段，我有幸得到老师的正规训练。老师是从体育学院毕业的，教我掌握要领后，我的田径成绩突飞猛进，迅速进入学校前三名。高二第二学期，我开始参加学校运动会。高三更不得了，我多个项目的成绩都很不错。譬如短跑，我想拿什么名次就可以拿到什么名次。我跑100米只需要11秒多，结果拿了个全校第一名，达到了国家二级运动员标准；跳高和跳远等几个项目均达到国际三级运动员标准。高二阶段，我还成了学校篮球代表队队员。我就这样成了学校的"体育明星"。（笑）

问：您的体育项目比赛成绩冒尖，又是学校篮球代表队队员，有很多"粉丝"，常常招来羡慕的眼光。可是，当学校准备保送您上北京体育学院时，您却不接受保送，为什么？

何老师：那是我人生的一次重要选择，对我后来的成长影响很大。因为我已有了自己的想法：我要考天津大学。体育仅仅是我的业余爱好。

问：打球、比赛，还要参加其他运动，会不会影响文化课学习？您喜欢体育，同时又喜欢文化课，这两者反差比较大，学习文化课时怎么安静得下来？

何老师：有了明确的人生目标和坚强的意志，许多事情都可以在自己的掌控之中。身体锻炼好了，学习效率更高。高中阶段，我各科成绩都进入了学校前三分之一的范围，英语成绩位于班里前十名。

五、珍惜好年华，天大写春秋

1956 年，何老师和杨老师分别毕业于广州六中和大埔中学，高考志愿不约而同地填报了天津大学（简称"天大"）。

天津大学的前身是北洋大学堂，始建于 1895 年，分设头等学堂（大学）和二等学堂（预科），是中国第一所现代大学，以"实事求是"为校训，以校风朴实、治学严谨享誉海内外。1951 年，北洋大学与河北工学院合并，定名为"天津大学"，入选国家"211 工程""985 工程"和"双一流"建设高校。张太雷、马寅初、李岚清、茅以升等知名人士都曾在天津大学学习或工作。

在天津大学这座知识殿堂里，杨老师和何老师这两位年轻人如鱼得水，刻苦研读。五年的天大生活，他们栉风沐雨，同甘共苦，互相学习，互相促进，比翼双飞，取得了优异的成绩。大学实习期间，何老师成功地独立设计出我国第一台电容式传感器，打破了我国这方面技术受制于人的被动局面，为大学时代画上了圆满的句号。

问：你们为什么要报考天津大学？

何老师：我先谈吧。初中阶段，我有一位男同学叫巫金。我上师范时，巫金直接考上了广州二中，比我早一年高中毕业，考上了长春地质学院。他们班上成绩好的同学都上了天津大学、清华大学、北京大学、复旦大学。巫金很喜欢天津大学的环境，每个假期都会跑到天津大学去逛一逛，看望在那里读书的老同学。他极力推荐我："你一定要报读天津大学。"在他的影响下，天津大学成了我高中阶段的努力目标。高考填报志愿时，我第一志愿是天津大学，第二志愿才是清华大学。我还填报了华南工学院作为第三志愿，保底。

问：为啥首选天津大学建筑筑路机械专业？

何老师：第一，建筑筑路机械是新专业，我很喜欢这个新专业；第二，天津大学的苏联专家多，那时我们很关注苏联专家；另外，它的背景好，前身是北洋大学堂。北洋大学堂是我们国家自己创办的第一所大学，成立时间比清华大学还早十多年。

问：杨老师高中阶段成绩名列前茅，歌又唱得好，能文能武，全面发展，是什么原因选择了天津大学的？

杨老师：当年，理工科很吃香，先填报志愿后参加高考。我填报高考志愿跟我哥哥有很大关系。我哥哥觉得原子物理很有发展前途，希望我能报考北京大学原子物理专业，我将它作为第一志愿。同时，我也受到当时"工业救国"的观念影响，认为机械就是工业的象征，很神秘，所以第二志愿的第二个学校填报天津大学机械系，最终被天津大学录取。

问：初中毕业那年，您上了鞍山医士学校，由于寒冷，吃了不少苦。高考填报志愿，您为什么仍然选择北方的大学，而没有选择南方的大学，也不填报第三志愿"垫底"。难道您就不担心没被重点大学录取吗？

杨老师：那时候我不会考虑那么复杂。我只听说北方的大学水平较高，南方的大学水平很一般，希望能到高水平的学校去念书，就报考了北方的学校。并且，我也相信自己不至于考不上这些学校的，所以没考虑，也不晓得如果没被所报考的学校录取会怎样（笑）。

的确，那时我可以御寒的衣服仅有一件母亲织的毛衣和用爸爸1947年寄回来的粗呢子大衣改成的短大衣。我上学路经汉口时，哥哥又送给我一件紫红色毛衣。这些衣服帮助我度过大学年代的5个寒冬。

问：很多名校都有机械系，您为什么对天津大学情有独钟？

杨老师：事实上，我第二志愿还填报了清华大学机械系。当时只是感觉这两所学校好，就填报了。也许是缘分吧。

问：您二位的毕业证书都是精密仪器专业，跟入学时的专业完全不一样，为什么呢？

何老师：1956年，我国高校进行院系调整。清华大学、南开大学和天津大学原来都是综合性大学，调整后，清华大学和天津大学偏工科，南开大学偏文科和理科。天津大学建筑筑路机械专业是根据苏联专家意见而设的，当年是中国高校唯一一个这样的专业。我们大学一年级第二学期，有人认为：一部机器可顶替两万个工人，不符合中国国情；中国人口那么多，都是要工作的，将来就业怎么办？第二年，天津大学这个专业就停办了。学校让我们重新选择专业，我选择了精密仪器专业。

杨老师：我上天津大学，第一年读机械制造专业。比我早一年入校的同学杨丽英告诉我，精密仪器系更好，她说是可以转专业的。于是，我去找了机械系负责此项工作的张光斗老师，请求调换专业，理由是我喜欢物理，精密仪器与物理的关系较密切。张老师微笑着给予了否定：据我所知，精密仪器和物理的关系不是你所认为的哦！后来，适逢学校要撤销建筑筑路机械专业，同时，精密仪器专业扩班。张老师记得我的请求，就让我转到精密仪器专业，刚好与何老师同在精密仪器戊班。升上五年级后，精密仪器专业又分成四个专门化，包括化工仪表、热工仪表、计量仪器和计时仪器专门化。何老师在计量仪器专门化，我在计时仪器专门化。五年级上学期，根据专门化要求，学习一门到二门不同的课程，五年级下学期是毕业实习与毕业设计时间。

问：何老师中学阶段成绩优秀，还是体育明星，大学阶段感觉如何？

何老师：优秀我不敢说。上天津大学后，我很努力，但总觉得自己的脑袋瓜反应比较慢。我要花很多时间学习，有些科目有时也还觉得有些吃力。

问：那么，您是否产生过失落感？会不会怀疑自己不应该上天津大学？

何老师：那也不至于，但我的学习压力还是存在的。课间休息，同学们互相交流，我就在旁边听。我感觉有些同学比我强，老师课堂所讲的东西，有些我还没理解，他们已经理解了；有时候测验，我觉得很难的题目他们做起来很轻松。因此，我努力下功夫读书，钻研教材，有时约辅导老师答疑，还经常上图书馆或到课室去自习，完全凭自觉。

问：还有时间阅读课外书籍吗？

何老师：课外书我就很少时间看了，杨老师肯定有时间看的。她天分比我好，反应快。

杨老师：大学阶段，有些同学考完试下来脸都发青了。我没有那种紧张的感觉。大概是还没有"觉醒"的缘故吧？我睡在碌架床上铺，没有人干扰我，睡得很好。考试阶段往往还会长胖一些。（笑）至于阅读课外书，在大学里，我看小说反而比中学少一些，但大学的生活内容很丰富。我参加了天津市大学生合唱团，每逢星期天几乎都要排练。指挥家沈武钧是这个合唱团的指挥。他指挥我们唱《祖国颂》"太阳跳出了东海……"《上甘岭》"上甘岭呀那一晚，炮火闪闪，细雨蒙蒙……"等歌曲。大家都很喜欢由他指挥，也很喜欢唱这些歌曲。著名作曲家王莘先生也来指导我们如何唱好他的著名作品《歌唱祖国》这首歌。那时中央音乐学院在天津，星期六晚上，天津大学常常举办舞会或音乐欣赏会，请中央音乐学院的著名音乐家和歌唱家来给我们做讲座，我几乎每次都去听讲。印象最深的是著名歌唱家喻宜萱的讲座。她教我们怎样唱歌。听她的讲座就有机会欣赏她的美妙歌声，这是非常令人愉快的事情。学校还请中央音乐学院的老师来给我们做"如何欣赏音乐"的讲座。老师先放一段音乐，然后告诉大家，这段音乐描写的是什么。譬如，老师教我们欣赏一段参加舞会的音乐：一位男士请一位女士跳舞，被女士拒绝了。老师告诉我们，哪段音乐是男士去请女士跳舞，哪段音乐是男士被拒绝了。有时，周六晚上前半段是音乐欣赏，后半段是舞会。在那些日子里，我们过得很充实。

问：可否请杨老师分享大学第一门功课的考试体会？

杨老师：大学第一门功课"画法几何"是单独考试。那次考试留给我的印象很深刻。考场设在一间课室里，学生分批应考，每批进去三个同学。老师预先安排好试题，进去的同学自己抽签，抽到什么题就答什么题。轮到我进入考场时，推门进去，我一下子就给镇住了。只见一张铺着白色桌布的长方形大桌上，有一只花瓶插着绽放的鲜花；教我们画法几何的老教授西装笔挺，吸着雪茄，端坐在方桌前等待我们。空气中飘来香甜的味道，淡淡的。我从来没闻过那么香的雪茄。那完全是苏联电影里的考场派头。我记得以前看苏联片子《卓娅和舒拉》，考试时，孩子们都穿得漂漂亮亮的，老师也穿戴整齐，优雅端庄，严肃而又轻松愉悦，让人一点都不敢马虎。考场气氛让我马上进入应考状态。老师和蔼地对我们说："请你们坐下，请你们先抽签，我这就发卷子。"我抽到的考试题目是：一根线如何在三维平面上展开它的三维投影。这个题目正是我理解得最好的部分，我觉得没有难度，很快画出了投影图并第一个交了卷。老师接过我的卷子，马上向我提了问题：为什么是这样投影过来的？你如何确定线的长短……我逐一回答，简明扼要。老师觉得我概念很清晰，马上在我的卷子上写下一个"5"字。啊！我得了满分！我非常高兴！你要知道，与画法几何课程相关联的机械制图我可没学好。我从来没接触过机械加工，也缺乏任何加工工艺的知识。我画出的带内孔的图纸，曾因为少了钻头部分的投影而被老师批评呢。

问：你们大学时代是如何安排实习的？主要到哪里实习？

何老师：我们大学时期的实习主要有三种类型：认识实习、生产实习和毕业实习。认识实习一般在学校机工厂（机械加工工厂），生产实习有的安排在学校机工厂，但更多的是在校外的工厂，如天津拖拉机厂、东方红拖拉机厂、水轮机厂。学校安排我们实习的工厂几乎都是国家重点建设的大厂，通常是停课实习，有时停课时间长达几个月。下厂劳动期间，我们整天泡在车间里，跟工人一起上下班，对我们认识机器零部件和后来的三维构图思维很有帮助。所以，我很了解工厂，工人想什么我都很清楚，跟他们的交流没有障碍。课堂学习时间减少了，对理论学习有很大影响，但是下厂实践机会增多了，让我学到了许多大学课程里没有的内容，不论是跟学习有关的还是人生经历方面的，都很宝贵。

问：听说，何老师的毕业论文是当年天津大学毕业论文中唯一一篇"优秀"论文，可以分享吗？

何老师：哈哈！关于这个，我们那届毕业生的论文根本就没有评优。事情是这样的。大学阶段最后一个学期是我们的毕业实习和毕业设计时间，在工厂完成。我跟另外十几位同学到了成都量具刃具厂实习。成都量具刃具厂位于成都东郊，属于世界级先进工厂，是我国第一个五年计划期间苏联援建工程项目之一。中央首长经常到那里检查工作。实习期间，我有幸近距离见过朱德、邓小平等首长。我和我的同学被安排到工厂的设计室实习。设计室是工厂的核心部门。这个平台对于我来说太宝贵了。那半年时间的实习，对我的人生起了至关重要的作用。设计室里人才荟萃，全国一流设计人员麇集。成都量具刃具厂负责指导我实习的高留生老师是一位高级工程师。他给我的任务是：设计电容传感器，独立完成。电容传感器在当年属于很先进的器件，就是采用电容作为生产线自动测量系统的一个传感器，用途非常广泛。高留生老师对我的毕业设计给予很高评价："这个设计具有实用价值，方案是先进的、可行的。"这也是我们那届同学中获得的最高评价。设计室还将我的设计方案转换成产品：电容式传感器。这是我国第一只电容式传感器。我第一次接触真刀真枪的设计取得成功，大大增加了我的信心，对我的技术生涯影响很大。

我们毕业那年，天津大学要求各指导老师对学生的毕业设计进行评审打分，只分两个档次："及格""不及格"。我的指导老师吴有芝教授，早年曾留学德国，治学严谨，是一位知名的资深高级工程师，抗战时期还是桂林一个大型军工厂的高级工程师。他看了我的毕业设计论文和图纸说明，结合成都量具刃具厂的评语，非常高兴，给我打分"优"，并且强调："这篇论文写得好，我就评'优'。"得到老师这样的评价，我确实是挺高兴的。后来，就有同学跟我开玩笑说："何振江，你是我们这一届唯一的一个优秀毕业生。厉害！厉害！"

问：作为学生，您所设计的项目达到实用水平，非常不容易。取得这么好的毕业实习成果，您一定吃了不少苦吧？

何老师：实习过程的确是很艰苦的。1960 年底，全国的环境都比较差，四川就更差一些，人们基本上处于半饥不饱状态。我们跟工人一起住宿，每间宿舍住一二十人。工厂的宿舍也很简陋，连张凳子都没有。整个毕业实习过程我都很努力，全部设计工作都在工作室完成。我从早到晚泡在工作室里，星期六、星期日也不例外，也就没时间打球、看电影了。当时，我们国家提出口号：自力更生，力争上游，多快好省地建设社会主义。电容式传感器是厂里准备上的一个新产品。苏联同时也在搞这方面的设计，希望我国购买他们的产品。苏联根本不相信我们能搞出来。我正好赶上这个时候，有机会进入一个好平台，接到了一个硬任务。我虚心向老师和其他工作人员请教，请他们带我到车间了解情况。我查阅了大量的全俄文资料，独立思考，独自完成了传感头最核心部分最原始的设计，包括一整套方案、装配图、零件图，都是我独立完成的。毕业设计的过程，也是我的工程思维形成的过程。回过头来想，如果老师给我一个可有可无的题目，对我的要求没那么高，我的能力也就没办法发挥。我刚好遇上了好时机。这说明我有一定的悟性吧。（笑）

六、遵总理嘱咐，科教硕果丰

1961年夏天，杨老师、何老师学有所成，开始了在重庆大学长达35年的教学和科研生涯。他们爱岗敬业，坚持真理，求真务实，攻坚克难，硕果累累。他们以提高国家光电技术与系统研究水平及教学质量为己任，时刻关注该领域国内外的前沿与进展，从不将科研成果跟个人利益直接挂钩。他们参加重庆大学光电精密仪器学科的建设，较早在高校精密仪器专业开设光电技术及系统、微型计算机应用等课程，开展光机电算一体化教学及科研；参与我国第一代核潜艇研制的有关项目；主持"钢球自动检选机"中有关机械视觉的研究，该项目成为我国支援朝鲜建设项目。

在国家"七五"攻关研究项目中参与"脱硫技术"研究项目，主持子课题"大雾场中'雾粒分析仪及其测试技术'的研究"，成功研制了具有三重防污染装置的激光雾粒分析仪，为脱硫技术中的关键设备——高速离心喷雾机的最佳运行参数选择提供了准确的科学依据。该项研究大课题获得国家科学技术进步二等奖、能源部一等奖，其中雾粒分析仪的研制获国家教育部科技进步二等奖。在光栅技术研究中，敢于挑战权威，维护了科研的严肃性。参与了高精度圆光栅光刻机研制，使该机全中误差达到0.1角秒，达到了当时的世界先进水平，获得国家科学技术进步二等奖。成功设计出世界第一台称重式全自动空气颗粒物检测仪，大大提高了对大气颗粒物$PM_{2.5}$监测的效率和准确度，成为国家标准的测量仪器之一。

他们长期处于紧张的科研工作状态，寒暑假也顾不上休息，甚至带病坚持工作。杨老师更是提前结束产假回到工作岗位上。孩子上幼儿园阶段，别人家都是家长接孩子，可是，他们家却是孩子"接"家长。

杨冠玲和何振江夫妇牢记周总理嘱咐，脚踏实地，在平凡的岗位上共同书写了感人的诗篇。他们团队"锲而不舍"的科研精神受到国家能源部的高度赞誉。

问：1961年，我国正处于困难时期，在天津大学的毕业典礼上，周总理给即将离校的学子们做了一场精彩报告。如今，半个多世纪过去了，您二位还记得当年周总理报告的内容吗？

杨老师：周总理的叮嘱，我们终生不忘！遵循周总理的嘱咐，在婚姻家庭安排方面，我们俩完完全全是按照总理的要求做的。如：毕业后不要着急结婚，不要着急有孩子，三年后再结婚，孩子六岁后再要第二个孩子，有两个孩子就可以了……（笑）

问：到重庆大学后，您二位经历了多次工作岗位调整，感受最深的是什么？

杨老师：1961 年，重庆大学成立了新系——船舶系。船舶系属于军工性质，急需设立导航仪器专业，需要有关精密仪器毕业的学生。将我和何老师分配到重庆大学，主要是支持新系的建设。这个问题让何老师先谈吧。

何老师：重庆大学将我们分配到船舶系新的专业：导航仪器，让我们准备船舶导航方面课程。任务很艰巨。第一年，我们的主要任务是查阅包括苏联方面的大量资料，还到制造潜艇的武昌造船厂实习三个月（有的老师也到大连造船厂进修了一段时间）。潜艇停泊在江面上，我们跟潜艇兵一样，天天钻进船舶里实习。船舶内空间很小，非常闷热，管道、螺丝多，操作不便，但我们克服重重困难，很好地完成了工作任务。这段经历为我往后的工作打下了坚实基础。

不久，我国对许多大学的专业进行了调整。有人认为，重庆不近海，不造船，没有必要建立船舶系。船舶系下马了，船舶导航仪器专业也就不办了。我们俩被调整到机械系的机械制造专业，属机械加工工艺教研室。这对于我们来说又是新的专业，我们又面临新的挑战。我们是系里最底层的教学人员，由船舶系转到机械系后，更是可有可无的人员。教研室对别的老师都做了五年、十年的培养计划安排，对我们俩却没有培养计划。哪里有工作就把我们派到哪里去。我们在同一个教研室当小助教，跟着各自的主讲老师。主讲老师只负责讲课，讲课前的准备工作全都由我们来做。听课并辅导学生答疑、画挂图、做实验都是小助教的工作。这倒是给了我们锻炼的机会。相对于其他专业而言，学习机械知识难度更大一些，因此，机械专业转其他专业较容易适应，反之很难。大学阶段，我们所学的精密仪器专业是跨学科专业，虽然也学过机械设计与机械加工方面的知识，但如果想胜任这个专业的工作，还得要深入学习机械专业的课程内容。我们只好边干边学。经过近两年时间的艰难磨炼，我和杨老师的机械专业基础变得相当扎实，对我们后来跨学科的工作很有帮助。

问：后来，你们跟科研工作是怎么联系上的？

何老师：当时，高校里具备讲课能力的老师最吃香，科研工作较少人做。后来，系里就把我们派去搞科研。我们天天泡在实验室里，科研工作就慢慢摸索出路子来，机会也就慢慢来了。

20 世纪 60 年代，老师们心目中的科研成果一般是写一篇文章。可是，事实上，只写文章并不能作为科研成果。工科院校搞科研必须依次经历几个阶段：立项、调查研究、实验并组织专家评价和鉴定。

把我调去搞科研的是机械系的任廷枢老师。任廷枢是一位老讲师，开设了"机械加工工艺过程自动化"这门课。1958 年，他还带头搞了一个项目，叫光电方面的机械视觉，属于自动化线上的一个设备。该项目刚上马即被要求撤下来。任廷枢老师却不愿意撤销，因为该项目可以支撑他的研究方向。不久，他被调到其他岗位，还兼任了许多行政工作，没时间顾及该项目，其他老师都不愿意接手。为了保住该项目，任廷枢老师把我安排过去："你算我们这个组的吧。"从1962年开始，该项目完全交给了我和重庆大学一位马老师。我们断断续续搞了两三年，1965年，终于出成果了——钢球表面缺陷光电自动检选机。这个项目举行了全国性鉴定，专家们都给予很高评价，填补了国内空白，20世纪80年代初获四川省科学技术二等奖、四川省和重庆市科学大会一等奖。当时，这在高校科研方面算是一件大事，因为很长时间都没有出过这么重要的科研成果了。

问：您在这个项目中主要扮演了什么角色？

何老师：我独自完成钢球表面缺陷光电自动检选机的机器视觉方面的所有设计工作。我当时是机械思维，完全按机床式样设计，产品大约1立方米大小，很庞大的。重庆轴承厂把它作为一个成果展示。

问：这个科研项目跟人们的生产和生活有哪些关系？

何老师：当时，钢球生产已经实现全自动化，而钢球表面检选工作仍然完全依靠人工完成，而且都得由年轻女工负责，其他人一般都干不了。为什么呢？钢球是个球状物，表面很亮很亮，观察检选过程中很容易产生视觉疲劳，没有足够的耐性是无法胜任这项工作的。在生产线上，这道工序跟整体非常不协调。

钢球是轴承里的一种重要零件，大量普遍应用于自行车、摩托车、汽车、飞机等轴承机械。如果钢球表面有裂纹则很危险。飞机轴承上的钢球一旦出现裂纹，飞行过程中容易破碎爆炸。

我们成功研制出来的"钢球表面缺陷光电自动检选机"是一个完全自动化的设备。国家机械工业部（一机部）很重视这项成果，将它作为援朝项目（设备），供朝鲜一个轴承厂使用。国内多个轴承厂都使用了我们这个设备。

问：任廷枢老师很有远见。可不可以说，您遇到了贵人？

何老师：事实上的确如此。我的人生遇到许多好的机会，可是，那些好机会起初都让人觉得很艰苦。

问：何老师，您还参加了我国第一代核潜艇的有关研制工作，在项目的关键技术方面发挥了重要作用，当年是属于严格保密的。可以分享吗？

何老师：20世纪六七十年代，国内许多工程都停止了，但是，由国防工办系统负责的9项工程却不能停，编号为01-09的。01工程是歼一喷气机，在贵州研制；09工程是核潜艇，在四川研制。

我参加了09工程，我国第一代核潜艇项目的研制，当时称为712项目。这个项目级别挺高的，由叶剑英元帅挂帅，军队直接管理，军代表是一位海军大校。四川宜宾核基地 812 厂也派了两三个人参加。

核潜艇的核心部件是二氧化铀芯块，有放射性和危险性。为了这个项目，我国专门建设了一个分厂，配备了几千名技术人员，从德国引进一条先进生产线，专门生产核发动机里的燃料芯块。所有研究工作都必须高度保密。生产芯块的材料既有化工部分，又有机械加工部分，价格相当昂贵。所以，生产出来的芯块更加珍贵，是无价之宝。由于材料材质很脆，操作稍不小心，芯块就会被机器打烂，所以对生产加工的技术要求很高。芯块是全黑色的，信号采集困难重重。

二氧化铀芯块整个生产过程是全自动的，而监测其是否合格，则要靠人工检测。由于芯块是圆柱形，表面是纯黑色的，即便配备很好的光线仔细观察，仍然难以看清楚其表面是否有缺陷，存在肉眼检测的主观误差，容易漏检。漏检必将导致爆炸等事故隐患，后果难以预料。所以，解放军安排了一个排的年轻军人专门负责检测工作，对参加检测人员的身体要求很苛刻：必须 20 岁以下、视力好、身体健康；每工作两小时换一班，确保防护到位。

我国当时还没有"二氧化铀芯块检选机"这方面的科研成果，对世界上这方面的情况也不清楚，因为它属于绝密技术。

为了提高检选质量和效率，确保安全，机械工业部（二机部）在全国广泛搜寻人才，得知我们有钢球外观检测方面的研究成果——"钢球表面缺陷光电自动检选机"，就到重庆来找我们。重庆大学抽调六七人，与 812 厂的人员组成了一个班子，在机械系楼上安排了一层楼房给我们专门搞这项研究。我是掌握这方面技术的唯一人选，负责搞检选（检测和分选）。

由于有放射性，这个项目我们推进得很艰苦，从 1971 年开始，直到 1975 年才完成，先后做了两代样机，进行了两次鉴定。除了吃饭和睡觉，其余时间我们都在开展研究工作。20 世纪 80 年代初，科学的春天来了，这项成果后来获全国科学大会奖。这是一个非常难得的奖项。

问：当年，由于防护设备差，你们每天都要穿着笨重的防护衣服，戴着防护面罩工作，工作起来很不方便。最大的困难是什么？您有什么体会？

何老师：困难主要来自它的时间要求紧迫，工作难度大，这个就不具体谈了。那段时间，每次都是开专车送样品来的。样品由专人用手提着，并且用锁牢牢地锁在手臂上。我们感觉它关系到国家的安危和兴衰，比生命还重要。能参加如此重要的国家绝密工程项目研究工作，我们都感到很光荣，很欣慰，很幸运。为了国家的需要，我们必须无条件服从。我的这些工作都是当助教期间完成的。接下来请杨老师讲故事。

杨老师：（笑）我们教研室当时的主要培养对象是 1956 年至 1959 年的毕业生，这个阶段的老师都还没有晋升讲师。我们是 1961 年参加工作的，刚到教研室不久，是教研室最底层的人员。教研室对我们这个阶段的大学毕业生好像都没有具体的培养目标，以至于我们自己觉得一辈子都得当助教。我们也老老实实当好一名助教。被调整到机械制造工艺教研室后，我们先在金属切削实验室参加劳动和负责学生的实验工作。后来，我给许香穗和熊朝壁两位老师当助教。助教的主要任务是：第一，带学生认识实习，在金属切削实验室做工艺实验；第二，每周两次到四次的理论课课后辅导、答疑，批改作业；第三，保证讲师们在课堂上有充足的挂图。平均每堂课都要画机械结构图纸十幅左右。所有挂图都是由我们画好，课前挂上。因此，课前，我们必须先熟悉课堂内容，不能因为挂图不足导致老师讲课受阻。熊朝壁老师习惯上课前一天告诉我教学计划。关于挂图，他喜欢说："你有时间就画，没时间就不要画"，但我从来都认认真真地画，我觉得那是我的分内事，从不敢怠慢。因为助教工作做得还可以吧，主讲老师都喜欢我当他们的助手。我们也很尊重讲课的老师，关系很融洽。许香穗老师是一位 1949 年大学毕业的老讲师，他多次表扬我："你是我遇到的最好的助教。"

问：杨老师是我国高校最早参加光栅技术研究的人员之一，不畏艰难，敢为天下先，研究成果可跟英国国家物理实验室媲美。从 20 世纪 60 年代的长光栅到 1976 年的圆光栅光刻机研究；从当小助教到主持、参与国家"七五"攻关子项目的研究，荣获国家科学技术进步奖二等奖，十多年如一日，持之以恒，坚忍不拔。请杨老师再回味其中的酸甜苦辣好吗？

杨老师：20 世纪 60 年代，德国和英国的光栅技术已经相当成熟，我国才刚刚起步。光栅靠进口是不可能的，我们必须自己制作。1965 年，重庆大学率先在全国高校进行光栅技术研究。通过这个项目研究，我们首先获得了长光栅。重庆大学第一批参与长光栅制作研究的人员主要是熊朝壁、梁德沛、杨世雄三位老师。一条光栅就相当一个标准尺子。这三位老师做了一个直径超过两米的大圆桶，在桶里盛满水，水面上放窄缝和感光胶面，让水一滴一滴地流出来，靠窄缝成像在胶面上，形成条纹。在水面下降过程中连续拍出窄缝的像，从而形成光栅。由于实验室靠近马路，白天经常有汽车经过，地面震动，引起水面振动。为了减少车辆振动对拍摄质量的影响，参与研究人员只好在半夜里工作。重庆大学党委书记郑思群经常半夜到实验室来看望实验人员，给大家鼓劲。当时的实验条件就是那么原始，那么艰苦。

不久，由于"文化大革命"，学校停课了。刚刚起步不久的长光栅制作研究也被迫中断了，直到 1969 年才得以恢复。由黄尚廉老师牵头，杨世雄、顾庆祥老师和我成立了长光栅光刻机研究小组，采用投影的方法制作长光栅。后来还增加了无线电系和物理系的老师。我主要负责光刻投影头的设计工作。杨世雄、顾庆祥老师负责液压传动和光栅涂布等工作。从课题的调研、设计、制造到刻出一米长的光栅花了近两年时间。这项研究的成功跟北京机床研究所的支持分不开。有了长光栅，还要将它应用到实际机械加工中去。我们又研制了光栅数显装置，在重庆市科委的支持下，我们将研究成果应用到重庆起重机厂的镗床加工中，大大提高了加工精度和检测精度。我们的研究成果"光栅在测量与控制中的运用"，获四川省科学技术一等奖。

任何形状的曲面都可以用直线和圆来构成。如果想让光栅技术全面地为机械加工服务，仅有直线型的光栅还不够，必须还要有圆光栅。长光栅和圆光栅相配合，光栅技术就能达到"海阔凭鱼跃，天高任鸟飞"的效果。

于是，1976 年后，重庆大学的光栅技术研究组成员分成了两部分：一部分人员在杨世雄和顾庆祥老师的带领下，继续深化长光栅技术研究；一部分人员由黄尚廉老师带领，开始了高精度圆光栅光刻机研究。我们进行了覆盖多个省市的调研活动，到过多个单位调研，譬如大邑光电所、昆明机床厂、三门峡计量院、秦川机床厂等。我们研究了昆明机床厂的圆刻机方案、英国 NPL 的全接受方案、光电所的 OFD 圆刻机，以及圆刻机精度的检验方法，最后确定了至今仍然不失先进性的、几乎没有摩擦的空气轴系方案、光导纤维圆光栅莫尔条纹全接受方案和平面电机驱动方案。20 世纪 70 年代，我们带领学生再次到昆明机床厂实习，开始了全新方案的高精度圆刻机设计和加工，并自制一些关键部件。钟先信老师负责空气轴系的设计，梁铨襄老师负责平面电机工作，我主要负责全接收器的设计、制作，以及整机精度评价的方法、手段、分析等初期工作。这一阶段，我的工作得到相关单位的无私支持。譬如，大邑光电所给了直径为 280 毫米的母圆光栅、重庆光导纤维厂提供了光纤和光纤加工的制造工艺、富顺化工研究所提供了一号凝胶、重庆大学金属切削实验室制造加工了圆光栅弹性托盘、栾师傅巧手装配；在整机精度分析方面，使用武汉测绘学院董瑾教授提出的、大邑光电所陆德基研究员完善的全中误差检测理论及检测方法。钟老师的精密的空气轴系、平面电机驱动等工作也得到了上海磨床厂等许多单位的支持。在课题组全体同志的努力下，虽经波折，课题研究终于在历时近 8 年后通过了国家级的鉴定，机器精度达到当年国际上的最高水平——全中误差 0.1 角秒，并获得国家科学技术进步二等奖。

在光栅技术研究中，我们的工作团队齐心协力，形成了仪器及技术系统的概念。大家敢于创新、一丝不苟的严谨科学态度和学科协作精神对我产生了非常深刻的影响。

问：您最难忘的研究项目是哪一个？

杨老师：每一个项目，我们都花了很多很多精力，我都很难忘。大的项目，譬如高精度圆光栅圆刻机研究；脱硫塔里大雾场的测试仪器和测试技术研究；以及我们到广州以后，对环境空气监测系统的研究，这些都是我难以忘怀的项目。

我就谈谈国家"七五"攻关的脱硫项目吧。燃煤火力发电厂和燃油火力发电厂是我们国家的空气污染大户。燃煤发电厂的主要燃料通常是高硫煤，产生的二氧化硫严重污染空气，对农作物和建筑物的损坏尤其严重。"七五"期间，国家设立这一研究项目，是为了减少燃煤发电过程中二氧化硫气体的排放，从而减少对环境的污染，改善空气质量。项目最初投入经费七八千万元，后来有所增加；设有 13 个子课题，十几个单位、80 多人参加。总课题负责单位是西南电力设计院。四川省内江白马火力发电厂是脱硫工程的基地，南京林业研究所负责研制高速离心喷雾机，我们的任务是测定脱硫塔内高速离心喷雾机的喷雾效果——测出不同工况下喷出的雾粒大小及其在塔内的分布情况，以便为脱硫塔运行参数优化设计和最佳运行参数的选择提供科学依据。为了掌握最佳的钙硫比，达到最好的脱硫效率，我们的主要工作是研制一套能进入脱硫塔内、在恶劣条件下工作的仪器系统，包括传感器的研究、仪器系统设计、信号获取和微型计算机控制、三重防污染措施以及将激光测量仪器推到脱硫塔里进行测试的各种测试技术。研制具备这些性能的仪器，当时国内外都还没有先例，工作难度很大，工作量也很大。

问：这是您跟何老师共同合作完成的项目之一吗？

何老师：杨老师是课题总负责人。

杨老师：这个课题，1988 年下达的任务。我们的研究得到了天津大学张以膜教授的支持。在一次会议上，张教授告诉我们，北京航空航天大学研究航空发动机喷雾效果的课题组进口了一台 Malvern 公司的微粒测定仪，价格约 4 万美元；天津大学也在进行这方面的研究。在得到著名航空发动机专家金如山教授的支持后，我们到北京航空航天大学和天津大学进行调研。我们之所以能够很好地完成课题任务，金如山和张以膜这两位教授功不可没。其中，在算法研究中，张教授的学生毛义对我们帮助很大。他将英国舍菲尔德大学（University of Sheffield）J. Swithenbank 教授关于激光诊断喷雾雾粒大小分布的文章（A Laser Diagnostic Technique for the Measurement of Droplet and Particle Size Distribution）介绍给了我们。之后我们组成员立即将研究工作分解，分成传感器、光电信号的接受与处理和传感器、光电信号与颗粒衍射理论的拟合算法以及仪器系统工作的微机控制、信号的传输等几个部分，全方位铺开。如果从国外进口器具或材料，价格相当昂贵，光是传感器一项就要花费 8 000 美元，可是我们没有那么多资金支持，只能自己搞。在组内成员与光电器件研究组同志们的共同努力下，我们充分发挥重庆大学光机学院的优势，灵活运用自有技术储备，成功自行研制了一个具有 31 环接受单元的光电自扫描二极管列阵传感器，费用仅需进口元件的四分之一，为国家节约了一大笔外汇。1990 年，经过反复研究、设计制作，我们研制出第一台带有 6 个光学头的、具有三重防污染措施的测量仪器。将它推入正常使用的老脱硫塔内进行测试，经过几十吨石灰水的"洗礼",我们摸清了若干工况条件下雾粒的大小范围。

老脱硫塔的测试结果出来后,总课题领导对我们的工作更加信任。我们又开始了针对性更强的单头仪器的设计和制作。我和大家一起熬更守夜,克服重重困难,专门为仪器在塔内的工作进行了更安全、更方便的设计,终于获得了在脱硫塔不同工况、离心机不同结构喷雾情况下,喷雾机喷雾效果的相关数据,真正为脱硫塔最佳运行参数的选择提供了科学依据。所研制出来的新仪器更加小巧,充分满足了"七五"攻关新脱硫塔测试的需要。这一结果,带给我们的快乐是无法形容的。这些工作的完成,这些成果的取得,跟西南电力设计院总课题负责人甘宽先生和罗永禄先生的支持、白马电厂的全力支持是分不开的。

问:可是,这个项目在鉴定过程中,杨老师曾遭到不公平的指责,这是为什么?

杨老师:因为鉴定过程中有权威专家提出:理论上,脱硫塔里整个场是稳定的,粒子的大小与分布就是稳定的;然而测出的结果,颗粒在塔内的分布却不是稳定的,这与理论不符。针对权威专家这一观点,专门搞流场设计的总课题负责同志马上提出异议:实际工作中,由于高速离心机的旋转,小的颗粒会飞得更远,大的颗粒在中心位置会更多一些,测试结果应该是符合现场实际的。可是权威专家仍然坚持自己的意见:毫无疑问,测试仪器的研究达到了国际先进水平,但测试结果与理论出入较大,故测试技术不能通过。权威专家甚至怀疑,测试结果是由于仪器中激光不稳定引起的。能源部组织这样一次全国性专家鉴定不容易,能源部的负责同志为此发了火,批评我们欺骗了鉴定委员会。

问:您儿童时代参加华南文工团,在敌人的枪林弹雨中跋山涉水,历尽艰难没有哭;"长征"途中双手长满了疥疮,痛痒难耐没有哭;可是,在这严厉的批评声中,您哭了。这是真的吗?

杨老师:是真的。很委屈。我觉得我们的工作没有错,所测试出来的数据没有错。这些数据都是课题组全体成员日夜奋战得出的结果。

尽管受了委屈,鉴定会之后,我暗下决心:再来一次鉴定吧!我对课题组成员明确提出:测试技术没通过,就意味着我们没有完成课题任务;我们一定要再做试验,证明我们的测试结果是正确的。但组里有些同事泄气了:"既然我们已经得到了世界级仪器水平的评价,就行了,没必要再花时间继续做下去了。"我跟大家分析,给大家鼓气:若要证明我们的结果是对的,首先必须证明仪器的运行没有问题,必须准确解答专家的疑问,例如数据是否因激光漂移的问题而受到影响?必须本着实事求是的科学态度,经受得起考验,有根有据地拿出结果来让评审专家信服。组内同志统一意见后,我们在七层楼上安装稳压桶,在保证喷雾压力稳定的情况下,我们连续 48 小时做了仪器的可靠性试验，得出 31 环光电二极管列阵的信号变化。实验证明，我们的仪器非常稳定。这一结果大大地鼓舞了士气。我带领大家专门为我们的仪器再一次进入新脱硫塔做了全面的准备。在第一次鉴定过去将近一年的时间里，我们多次到新脱硫塔，对不同工况和离心机不同结构的喷雾情况进行测定，测试结果显示规律性与第一次测试完全一样。于是，我们将仪器稳定情况、第二次的测试结果提交能源部主管部门，再次申请鉴定。

评委们详细审阅了我们的分析结果，给予了高度评价，一致通过了第二次的鉴定。在能源部"七五"攻关项目总结会上，我们得到以下的评价："这是一种锲而不舍的科学研究探索精神和认真负责的态度，是应该提倡的。"

问：何老师，您和杨老师什么时候开始合作的？哪些合作项目取得了成功？

何老师：20 世纪 80 年代中期，我们在重庆大学就开始合作了，所有合作项目都取得了成功。

杨老师：1984 年，圆光栅光刻机全面通过鉴定。不久，我们就与环境监测结了缘。能源部负责环境保护工作的史提老师，为了利用燃煤电厂的粉煤灰，给了我们一些样品，让我们用刚刚进口的先进显微镜观察。通过仔细观察，我们发现粉煤灰中有许多圆形的空心漂珠和实心微珠。史提老师看了那些珠子的显微结构图片，非常高兴地对我们说，在微珠上观察到莫来石结构，为粉煤灰的利用打开了一条路子。他希望我们能继续对微珠和漂珠的光学性能进行测试研究。为此，我们申请了"关于微珠漂珠的光学特性测试"研究项目。何老师是这个项目的负责人。

何老师：这个项目从单颗微粒测量开始，最后由杨老师运用微型计算机进行数据分析。"粉煤灰空心漂珠光学特性与形貌的研究"这个项目完成后，我们跟颗粒研究结下了不解之缘。能源部看出我们是干事的，就找我们来负责"七五"攻关项目了。我们完成了"脱硫反应塔中雾粒尺寸及分布测定仪及其测试技术研究"课题和"脱硫塔内流场的计算机模拟"项目。我们到广州工作后，得到广东省和广州市科技部门的支持，与广州市环境科学研究所合作，完成了包括"颗粒物自动监测仪系统""高效化学发光氮氧化物自动分析仪"和"高效紫外荧光法二氧化硫自动分析仪"三个样机的大气自动监测系统样机研究；2007 年开始的广东省、教育部产学研结合项目"国产环境空气质量自动监测系统及网络的产业化"完成后，实现了对丹东百特仪器有限公司的成果转让。一系列研究成果先后获省部级奖项。杨老师是多个项目的课题负责人，为了科研工作受了不少委屈，吃了不少苦头，功不可没。

问：科研工作好比打仗，需要将才，更需要帅才。有人说，杨老师属于帅才。请问，杨老师您在主持科研工作中有哪些体会？

杨老师：科研工作也像打仗一样。完成一个系统性较强的课题研究工作好比打一场仗，涉及战略问题，也涉及战术问题，需要将才也需要帅才。所谓将才，必须会打仗，要有能打好仗的本领，即要有完成所负责课题工作的能力；所谓帅才呢，帅来自将，不但能打仗，而且要有系统的思维，要把握好大方向，更要善于指挥。甚至，即使一个将垮了，当帅的必须有能力兼顾，以取得整个战役的胜利。一个课题就是一个系统工程，课题负责人必须是帅才。

问：您身为科学家、妻子、媳妇、母亲、女儿，同时兼任几个角色，是如何安排休息和工作时间的，如何处理好家庭与工作的矛盾？

杨老师：参加科研工作后，时间的支配就比较紧张。尽管学校有法定寒假和暑假，但是，几乎每年春节，年初一一过，我们又得投入到科研工作中去，自然对家庭照顾的时间就少了。我们有两个女儿。大女儿出生不久，我们在校内找了个保姆寄养。每天下午下班后，我们俩去保姆家接女儿出来散散步，陪她玩玩，然后把她送回保姆家，我们又投入到工作中。女儿的保姆费用占去我们俩工资的一半。小女儿出生不久，刚好我母亲退休了，帮我们带了一段时间。后来，母亲回了老家，小女儿只好送进托儿所。在幼儿园，别人家都是家长接孩子，可是，我们家却是孩子接家长。幼儿园放学后，小女儿不是回家，而是直接到到实验室来找我们。小家伙背着小书包，一层一层地爬着楼梯到七楼找我们。她懂得，到亮着灯光的实验室就能找到爸爸妈妈。等到我们做完实验一起回家时，通常月亮都已升得老高老高了。

（被人称为"铁娘子"的杨老师，回忆当年因忙于科研和教学而疏于对家庭的照顾等往事时，几度哽咽，泪水不停地在她的眼眶里打转）

七、两颗赤子心，满腔报国情

杨老师富有前瞻性思维，具有准确的判断力。改革开放初期，中国大陆刮起了一阵日本电器旋风。这让杨老师敏锐地意识到，要研究引进日本的先进技术，振兴中国精密机械产业，必须学习、掌握日语。凭着坚强的意志和毅力，杨老师利用到日本当访问学者的机会刻苦学习计算机知识。回国后初心不改，钻研计算机技术及其软件。在重庆大学为机械设计专业首次开设了针对性很强的微型计算机应用课程，并为学校引进日本的电子显微镜、富士通大型计算机及精密仪器三坐标测量机的日语翻译做了大量工作，受到日本专家的赞誉。

1983年，杨老师敢为人先，建议成立光电技术及系统的全国性交流组织，为我国光电技术及系统学科的发展、学术交流与产学研合作起了极大的推动作用。

与此同时，何老师在教学方面大胆地提出了建设光电精密仪器专业，并主持完成了重庆大学新型实验室筹建的主要工作，申请得到世界银行贷款并出国考察。出国考察期间，何老师凭借敏锐的触觉和独特见解，掌握了当时国外最先进的光谱仪器核心技术，收获甚丰。

在艰苦的条件下，杨冠玲和何振江夫妇庆幸自己找到了为国奉献的着力点。坚忍不拔，刻苦钻研，将微型计算机知识和光、机、电技术完美结合，相互辉映，相得益彰，在平凡的岗位上共同书写感人的报国诗篇。

问：杨老师，全国性的光电技术及系统交流组织是在什么背景下建立起来的？

杨老师：1983 年，清华大学以孙培懋教授为首，在北京首次开设光电技术研讨班。重庆大学参加研讨班的老师有杨世雄、罗达立和我等四人。学习讨论期间，我建议成立全国性的光电技术及系统交流组织，马上得到孙培懋教授的赞同，并请示著名科学家王大珩先生[①]。在王老的支持下，经清华大学和重庆大学共同努力，1984 年，在重庆市召开了第一届全国光电技术及系统会议，参加人数约 130 人，为我国光电技术及系统的同行交流起了推动作用。

问：杨老师中学阶段学的是俄语，大学阶段学的还是俄语，参加工作后自学了英语，各项科研任务接二连三，长期超负荷工作，为何在不惑之年还自学日语？

杨老师：20 世纪 70 年代，我感到日本工业技术很先进，想了解它，就决心学好日语。恰好，重庆大学教英语的万里老师小时候经常接触日本人，还与日本人一起玩耍，能说一口漂亮的日语。1977 年后，万里老师自发地组织为重庆大学有意愿学习日语的老师教授日语。这个机会太难得了。我报名参加学习，从五十音图学起，常常利用走路的时间背读单词和课文，付出了很多努力。

20 世纪 80 年代初，国家计划选送一批人出国学习，我有幸通过了出国前的考试，算是功夫不负有心人吧。

问：你与日本导师第一次见面的感觉怎样？

杨老师：赴日本前，我只知道我的日本导师舟久保熙康先生的名字，没见过他的照片。我们到达东京的第二天是报到时间，我和十几个赴日访问学者一起到了东京大学。校方接待我们的正是国际交流委员会委员长舟久保熙康教授和有关指导导师，以及一些工作人员。大家落座后，舟久保教授说："欢迎大家到东京大学来，你们都自我介绍一下，叫什么名字，你们的导师是谁。"这是我跟日本导师的第一次见面。由于他没有作自我介绍，我不知道他就是令人尊敬的舟久保熙康教授。轮到我介绍时，我说："我的导师是舟久保

---

① 王大珩（1915—2011），中国工程院和中国科学院院士，"两弹一星功勋奖章"获得者，被誉为"中国光学之父"。

教授"，忘了用敬语。在场的学生、先生马上发出一片"呼"的声音，我更加紧张起来。把舟久保教授说成了我自己的同辈，失礼了！话一出口，我马上意识到自己错了，赶快改用了敬语。

而这时，舟久保先生说："我就是舟久保。"在场的学生、先生不同程度躁动的同时，有人还张开了嘴巴，有人瞪起了好奇的眼睛。不难想象，我当时是多么困窘！舟久保先生却露出慈祥的笑容，说："没关系的，许多外国人初到日本时都会在敬语和谦语的使用方面出错。这很平常，没什么，不要紧的。"

日本人很注重见面礼节，敬语或谦语的使用是很讲究的。称呼别人，动词后面要用敬语，称呼自己则用谦语，就像中文的"您"和"你"。

随后，舟久保先生让他的助手给我安排了学习、工作场地。他的助手还带我参观了舟久保先生的实验室。

舟久保教授的知识面很广，在日本东京大学地位很高，是精密机械专家，同时还是精密工学科、义肢专家。我从日本精密工学杂志上阅读到舟久保先生发表的文章。他的文章蕴含着一种思想：日本是福祉社会，应当支援社会上的弱势群体。我想，也正因为这种思想，他才从事医学与精密工学的跨学科教学与研究吧？

问：赴日本前，您是怎样联系到舟久保教授的？

杨老师：我经重庆大学审核批准，通过重庆大学冶金系张丙怀老师的日本老师相马先生介绍，最后成为日本东京大学舟久保熙康教授的学生。

问：在日本访问期间，您所遇到的困难主要有哪些？

杨老师：首先要过语言关，这样才便于与导师及周围人员交流。我国当时还没有微型计算机。在参观舟久保先生实验室时，我看到他们用微型计算机控制义手的所有动作，觉得很新鲜，心想，用微型计算机控制精密机械简直就是如虎添翼。我告诉自己：必须尽快弥补这方面的不足。然而，日本的微型计算机书籍比较贵，一本书就要 3 000 日元。为了节省费用，我让何老师从国内给我寄去相关书籍，从零开始自学。可是，涉及的许多新名词，国内的新字典也尚未能准确解释词义，自学起来困难很大。同时，我还要学习自动控制知识，每一个概念都学得很艰难。舟久保先生的同事告诉我，以学机械的思维来学习计算机知识是有难度的，但是，一旦学会就不得了。我琢磨着，有几件东西是必须购买的，首先是微型计算机。于是，我决定从微薄的伙食费里尽量节省一些。因此，我在日本吃得很节约。每月固定要交 8 000 日元到学生寮作为早餐和晚餐费用，午餐是自己掏钱在学校饭堂吃的。我每天午餐的伙食费从不舍得超过 150 日元，几乎都是一碗面，加上薄薄的两片肉片和半个鸡蛋。从我居住的学生寮到东京大学，快速步行也需要 45 分钟。为了省下坐地铁的费用，我每天早早吃过早餐就到学校去，早出晚归，快速步行往返。晚上回来，几乎别人都已经吃过饭了。我那份留在饭堂的饭菜也总是冷的。可以说，我在日本学习很努力，也很节俭。

问：舟久保教授对您的学习持什么态度？

杨老师：前面说过，我第一次见到舟久保教授时忘了用敬语。第二次见到他，我用日语向他介绍了自己在国内所学的专业和所做的工作。在谈到光电钢球检测技术时，关于"轴承"的表达，他起初没能听明白。原来，他们一般用外来语表达这个词。我用英文写出来后，他表扬我："你的日语进步很快！"得知我从国内寄书到日本，舟久保教授告诉我，如果需要什么书，他可以给我买。有一天，我去见舟久保教授时流露出对学习的不满足。他记住了，并且告诉当时的精密工学科系主任植村恒義先生：杨先生对在这里学习感到不满意。次日，植村恒義先生就找了我，说："舟久保さん（日文，发音sang，"先生"的爱称）对我说了，你对这里的学习不满意。我是系主任，对你们来这里留学负有责任。你看看，怎么样才能满足你的学习要求？"我告诉他，到日本学习后，我总感到学习不够饱满。精密仪器跟计算机结合起来是很有用的，我觉得自己应该多学一点东西。植村恒義先生告诉我，他是搞高速摄影相机研究的，当时的速度已经可以达到100万次/秒（这个速度当时是很高的）。他到过中国的西安光机所和天津大学访问，所到之处都给他留下了很好的印象。他预测，在技术上，15年内中国就能够赶上日本。他还说："什么时候，我带你到火箭发射场看看哪！"我听了很高兴，也很感谢他。

问：其他日本老师跟您的交流怎么样？

杨老师：我在日本学习期间，适逢重庆发洪水，日本电视播放了重庆房子被洪水冲垮的镜头。开会时，精密工学部的大圆成夫教授关切地问我："重庆的洪水很大哟。杨先生的家在重庆，洪水对你们家会不会有影响？"我不是他的直接学生，他的关心让我很感动。我告诉他，重庆大学的位置在崖架上，洪水是淹不到的。我感谢他对重庆的关注和对我们家安危的关心。他随即露出放心的笑容。

这些友好的教授们的关心，我都是难以忘怀的。

问：那么，您在日本当访问学者期间最大的收获是什么？

杨老师：在日本访问期间，我了解到，精密机械与微型计算机的结合能够创造奇迹。20世纪80年代初，我国迎来了科学的春天。我很珍惜这来之不易的科学春天。回国后，我更加刻苦学习计算机方面的知识，特意到计算机系去听老师讲授微型计算机课程，并且于1983年下半年，在重庆大学机械系率先开设了微型计算机应用课程。

问：20世纪80年代，微型计算机非常"时髦"。国内计算机不多，更别说微型计算机了。您的收获还远不止这些。您的日语翻译工作曾让日本专家佩服得五体投地。可以分享您的翻译故事吗？

杨老师：从日本回到重庆大学不久，我先后当了几次引进设备的日文翻译。印象很深的一次是给日本日立公司的专家当翻译。那时，我们学校冶金系第一次引进日立公司的电子显微镜，学校很重视，安装过程全程录像。负责安装的日本专家由于紧张，操作失误，忘记开锁就提升主机，损坏了连接垂直设备的波纹管，电子射线室的真空度马上降为零。当时大家都很着急。如果重新从日本进口再安装，起码要花半年时间。我们跑遍了四川仪表总厂设在重庆的分厂，来回奔波劳碌，联系设计加工图纸和必要的夹具，做好一切准备工作，再焊接好零件，连续作战，仅三天时间就完全修复了，真空度达到5以上。那个日本专家非常感动，也非常佩服。他告诉我，他到过欧洲、美洲等许多国家安装电子显微镜，却从来没有人能像我们那样帮助他解决那么多问题。他朝我竖起大拇指赞叹道："要是回日本修理，恐怕要花半年，可你们才花了三天。真是了不起！"

第二次，是重庆大学计算中心引进了日本富士通公司的大型计算机，我当安装现场的翻译。起初，日方软件安装人员以为我们不懂计算机专业知识，态度显得傲慢。那时，一台计算机体积有两间房子那么大，安装所需时间较长。由于我同时还要给学生上课，没法自始至终待在安装现场当翻译。我告诉日方安装人员，你如果需要，我可以中断我的课。"中断"我用"interrupt"，意思是说，我可以中断我的课来给他当翻译，然后再继续讲课。我的话让对方愣住了。他没想到我还是懂一点计算机知识的，从此对我们客气起来。在安装过程中，我还将一些日文资料译成中文，以帮助搞硬件的专家工作起来更加方便。日本专家后来告诉我，由于这项工作完成得好，他回国后得到他们公司的褒奖。随后几年，他都还跟我保持联系。

还有一次是安装三坐标测量仪。在讲解仪器使用问题时，日方人员忘记告诉我们仪器的每一个步距是多少，怎样设定。我向他提出，这里要介绍一下间距应如何设定的问题。这让对方感到惊讶：原来你也是懂仪器的，而且那么恰如其分地提出核心问题。整个仪器的安装验收过程十分顺利，中日双方人员沟通交流的气氛也非常融洽。

这些事实都告诉我，想当好技术工作的翻译，必须诚恳待人，将自己融入具体工作中，并且自身还要具有过硬的能力才行。

问：为了学习日语和计算机知识，杨老师经历了坎坷，异常艰辛。与此同时，何老师您又是怎样为建立新学科四处奔波，不辱使命的？

何老师：改革开放后，我国的科研、教学工作遇到了一系列新问题。许多先进仪器设备都与光和电有关。在科研工作中，我们发现，涉及光、机、电内容的知识和问题比较多。因此，我和个别老师提出建立一个新的学科专业——光电精密仪器专业，得到大多数老师的支持。在时任重庆大学机械系主任杨绪灿（后升任重庆大学副校长）的大力支持下，我完成了新专业的课程设计和培养方案制订等大量工作。1980年，我们的申请获得教育部批准。1982年，重庆大学光电精密仪器专业开始招生。

当时，重庆大学只有我和杨老师是学精密仪器专业的，我们当然要积极参与这方面的工作。针对学科专业建设，大家还提出了建立光电精密机械研究所的建议，再向教育部提出申请方案：建立六个实验室。我们的申请顺利获得批准。全国多所高校同时申请建立光电精密机械研究所，获得批准的只有两所高校。重庆大学光电精密机械研究所是其中之一，直属教育部管辖。建设实验室所需要配备、购买的相应设备，都直接向教育部申请建设经费。

国家教育部获得的世界银行贷款，需要招标，美国XPES公司中标。重庆大学获得300万元贷款资金，其中，150万元作为光电精密机械研究所的贷款经费。当时，这算是巨额资金了。

这部分工作开始后，专业建设、教学方案、招生准备等大量具体工作都需要我们去做。我90%的精力都花在这上面。同时，原来的科研项目还有许多工作必须继续完成，非常艰苦。

问：什么理由让您到美国考察？

何老师：重庆大学光电精密机械研究所实验室的创建目标是世界一流水平，需要购买一流设备。我们计划进口一套美国生产的拉曼光谱仪，全自动的，也是当时最先进的。法、美、英等先进国家都在生产这些设备。整套设备需要近30万元，我们实验室没有能力配齐，只好选择性地配备了包括氩离子激光器、单色仪等数据处理和数据采集设备，大约20万元。有了这些设备，光谱的主要实验都可以做了，特别是可以做拉曼光谱实验。当时，这属于很先进的实验。联合国的世界银行安排了"培训和调查研究"这个环节，各个项目可以派人参加。北京大学、清华大学、中山大学、复旦大学、上海交通大学、武汉大学、四川大学、兰州大学和重庆大学九所高校都派人到美国去调查研究并接受生产厂家的技术培训，由教育部一名处长带队。各高校派去的几乎都是讲师，大多数是学物理的，精密仪器专业只有我一个人。

拉曼光谱系统比较复杂，设备生产和实验技术也较难掌握。尽管苏联给我国援建了好几个光学仪器厂，但我们仍然没法研制这方面的设备。我怀着强烈的愿望：珍惜这次难得的好机会，掌握相关技术，一定要自己研制出这方面的仪器。我庆幸自己找到了为国出力的着力点。

我们在美国XPES公司生产车间待了一个月，还考察了其他实验室，对美国工厂车间的情况有所了解。他们的设备很多，工人却很少，并且基本上都是老工人，没有年轻人。这次到美国去，我收获还是比较大的。

问：拉曼光谱实验有什么现实意义？

何老师：拉曼光谱实验要求配备很强的激发光源，很高的分辨率，很灵敏的探测设备，具有很复杂的数据采集和处理系统，同时光谱周围的杂散光要很小。光谱探测技术广泛应用于物理、化学、生物和生命科学等各个领域。有些物质宏观看起来没什么区别，实际上它们的光谱结构有区别，光谱的形状有区别，只有激光拉曼光谱仪才能分辨出来。譬如，有两种物质的分子式是一样的，其中一种是化学灭火材料，另一种却不具备灭火功能，通过拉曼光谱实验就能分辨出来。又如，破案过程中，利用拉曼光谱实验可以准确判断样品的物质属性，大大提高了破案效率。

问：在美国工厂调研期间，对方是否乐意介绍他们的核心技术？

何老师：你们大概很关注前段时间（2018 年上半年）越演越烈的"中兴知识产权"问题吧？其实，1984 年，我们在美国接受厂方培训期间，美方的核心技术已经对我们封锁得很厉害，虽然我们已经购买了他们的产品。

厂方只教我们怎么操作仪器设备，仅是表面上的技术介绍，其他的，你看得懂就看，看不懂他们也不作介绍。厂方带我们去过他们的装调测试车间。车间是敞开的，貌似看得很清楚，可是车间里的东西早已包装好了，实际上看不到什么东西。

培训初始阶段，美方派高级工程师来给我们讲课，并让我们提一些问题，由他们进行解答。但是，如果涉及核心问题，对方就会说不太清楚，或者说不需要你们知道。许多问题我都没法得到解答，特别是新的元器件，它们的功能、信息处理以及软件使用等。

去美国之前，我已经搞了一二十年的仪器研究工作，国家项目、军工项目也搞了好几个，积累了一定的经验，对技术问题敏感一些，对自己的要求也高一些。当时，我国这方面的技术还是空白的，我很希望能掌握核心技术，报效祖国。因此，我很不满足在美国的那段经历，不满足他们的培训内容。

问：您意识到他们在自我保护？

何老师：我很清晰地意识到他们在对我们进行技术封锁。我问他们的高级工程师：用仪器测量氧，光谱里是有谱线出来的，但是，氧谱线出来的同时，还有干扰信号。干扰那么强，你们如何取出所需的信号来？对方回答我：我们的仪器性能好嘛。我又问：仪器是如何实现性能的？对方就不愿意回答了。他还反过来问我：你是干什么的？第二天，他们的高级工程师就不露面了，只有一般工程技术人员出现。如果我们提出问题，对方就说回答不了。

信号被噪声淹没了，靠什么提取？这里面有故事。前面我说过，任何仪器，只要你打开给我看一次，我就可以画出它的三维结构图。我这种小本领在美国发挥了作用。经过多次有技巧地跟美方人员沟通，我终于发现他们的软件有一个功能：多次叠加信号处理。他们依靠软件，采用了信号叠加的办法对信号进行处理，这就是最核心的技术。如果仅知道软件情况，不知道硬件如何支持也不行。它的硬件要求很高，要求扫描过程中位置必须高度准确，否则特定信号很难确定，达不到叠加效果。我对他们的技术心中有数了。

从美国回来后，我率先在全国高校开设光电技术及系统这门课，把拉曼光谱仪作为课程设计内容。

问：随着杨老师对微型计算机技术的掌握，加上拉曼光谱设备的成功引进，您二位在科研工作中珠联璧合，如虎添翼。继"七五"攻关项目成功合作之后，又合作完成了多箱式自发活动智能检测系统等多个项目。其中，监测大气污染物 $PM_{2.5}$ 的六工位自循环大气颗粒物自动监测系统成为世界首创。可以分享吗？

杨老师：多箱式自发活动智能检测系统是我们20世纪90年代初合作完成的，也是我们与四川中药研究所合作的项目。那是一个动物自发活动度检测的智能仪器，首次用光线构成一个方阵，测量小耗子的移动轨迹和体位特征。仪器研制出来后，我们将它送到四川仪表总厂请王总工程师进行审查并鉴定。重庆大学距离四川仪表总厂有两个多小时车程。王总工是四川仪表总厂的总工程师，是所属十几个厂的工程技术总负责人。开始时，他接过待鉴定的全部资料，很不以为然地对我们说："哈！现在人们有个计算机就是'智能化'了，未免将智能化太简单化了吧？"我告诉他："请您先看一看，我下个星期再来拿，到时听听您的意见。"当我如约再到四川仪表总厂去的时候，王总工程师非常高兴地对我说："杨老师，你们才是真正干工作的。"他的态度跟上一次反差太大。听了他的话，我马上愣住了。他接着说："你们现在搞的才叫作智能仪器。我原以为你们只是加了个计算机就叫作'智能'呢。看了材料，我真的佩服你们！人家在下海，你们却在上山啊！"他充分地肯定了我们的工作。我心里真高兴。

问：你们研制的 $PM_{2.5}$ 自动监测系统顺利投产，在环境监测方面具有划时代意义，这个项目一共有多少项专利授权？

杨老师：这个项目，我们一共申请了9项专利：对称式结构二氧化硫紫外光发生器、紫外滤光装置及其紫外滤光方法、基于可编程逻辑的光子计算器、大气环境颗粒物监测仪的双滤膜气密控制和流量稳定装置、大气颗粒物监测的六工位自动循环与控制方法及其装置、大气微尘颗粒物的物理分析方法、大气环境颗粒物监测仪中基于计算机的双 CPU 控制器、大气颗粒物监测仪器中的滤膜上料和下料装置，这9项专利都授权了。

问：这个项目有什么亮点？

杨老师：它的创新点在于：用光机电算一体化技术使得可吸入颗粒物的重量分析法实现了自动化；滤膜的自动更换、天平的平稳称重，自动分选，实现了网络远程检测；在颗粒物的分选与试验中发现颗粒物的性质。世界上还没有人用称重的方法实现自动化的。

问：$PM_{2.5}$ 项目投产后，我听说，在这个项目研制过程中，你们的工作做得很细致。为了确保数据准确，你们甚至要一个颗粒一个颗粒地数。这是真的吗？你们到底数过多少颗粒？

杨老师：是真的。（杨老师让我们看她的电脑资料）你们看，2 微米以上大小的颗粒很容易测量；小于微米级的颗粒也可以采用动态光散射的方法测量。但是，1～2 个微米级大小的颗粒测量是一个瓶颈，很难测量得准确。我们认为，这必须与图像测量结合起来。

我们曾经对广州市上空的颗粒进行采样，然后对它进行富集与分离。这些都是颗粒分离后的图像，乍看起来，好像是建筑材料的微细颗粒，有的像结晶，有的似针状，有的呈现方块集合。把它们放在微分干涉显微镜下观测，可以看到各式各样的漂亮形貌。可是，这些颗粒物一旦进入人体肺部，会导致什么结果，很难说。

后来，我们搞 $PM_{2.5}$ 的颗粒测量仪器时，对颗粒图像进行了处理，在微分干涉显微镜下仔细分析了每个图像颗粒物的数量、大小、平均粒径。保守估计，经我们处理的图像有几千幅，颗粒数量有几百万个，工作量很大很大。但是再大量的数据，我们的误差都不超过百分之几。由一个一个颗粒分析总结出来的结果，没有出现什么问题，也没有通不过的鉴定，这就是因为我们的工作做得很细致。为了拿出合乎实际的科学数据，我们的科研工作绝不能有半点马虎。

问：研究 $PM_{2.5}$ 自动监测系统项目的所有专利，你们转让给了丹东的企业投产，可是转让价格还不到市场价格的六分之一，为什么如此低廉？

杨老师：这个问题，恐怕要从我们在广州申请有关环境监测项目研究的初衷说起。广州市经济迅速发展的同时，空气中的悬浮颗粒也大量增加，致使空气质量下降，呼吸道感染患者增多。1998 年的某天，我们到广州市科委办事，适逢广州市又被雾霾、灰霾笼罩着。路上，我们遂产生这样一个念头：弄清广州市上空悬浮颗粒的分布规律，研究微尘悬浮颗粒的测试和数据分析方法，研制测试仪器，迅速找到遏制污染的途径。我们的想法得到广州市环保局胡处长和孙大勇处长的大力支持。广州市环保局将研究项目"广州市上空微尘粒度分布信息获取与分析"下达华南师范大学和广州市环境科研所。广州市环境科研所的主要任务是：提供采样设备，决定采样地点，负责采样并对采集样品进行重量分析。华南师范大学的主要任务是：配合广州市环境科研所做好采样工作，研究微尘悬浮颗粒的测试仪器、样品粒度分布的测试方法与技术，并完成测试数据的分析。就这样，我们开始了对环境空气颗粒物的研究。在这项研究中，我们根据实验室已有的条件，组建显微 CCD 摄像系统，引入了颗粒物显微图像的处理工作。

我们对空气颗粒物的研究工作可以分为四个阶段：1998 年至 2000 年 6 月为初始阶段，2000 年 7 月至 2006 年 3 月为第二阶段，2007 年至 2012 年为第三阶段，2012 年以后为第四阶段。

初始阶段，我们连续几个月观察了广州地区的能见度情况，收集了广州市不同功能区，例如：工业区、商业区、居住区、生活区、风景区等不同区域、不同季节、不同居住环境空间的悬浮颗粒，并进行颗粒信息的分析。我们设计了 SPA 分析软件，共分析了 3 900 幅图像和 4 163 680 颗微尘。工作量虽然很大，却得到了别人未曾得到的结果。

2000 年以后，在广州市政府和广东省科技厅的支持下，我们开展了粉尘排放量以及大气自动监测国产化样机研究。那个年代，我国尚未能生产自动监测空气颗粒的仪器。我们曾经参与国家"七五"攻关项目研究，研究颗粒物和粉尘监测是我们的强项。我们有义务攻克这个难关。终于首次利用重量法原理成功研制了六工位自循环大气颗粒物自动监测仪。这个系统完成以后，2005 年底到 2006 年初，我们将它跟美国 RP 公司的 TEOM1400a、Andersen 公司的 240 型采样器和国内某公司使用的 PM_{10} 采样器的切割特性做了比较，进行了系统和气路结构、仪器控制以及稳定性对比，结果是：自动系统测定很接近美国 Andersen 公司的数据。于是，我们根据国家标准制定了更高要求的《大气颗粒物浓度自动分析仪的企业产品标准》，终于通过了广东省计量科学研究院的计量器具新产品型式/样机试验，得到了广东省质量技术监督局颁发的"中华人民共和国计量器具型式批准证书"。2006 年 3 月 22 日，我们的仪器通过广州市科技局组织的成果鉴定。专家认为该仪器：①具有自主知识产权；②国产化水平很高；③主要性能指标达到了国内领先水平。

2007 年，为深化 2006 年的研究成果，我们又得到广东省部产学研项目的支持，并以"国产环境空气质量自动监测系统及网络的国产化"为题，设计研究了第三代仪器系统，为环境监测仪器系统成功转化奠定了基础。

2012 年，我们与丹东百特仪器有限公司签订了技术转让合同。目的只有一个：让我国环保事业拥有我们自己研制生产的环境监测仪器。在转化过程中，我们与丹东百特的技术人员密切联系，通力合作，加班加点，并多次提出改进意见，后经丹东百特仪器有限公司投产制造成"多滤膜环境空气颗粒物采样器"，在全国广泛应用，使大气 $PM_{2.5}$ 得以全面实时准确监测。

我们很清楚，这项科研成果早一天转化成产品，环境监测、环境改造和环境保护的愿望就能早一天实现。这个项目一旦投产使用，有利于国民健康和经济建设，是利国利民的大好事。国家培养了我们，赚大钱不是我们的科研目的。作为科研工作者，报效祖国才是我们的愿望；空气清新，环境优美，人民健康乐业才是我们的期盼。这个项目共获得 9 项中国专利，我们没有、也不想考虑专利的转让费用。大概这就是中国知识分子特有的思考方式吧！

八、难忘王芝慕，受教王芸生

在天津大学读书期间，杨老师得到好友王芝慕同学的关照，并因此得到

《大公报》社长王芸生的真传，受益匪浅。

问：杨老师，您大学同学王芝慕是《大公报》社长王芸生先生的女公子。您是如何跟她成为莫逆之交的？

杨老师：王芝慕比我大5岁，是王芸生先生的二女儿，到天津大学读书前，已在北京一所高校工作，是个"调干"学生。她出身高干家庭，生活条件优越，却没有半点优越感。我在天津大学读书时，一年级与她同班，同住一间宿舍。大学阶段，她像大姐姐一样关心爱护我们。大学一年级那个春节，我们宿舍北京、南京、徐州的女同学都回家去了，就我没有回家过年。王芝慕不忍心让我一个人留在学校，就邀请我到北京去，到她家里过年。我在她家住了半个月。这半个月，我有幸聆听她父亲王芸生先生的教诲，感触很深，终身受益。大学二年级，我从机械系转学到了精密仪器系，与王芝慕还是住在同一层楼。我经常去看她，互相照顾，成了好朋友。

问：王芸生先生从事新闻工作40余年，是一位正直的、执着追求进步的爱国知识分子，是一位卓越的老一辈新闻工作者、《大公报》的第二代总编辑。您跟他交流有没有距离感？

杨老师：王芸生先生慈祥和蔼、谈吐幽默、语言诙谐，没有半点架子。他们一大家子住在一个大四合院里，特别温馨。王芝慕家的保姆九妈，一直跟着他们家人生活在一起。晚饭时间，也是他们家人畅所欲言的快乐时光。王芸生先生的故事、言语常让人捧腹大笑。我也得以分享王芸生夫妇的爱情故事。"宪法朝南"是王芝慕母亲的"发明"。那是1950年的一天，她到街道参加学习，回来后告诉丈夫："我今天听了宪法朝南。"王芸生先生笑着问妻子："我为什么没听说宪法朝北呢？"原来，王芝慕母亲有天津口音，把"草案"误听成"朝南"。经丈夫一解释，她也哈哈大笑起来。

问：哈哈！何老师，这些故事您听过吗？

何老师：（笑）这些都是我喜闻乐见的，杨老师当然不会亏待我。

杨老师：王芸生先生是个大才子，文章写得好。回忆往事，更显得他们的家温馨和谐。

王芸生先生全力爱护妻子和他们的家，与妻子共同营造他们的和睦之家。在父母亲的共同爱护和精心培育下，王芝慕兄弟姐妹五人都很出色。大姐王芝芙很小就参加解放区文工团，中华人民共和国成立后，成为中央人民广播电台的高级编辑，1985年编导了广播版《红楼梦》，为她丈夫王扶林导演1987年版电视剧《红楼梦》打下坚实的基础；爱好广泛的小妹妹从北京电影学院毕业后，成功导演了电影《漓江春》，后来到美国发展；两个弟弟从哈尔滨军事工程学院毕业后，都成为所在行业的优秀专家。

王芝慕家的故事真实，生动有趣，寓教于乐，完全没有半点儿说教成分，却教人明辨是非，铭记责任和担当，终生难忘，终身受益。

问：那么，王芝慕有什么值得您佩服的地方？

杨老师：王芝慕在艰难时刻仍然秉持科学理想，坚忍不拔的科学精神一直都让我十分钦佩。尤其是"文化大革命"期间，王芝慕家庭屡遭变故，父亲遭到迫害，丈夫也被迫害至精神失常，她和孩子们都受到牵连。在各种打击接踵而来的艰难情况下，王芝慕仍然热爱祖国、热爱生活、热爱家人，仍然对未来充满期待，坚守科研岗位不动摇。20世纪90年代，她终于成功研究出高压密封圈，并生产投放市场，获得很好的社会效益。她还专程到重庆大学跟我们分享了她的成功喜悦。我们俩的友谊在历史大潮中更显得弥足珍贵。

九、教育掌好舵，强国靠少年

关于教育的未来，杨老师和何老师认为，青少年时代所接受的教育对人生有着非常重要的影响。教师的素质和教育环境是影响学生成长的直接因素。他们直言："对孩子们的成长影响最大的是学校环境，是老师水平。如果学校环境是优良的，老师是优秀的，学生不优秀都很难。"

问：当前，很多学生都说物理很难学，这个问题该怎么看？

杨老师：主要是因为他们的生活距离物理实际太远了。一些小孩子远离物理概念上的东西，他们的生活几乎被电子产品占领了。来，我们看几张照片。（杨老师拿出了几张照片）

这些是我最近收集到的老照片。看看20世纪三四十年代我们家乡是如何培养幼儿的。照片里的小朋友现在都已经是爷爷奶奶级以上的人物了，许多人年龄都比我大。这是我的幼儿园，当初根本就没有校舍，但是想象空间很大。幼儿园没有桌子，小朋友就拿凳子当桌子，直接坐在地上绘画。这是小朋友在后花园听琴练习。没有风琴，老师就用二胡代替。小朋友听到什么音乐就做什么操。

你看，这是我们幼儿园小朋友在野外上课。幼儿园当时只有这种条件，用树叶剪贴成飞机，因为用纸张剪贴需要花钱。这是幼儿园自制的玩具：排沙箱、砌积木、砌汽车。小朋友连汽车是什么模样都没见过，仅仅凭着想象来砌。这是砌陈氏积木。这是福氏积木。这是小朋友砌的军舰：高烟窗、高桅杆，还有小河两岸的风景。两岸有些什么？全由小朋友自己想象。这是纪念碑，小朋友没见过纪念碑，也是凭想象砌成的。这是我们园长杨茂轩先生自制的积木玩具之一——跑兔。跑兔靠轮子运动。你们看，涉及许多物理概念和机械概念：连杆、旋转运动……

这个浪船，相当于现在小朋友玩的海盗船。它其实是用若干块板子拼凑而成的，没有围栏，放在室外，小朋友就在上面荡，自己适应它的惯性。为什么浪船往后摆时人的身体还是往前倾的？我们在玩耍的过程中就有了惯性的概念。这个滑梯，全是老师搭建的，小朋友们玩耍过程中可以感知摩擦力。这是跷跷板，一个小朋友在上头，另一个小朋友在下面，天平的原理不就是这样？从我们幼儿园出来的小朋友读书不费劲，几乎都考上了重点大学。

抗日战争时期，我们百侯中学的学生考取厦门大学成绩很好。厦门大学的教授感到奇怪：你们一个穷乡僻壤中学的学生为什么学习能力这么强？因此，厦门大学每年给百侯中学几个免试保送入学名额，被保送入学的学生可以直接参加任何一个系的学习。以前的这些，兴许就叫作生活教育吧，跟生活的关系太密切了。现在有些家长对自己的孩子过度保护，反而不利于孩子健康发展。

问：贴近生活的玩具，是不是可以启发小朋友的物理思维、培养学生的物理兴趣？

杨老师：对！我们从小就会使用锄头，从中体会力臂、支点原理，懂得怎样才省力，所以物理学习起来很有滋味。摩擦生热取火等许多概念都是从物理学得来的。现在的小朋友很聪明，从小就玩手机，用电脑，可是想象空间变小了。你让他分析缝纫机的原理，他不一定分析得了，为什么？因为理论跟生活的距离远了。

问：现在的电子产品很丰富，该如何利用这一优势培养学生的物理兴趣？

杨老师：电子产品大大方便了我们的工作和生活，提高了效率，也节省了成本。让电子产品跟生活密切联系起来，可以培养学生的物理兴趣。譬如，有许多涉及机械运动原理的电子书，既能介绍各种机构的组成，又能展示机械运动学原理。有些电子读物还描述了物质的结构乃至宇宙的形成，很有意思的。引导孩子们多阅读这方面的书籍，可以培养他们对物理学的兴趣。

何老师：我们必须清醒地认识到，电子产品进一步促进科技发展。同步翻译机等智能化电子产品，对我们的传统教育是推动，更是挑战。

问：你们小时候并未接受过特别辅导，可是为什么都那么喜欢物理？

何老师：老师的引导很重要。我们喜欢学习物理，对物理感兴趣，跟物理实验和老师的指导很有关系。老师的正确引导，让我们觉得物理跟日常生活关系很密切。可是，据了解，有些老师竟然对物理成绩不理想的学生说，你不行啊，你不是学物理的料呀！殊不知，老师的不当暗示，往往让学生对物理学习感到害怕。

问：请谈谈对中国教育现状的建议，好吗？

何老师：这个问题要分小学、中学和大学教育来谈。中国的主要问题是整体文化水平还比较低。中小学主要是普及教育，应全面提高国民素质，而不应该分文、理科。小学阶段就是扫盲，包括音乐知识、美术知识、体育知识和法律知识等，全面扫盲。中学阶段应该学习包括身体素质等各方面知识，全面发展。中国是一个大国，人口众多，必须有强大的军事后盾，让老百姓过上安宁日子。中国的教育支出跟国民收入与支出比例还不是很相称，应该在教育方面多花一点精力。

问：那么，大学教育呢？

何老师：我觉得大学教育还是要侧重专业教育研究和职业设计，必须"专"。20世纪五六十年代，中国向苏联学习，虽然存在的问题比较多，但是我们在学习苏联的专业教育方面是比较成功的，收到了较好的效果。中国改革开放后，之所以在实体经济方面能够取得较好效果，跟这方面的成功教育有关。如果没有这方面的专业基础，哪有人才支撑国家各个经济领域的发展？解决我们国家的吃饭问题靠什么？不是靠特别高的科技，而是靠专业支撑，靠跟国民经济关系特别密切的专业人员的技能支撑。比如袁隆平，他对国家贡献那么大，当选院士问题都还有争议，仍然有人认为不应该让他当院士。我的观点，倾向于中国的科技发展不要脱离中国的具体实际。中国人口多，底子还比较薄，沿海居民的生活水平高一些，但是，欠发达地区仍然还存在。在中国的中部和西部地区，有些省份的生活水平还是比较低的。

另外，"中国大妈"问题为什么发展成现在这样？大妈们凸显出来的其实就是教育问题。

杨老师：中国的教育，高等教育和中等教育都发展得很快。小学教育也发展了，但是忽略了一点，那就是如何做人的教育。有关方面还不够重视幼儿阶段到成人阶段的传统和道德教育。有的学校，教育学生以掠夺财富、掠夺资源为目标。我们应当清醒地认识到，掠夺性教育误导学生，甚至会导致学生人格扭曲。

20世纪30年代，陶行知提倡生活教育，办"小先生教育"，派他的学生到我们家乡来，针对我们百侯村的实际情况，让小学生回到家里当"小先生"，帮助奶奶、妈妈学识字，动员邻居参加夜校学习，短短几个月就把我们家乡几千文盲扫光了。而现在，广州的垃圾分类，喊了几年都实行不了，到底是什么原因？说白了，还是教育的问题。我们对爱护环境的教育仍然存在不足之处。

问：关于生活教育，我国素有"北方有晓庄，南方有百侯"之美誉。可不可以说：陶行知先生当年提倡的这种教育理念非常接地气？

杨老师：我想应该是的。

何老师：实际上，小孩子在家庭里的地位是很重要的。我们那个年代，中小学生很有责任感，属于进步力量，在社会上发挥了很大作用。当时宣传新生活，我们当学生的都积极参与、倡导，主动跟大人沟通。可是，现在反过来了，小孩子是在大人的呵护之下成长的，所做的一切都是为了应试，缺乏责任感。学生不关心社会的事情，社会宣传也不依靠学生。这到底是什么问题？根本就是教育问题。

杨老师：家长们都想把自己的孩子送到最好的学校培养，这是无可非议的。但学校必须把教育孩子如何当好一个合格公民放在重要位置。孩子们缺乏责任感，关键在教育。你看，最近的上海进博会（2018 年首届中国国际进口博览会），大妈们抢东西吃，还糟蹋粮食，影响很坏。教育问题，任重而道远。

问：近二十几年，中国尤其提倡素质教育。该如何理解这个"素质教育"？请回忆当年老师的教育水平对你们的学科爱好有没有影响。

何老师：我认为，素质教育跟环境有关。对孩子们的成长影响最大的是学校环境，是老师水平。如果学校环境是优良的，老师是优秀的，学生不优秀都很难。

老师对我的影响很大。譬如，我初中阶段的音乐老师曾淋珠是广州市著名女高音歌唱家，音乐教得很好。我很喜欢这个老师，甚至崇拜她，自然也就喜欢唱歌，喜欢音乐。在她的教育下，我的读谱能力和视唱能力都很强，发音也比较准。

问：那么，作为老师，对学生爱好、兴趣的培养和学生潜力的挖掘，哪方面更重要一些？

何老师：一个人只要有兴趣，专注一样东西，经培养后，他的能力就能上去。老师培养，引导了学生的兴趣，学生就能专注学习，发挥潜能。

杨老师：对于学生来说，老师真的很重要。中学阶段教我俄文的林业荣老师不但课讲得好，而且他组织的课外俄文学习小组也很有特色。大家在课外学习小组都讲俄语，通过俄语对话巩固课堂学习效果，有什么问题都可以随时问老师。林老师总有办法让我们学习俄语没有压力。俄语有阴性、阳性、过去、现在几个格，这些基础，林老师为我们打得很牢固。我想，1979 年我能顺利地成为讲师，选考的俄语得到了高分，这应当归功于林业荣老师的教导。

问：家长们望子成龙，希望自己的孩子全面发展，往往给孩子报许多课外补习班。家长们的做法跟素质教育有关系吗？

何老师：我认为家长们的做法过了头。如果要求孩子什么都学，往往适得其反。

杨老师：素质教育应当是严格训练的教育，必须正确引导。

问：你们是从工科大学到华南师范大学来的，你们的毕业生主要从事什么行业？工科教育跟师范教育如何结合效果更好？

杨老师：我们的学生毕业后，正好遇上国家网络信息技术快速发展时期，许多学生都在通信领域里发挥了作用。研究生阶段不仅要多接触新的知识，更重要的是要得到良好的方法论训练。也就是说，要学会从什么角度、用什么方法去解决问题。我认为，系统观念的教育很重要。考虑问题必须有系统的观念、全局的观念，这样才能运筹帷幄。所以，我们强调方法和全面观念的思考方式。

我们的学生为什么发展得比较顺利？因为他们接受了有关"系统"观念的训练，不但具有对某个问题的解决能力，而且有整体系统观念。不会只顾此不能及彼。譬如说，如何把一个被测信息变成光信息，又如何将光信息转化成电信息？如何获得电信息并用什么方法来分析它，如何将分析结果与被测量信息联系起来并展示出来，这是一个简单而普识的系统概念。我要求学生不但要懂得理论分析、推导，而且要验证它。这既是方法的训练，也是思维方式的训练。

作者：您的这一观点跟何老师的观点高度一致。

杨老师：工科人的思维就是比较实在。有了想法，还得想办法去实现它。有人说，理学是把简单问题复杂化，工学则常常把复杂问题简单化。

问：那么，如何运用工科和理科思维，指导师范学生学习？

何老师：我认为，"师范院校培养出来的学生最合适当教师"这一说法不一定正确。有些国家是没有师范院校的。我们国家北京大学、中山大学等综合性名校都有教育系。教育系就是搞教育的。一个人读工科也好，读理科也好，假如让他去教书，他都会教，只要他用心就能教好。因为他已经掌握了相关知识，具备了这些方面的能力。我们的老师都是从北京大学、清华大学、复旦大学等名校出来的，没有师范院校毕业的。当前普遍存在一个问题：对师范系统学生降低了要求，尤其是对学生的基础理论知识和专业技能的培养不够重视。

问：作为职业，是不是教师自身的素质要求应该更高一些？

何老师：对！这是关键。什么教学法，其实就是教学过程中的技巧。如果不用心去教，即使师范知识学得再多也教不好。

杨老师：理科学生的理论基础普遍比工科的好，他们的成长过程是推理过来的；而工科学生的动手能力比理科的强。我们来到华南师范大学后，希望师范学校的学生要有理科的思维和工科的动手能力。如果他们同时具备了工科和理科能力，所教出来的学生就肯定是有用人才。师范院校培养了这样的学生，中华民族伟大复兴的梦想就一定能早日实现。

问：你们都多才多艺，兴趣广泛，都选择物理教学与研究作为职业。如果让你们重新选择，将会选择什么职业？

何老师：我还选择当老师，当大学老师挺好的。

杨老师：如果回到儿时，我可能还会选择精密仪器，还会让现代物理理论基础和概念与仪器相结合，并且还要加上算法。

问：算法？

杨老师：对！现代物理的推理一定要加上这个。它是数学上的反求证。

许多东西产生的信息，我们反过来分析其内容，从而探求未知世界的本质。这也是信息处理。算法其实是信息处理的一个方面。譬如，每个颗粒都有光散射，它散射出来的信息是合在一起的，成千上万个颗粒是一个综合体。要了解这些综合体是什么东西，必须通过算法，通过数学模型，拟合它、证实它，将它结合得更好，把光电技术推上一个新的层次。我希望学生要有这样的系统思维，不仅有物理学的光电、机械思维，还必须掌握一定算法的能力。

问：2017年教师节，您二位的华南师范大学毕业生从四面八方回到母校召开座谈会，共同祝贺你们节日快乐。这样的活动在华南师范大学并不多见，有没有什么背景？

何老师：长期以来，我和杨老师养成了这样的习惯：只要学生在实验室，我们一直都在。我们跟学生的感情就像跟自己的孩子一样深，尤其是杨老师，对学生特别好。学生毕业后，在外地工作的学生常会回来看望我和杨老师，有的还带着配偶和孩子到我们家来住上一两天。杨老师1996年到华南师范大学参与创建光学博士点，我1996年底也到华南师范大学来工作。2017年是我们到华南师范大学二十周年，许多学生都想回来看望我们。我们的学生韩鹏现在任华南师范大学物电学院副院长，他主动承担组织联络工作。大家都很开心。

杨老师：学生对我们都很好！

问：您二位都是华南师范大学引进的人才。现在，人才引进附加了安家费、启动资金等诸多富有吸引力的条件。当年，你们调到华南师范大学工作，不但没有经费支持，还要自己掏钱购买计算机和其他办公设备，就连女儿的"入城费"也由你们自己掏钱。而你们并不计较个人得失，全心全意投入到新的教学和科研工作中，迅速取得令人瞩目的成就，不愧为全国模范教师。我想，这些都跟你们早年接受的教育有关吧？

杨老师：在我们的心里，总是会将国家、工作与学生放在最重要的位置，永远如此。我是抱着重新创业的心态到华南师范大学来的。在我们成长的过程中，有多少老师为了培养年青的一代而无暇顾及自己的小家！许多往事都深深地影响着我们，师恩难忘！（每每回忆六七十年前的恩师，杨老师总是流露出道不尽的浓浓思念）

问：杨老师工作起来也是拼命三郎，甚至受伤走不动了也还让同事背着到办公室工作。这到底是怎么回事？

杨老师：1996年，我刚到华南师范大学工作，住在华南师范大学南区宿舍五楼，离办公室有一公里多路程。为了减少每天花在上下班途中的时间，我重新学习骑自行车，却不慎扭伤了踝关节，脚肿得像个大面包，没法走动，更别说上下楼梯。当时，华南师范大学博士点申报工作刚刚起步，其他工作也千头万绪。我必须到办公室工作，怎么办？物理系工会主席周显光老师就每天到家里来接送我，背着我上下楼，用他的单车载我上下班，直到我可以拄着拐杖走动。我一直都很感激他。

问：何老师曾经说过，小时候很敬畏父亲。您跟女儿们的关系怎么样？

何老师：在跟孩子们的关系问题上，父亲是我的一面镜子，是反面教材。我跟孩子们的关系都很好，很亲。她们都乐意亲近我。

问：您工作那么忙，有时间陪伴教育孩子吗？

何老师：教育孩子是父母亲的义务，义不容辞。哪怕我晚上加班得再晚，早上也一定会比孩子们起得早，照顾她们吃早餐，送她们上学，从不敢怠慢，除非我病得很重，但是，这种情况还没有发生过。（笑）

问：你们长期置身于科学研究氛围，养成了严谨的科学态度。日常生活中，你们在自己孩子面前是不是很严肃？

何老师：恰恰相反，我在孩子们面前是大大咧咧的。孩子们小时候经常缠着我讲故事。重庆的夏天很热，晚饭后，我就拿个小板凳，坐在家门口，边乘凉边给她们讲故事。每当这个时候，邻居的孩子们也都围拢过来。我往往是张口就来，即兴编出来的都是孩子们爱听的故事。（笑）

杨老师：孩子们的功课，我们从来不辅导，而只是引导、关注和守望。

问：你们都爱好文体活动，孩子们爱好吗？

何老师：我们在一起时，姐妹俩跟妈妈学唱歌，跟我学打球、骑车、跑步，我们做什么她们就跟着做什么。游泳，是我直接带她们到嘉陵江学会的。

问：直接到嘉陵江学习游泳，那不是很危险吗？

何老师：在大自然里学习，体会更深刻。孩子不能娇生惯养。

十、心中有灵犀，手帕也传情

中学阶段，杨老师和何老师都是学校里的拔尖人物，是同学们追赶的目标和学习榜样，自然也得到不少异性的青睐和爱慕。然而，他们都冷静地对待来自异性的赞誉，没有过早涉足情感方面的问题。他们都有自己的抱负和追求。美丽的梦想激励着他们勇往直前，当硕果自然成熟时，共同品尝爱情的甜蜜。

问：许多考生高考前都很紧张，可是，杨老师高考前为什么还特意到电影院看了一场电影？

杨老师：高中阶段我读过小说《牛虻》，非常喜欢主人翁阿瑟。1956 年 7 月，我们集中到汕头参加高考。高考前那个下午，电影院刚好放映《牛虻》，我就去看了一场。

问：您青少年时代读了许多小说，尤其是爱情小说，会不会影响文化课学习？老师和家长会不会阻拦您？

杨老师：不会的。我那时候还不懂爱情。《钢铁是怎样炼成的》《战争与和平》《静静的顿河》《绞刑架下的报告》，以及高尔基的《童年》《我的大学》等大量爱国主义题材的小说对我的人生产生了积极的影响。《牛虻》里虽然有许多描写爱情的情节，但我关注更多的是主人翁阿瑟与他的父亲、阿瑟的勇敢和他的精神世界，而对描写爱情方面的细节不太关注。那时阅读小说，语文课还要求我们写读后感。至今，我还保留着《远离莫斯科的地方》的读后感呢。

大学阶段我读《简·爱》，主要从正面去理解人的善良、正直和责任心，关注主人翁作为一个家庭教师是如何尽心尽职的，而对她跟男主角之间的关系和爱情不太关注，也理解不透。

问：大学同窗五年，您二位是何时开始相爱的？可以分享你们的爱情故事吗？

何老师：大学一年级，我们俩都在机械系，但专业不同，互相还没有来往。三年级以后才有来往。

回想起来，当年从广州乘火车去天津上学途中，我们俩就在同一节车厢。我们俩的座位相隔很远，因此没有交谈过。当时车厢里只有三个女生。杨老师个子不高，很活跃，在车厢里窜来窜去的，给我的感觉是年龄比较小。我私下想，这个小女孩肯定不是去上大学的。哪知道她还是跟我一个系的。（笑）

在天津大学，她还是很活跃的，经常参加学校组织的活动。每个周末，学校都组织舞会，很多同学不会跳舞，就拉我去当教练。我上"速师"那年学会了跳交谊舞。1958年，我们上了三年级，被安排到天津市附近的工厂劳动。学校其实是有远见的，让我们从事专业化的工作，而不是一般劳动。后来我们都回到学校机械厂劳动。我和杨老师上下班、吃饭都在一起，见面机会增多了，也同是广东老乡，相互间就有了一点印象。但是，她有她的圈子，我有我的圈子，各自都有关系比较密切的同学。

后来，我们俩和另外一位北京籍同学被学校派到北京中国科学院参加一个研究项目实习：工业自动化控制。大家同在一个小组实习3个月，才慢慢互相了解。

杨老师：（笑）大学毕业之前，我们有往来，但仅仅是普通同学那种交往，没有单独约会。那次到北京中国科学院的实习结束后，回到学校搞设计：靠液面的波动来测量物体的高度。我们俩搞的是同一个课题。后来，他的眼睛长了一个麦粒肿，很辛苦的样子。那时也不像现在有消毒纸巾什么的，我就用母亲送给我的一条很漂亮、很柔软的手帕，给他用温开水热敷眼睛。用手帕敷了之后，我还得将手帕洗干净。

问：杨老师学生阶段是一个很暖心的女孩子。手帕传情？

杨老师：其实，我给他手帕的时候还没有任何想法，仅仅是关心同学吧。（笑）

何老师：在北京中国科学院实习期间，我们在同一个组里，相处了几个月，觉得还不错，我心中就有想法了。

问：何老师当年写过的一句话，让杨老师印象特别深刻："我睡觉做了一个梦，梦见星星，想跳上去摘，结果摔了下来。"在我们看来，这句话很深奥。这"星星"代表什么？

何老师：我那时候有写日记的习惯。（笑）

杨老师：他很笨的。实习回来，我们就要毕业了。我们俩平时也没有什么承诺。我就对他说，我们俩应该有个了结嘛。他回答：是的，我已经做好了充分的思想准备。我知道你"了结"的意思是什么。他就以完全相反的意思来回答我。让我傻眼了。

毕业分配时，可以填写个人愿望。何振江写了：希望能跟杨冠玲在一起；我呢，也写了：希望能跟何振江在一起……

问：许多家庭都会有矛盾。有的家庭矛盾甚至很尖锐，动不动就走极端。你们是如何避免产生矛盾的？又是如何化解矛盾的？最希望对方以什么形式表示歉意？

何老师：我们家没有发生过那样的矛盾。理解万岁。

杨老师：我们都是自己化解矛盾的，互相谦让一下就过去了。

问：冒昧问一句，如果回到五六十年前，你们还会作出这样的选择吗？

杨老师：我当初找男朋友，没有什么刻意的条件，没有考虑个人之外的因素，没有任何附加成分，唯一考虑的就是他这个人的能力。如果时光倒流，让我重新选择，还会不会有这个选择？还真不知道呢……

说到这里，杨老师和何老师不约而同地望向对方。他俩视线相触时的那种神情，深情而缠绵，执着又调皮，胜却千言万语。不需多问，答案已经露底了。

2018 年冬天初稿
2019 年春天修改于华南师范大学书斋

雷雨声

著名作曲家
华南师范大学教授

  雷雨声，1932 年出生，四川长寿人，中共党员，著名作曲家、音乐教育家，华南师范大学音乐学院创始人，享受国务院特殊津贴。20 世纪 40 年代在重庆巴蜀中学读书时开始创作反内战歌曲，1951 年考入鲁迅艺术学院（沈阳音乐学院前身，以下简称"鲁艺"）学习音乐，是中华人民共和国培养的第一代作曲研究生。1956 年研究生毕业，成绩优异，留校任教。1957 年，携研究生毕业作品——古筝、高胡三重奏《春天来了》和《对花》《阳关三叠》到莫斯科参加"第六届世界青年联欢节"民族器乐比赛，荣获金奖。1960 年，调任辽宁歌剧院创作员，硕果累累。1984 年至 1988 年任辽宁歌剧院副院长兼辽宁乐团团长。创作了《琼花》《情人》等 14 部深受观众喜爱的歌剧；为《客从何来》《李冰》《少帅春秋》等 20 多部电影、电视剧配乐；创作了《毛主席是我们心中的红太阳》等一大批家喻户晓的优秀歌曲，出版了《雷雨声作品选》等，为中国的音乐事业作出了杰出贡献。其中，《光荣啊，中国共青团》（中国共青团团歌）、《迎宾曲》《三月三》《共产党好共产党亲》和《开拓者进行曲》等歌曲获国家级奖励。1988 年后，任华南师范大学音乐系主任、教授，广东省音乐教研会会长；广东省教育学会音乐专业委员会理事长、中国音乐家协会音乐教育学学会顾问。执笔主编了沿海版中小学音乐教材一套，获"广东省教育创新成果"一等奖。

春天来了

——著名作曲家、音乐教育家、华南师范大学
雷雨声教授访谈录

> 风雨送春归，飞雪迎春到。已是悬崖百丈冰，犹有花枝俏。俏也不争春，只把春来报。待到山花烂漫时，她在丛中笑。

——题记

丁酉年岁末，冒着这个冬季最强的寒潮，我们登门拜访了慕名已久的雷雨声教授（以下尊称"雷老"）。为了节省采访时间，雷老建议中午不休息，边吃点心边谈。就这样，两天的采访都是从早上十点一直到下午六点多。连续八个多小时，雷老始终精神饱满，反应敏捷，思路清晰。

雷老居住在广州市珠江北岸一个大型住宅小区的复式单元。透过宽大的玻璃窗，每个房间都可以直接欣赏珠江的美丽景色。简单舒适的室内装修结构，凸显了主人追求美好生活的情趣。

雷老的琴房和创作室设在一楼，直接连通自家独立小花园。我们首先欣赏了雷老精心打造的园艺：造型别致的牡丹、玫瑰、兰花等正竞相绽放，姹紫嫣红，在明媚的阳光照耀下，反射出温暖气息。最吸引眼球的是花园中央那个绿色图案——"天天 HAPPY"。它由无数棵排列考究的绿色小树巧妙组合而成。

雷老告诉我们，花园是特意为妻子杨余燕老师（以下简称"杨老师"）设计的。近20多年来，杨老师为编写沿海版中小学音乐教材累病了，行动不便，雷老希望她能"天天 HAPPY"。简单的一句话，传递出雷老对妻子何等的爱！

由于儿孙们都在国外学习、工作，雷老和杨老师夫妇成了事实上的"空巢老人"。然而，雷老"空"而不虚，耄耋之年仍然保持旺盛的音乐创作热情。党的十九大胜利召开后，他正抓紧时间创作一部男女声领唱、混声合唱和管弦乐队协同演唱演奏的大型颂歌《新时代的春天来了》。

雷老不愧为中国老艺术家的典范、老共产党员的标杆。雷老的教育抱负和人生追求催人奋进，非同一般的爱情故事让人仰慕。我们的采访内容是从

沿海版中小学音乐教材编写工作开始的。雷老以他那富有磁性的男中音，侃侃而谈，带我们走进他的艺术创作世界，分享他的音乐教学人生。

一、为编写中小学音乐教材呕心沥血

1988 年，雷雨声刚调到华南师范大学工作，就接到编写沿海版中小学音乐教材的任务。时任广东省九年制义务教育（沿海版）教材编写组组长的王屏山副省长和华南师范大学黎克明副校长等领导多次跟他讨论、研究教材编写工作。他深感任重道远。在妻子杨老师的鼎力支持和帮助下，他广泛收集、阅读世界各地音乐教材，从堆积如山的资料中耐心搜寻，精选细择，寻觅对编写教材有帮助的信息。音乐教材的编写遵循国家音乐课程标准的各项要求，根据音乐教育规律，将音乐素质培养与音乐技能学习、提高与应用紧密结合，在享受音乐之美的过程中，帮助学生促进创造性思维的发展，让音乐之美陪伴学生一生一世。整套音乐教材集前瞻性、知识性、趣味性和科学性于一体，具有浓郁的中华民族风格和高雅的艺术特色，不失为我国中小学音乐教材的精品。

经教育部审定使用的沿海版音乐义务教育教科书，由花城出版社和广东教育出版社联合出版，全套 18 册，其中，中学部分 6 册由雷雨声执笔编写，小学部分 12 册由杨余燕执笔编写。这套教材是雷雨声、杨余燕夫妇和教材编写组全体成员 20 多年的心血结晶。

84 岁高龄的杨老师是雷老在鲁艺的同班同学，研究生毕业后留校任教，音乐造诣很深，是沈阳音乐学院一位深受学生敬重的音乐理论教育教授。中华人民共和国成立前，杨余燕参加东北文工团，退休后享受离休老干部待遇。近年，由于患帕金森综合征，无法正常饮食，生活也无法自理。杨老师刚刚战胜病魔出院回到家中，得知我们前来采访，特别高兴，坐着轮椅在二楼电梯口处迎接我们，主动要求参加采访，抖擞着精神跟我们交流。

杨老师顽强、正直、乐观而幽默，是雷老师心心相印的生活好伴侣，更是雷老师比翼双飞的得力助手。她和雷老师一样挚爱音乐事业，把振兴中国音乐教育事业作为毕生追求，终生为之奉献，为之奋斗。

杨老师的加入，对我们是鼓励，更是鞭策。

问：杨老师好！雷老师好！有人问，雷老师在辽宁歌剧院工作了 20 多年，成绩斐然，可是，为什么在事业的巅峰时期选择到广州来？

杨老师（挂着药袋瓶子，双手不自觉地颤抖，说话比较吃力）：这个问题请让我来回答吧。2014 年，我得了一场大病，连续高烧 40 多度，把我的听力烧坏了，嗓子也烧坏了，视力也不行了，病情反复发作，医院多次下达死亡通知书，都是雷老师坚决地把我从死亡线上救了回来（雷老师微笑着插话：

我当时的决定太英明了）。好在我的脑袋瓜儿没被烧坏。（笑）我这样讲，你们听得清楚吗？

作者：听得很清楚，请您继续介绍吧。

杨老师：到广州来之前，雷老师已经在辽宁歌剧院工作了27年，主要成果是歌剧和歌曲创作。他创作了14部歌剧，为20多部电影和电视连续剧配乐，还创作了大量歌曲，在人民群众中产生较大影响，被提拔为辽宁歌剧院副院长。辽宁歌剧院在辽宁省开辟了规模较大的歌剧阵地，为配合宣传党的政策做了大量工作，是颇具影响力的，所创作、演出的歌剧深受人民群众欢迎，因此，培养了一大批歌剧爱好者。雷老师从辽宁歌剧院创立到调来华南师范大学工作之前，那段时间，他参加了绝大部分歌剧的创作。同时，雷老师组织了引进世界歌剧名著的演出活动，譬如，引进了匈牙利歌剧《风流寡妇》等，深受辽宁人民的喜爱。雷老师也因此出了名，还当上了辽宁省第五、第六届人大代表。那年，我们回沈阳参加鲁艺校庆，多家媒体都踊跃报道《雷雨声回来了》。

雷老师在创作高峰期为什么要到广州来呢？主要原因是他母亲身体不好。老太太两只眼睛几乎完全失明，特别想念大儿子雷雨声。那年，我们到广州来看望她老人家，回沈阳后，老太太整天念念叨叨的，希望她大儿子常在身边。雷老师的父亲是广东省的重要统战对象，向广东省委统战部提出请求：把雷雨声调到广州工作。

问：雷老师，您长时间在辽宁从事音乐创作。歌剧、作曲这一块您都很熟悉。到华南师范大学教书育人、编写中小学音乐教材，这些都是您不太熟悉的，您为什么要这样选择？

雷老：应该说是顺应潮流（整个采访过程中，雷老多次提到"顺应潮流"）。辽宁歌剧院1960年成立，李劫夫①任第一任院长。李劫夫原来是沈阳音乐学院教授、院长，是我的恩师。他很喜欢我，把我从沈阳音乐学院调了过去。我从此长期在歌剧院搞创作，后来还当上了歌剧院的领导。1988年，正是我创作高峰期，回到父母亲身边工作是为了尽一点孝心。可是，为什么我选择到华南师范大学当音乐老师呢？这个问题我待会儿再谈。

中华人民共和国成立后，相当长一段时间，全国统一使用同一套中小学音乐教材，缺乏地方特色，同时也导致音乐教育发展不均衡。我刚到华南师范大学时，黎克明副校长和王屏山副省长先后找我谈话，让我来编写广东省中小学音乐教材，把我选进了广东省中小学教材的大编委会，跟王屏山同志一道工作。起初，我以为无非是将一些歌曲编在一起吧。后来，接触了国外

---

① 李劫夫，著名作曲家、音乐教育家，一生写了两千多首歌曲，为毛泽东公开发表的所有诗词都谱了曲，代表作：《我们走在大路上》《革命人永远是年轻》《歌唱二小放牛郎》等。

的音乐教育信息，尤其是我和杨老师到美国等地考察，观摩了国外的音乐教育，才晓得中小学音乐教材编写工作并不是那么简单。

从国外考察回来，我和杨老师到广东各地中小学听课，了解中小学音乐教学状况。让我们感触最深的是那次到中山市某中学听课。那节音乐课的内容是教唱著名作曲家刘炽①创作的电影《上甘岭》主题曲《我的祖国》。那个中学首先安排他们认为唱得最好的那个班学生演唱："一条大河……"我们惊呆了。这哪里是唱歌啊，简直像和尚念经一样，没有音高、节奏的概念，更谈不上音乐美感。学校领导看我们皱着眉头，知道我们不满意，说："换一个班来唱。"结果还是一样的。杨老师当场流泪了。她说："我们的孩子很可怜啊，得不到应有的音乐素质培养，不知道什么是音乐的美感。先进国家的音乐教育已经发展到了很高程度，而我国沿海学校孩子们的音乐水平仍然这么低。"我原来想，在咱们中国，中山市的教育水平算是比较高吧，万万没想到还有如此的音乐教育。于是，我和杨老师下定决心，一定要编写一套符合中国国情的、适合沿海地区中小学学生学习的教材，把中国和世界的音乐美感传授给孩子们。

问：据说，有成就的音乐专家一般都不介入中小学音乐教育工作。可是，您为什么愿意亲力亲为编写教材呢？

雷老：这种观念的转变，得从一个音乐专家的提案说起。那年，在全国音乐家会议期间，我的恩师霍存惠②老师提交了一个提案：国家颁发的音乐教育大纲规定，小学每周应有两节音乐课、中学每周应有一节音乐课，但据调查，只有少数学校能按大纲规定执行，这是多么大的浪费；究其原因，一是音乐教育得不到各级领导的重视，二是没有足够的音乐教师，并且音乐教师多由其他科老师兼任；建议有关部门认真抓一抓中小学音乐教育。这一提案立即引起全国音乐家共鸣，尤其是引起了中国音乐家协会主席赵沨、副主席李凌，以及著名歌剧《白毛女》曲作者之一的瞿维③等著名音乐家的高度重视。大家深感问题很严重。赵沨和李凌还就音乐教育问题做了深刻反省。他们说，我们派过许多留学生出国学习考察，有声乐方面的、器乐方面的，但从未派过音乐教育方面的出去，确实感到愧疚。他们还说，我们抓了这么多年的音乐教育，最重要的一块工作却没有抓住。因此，决定成立国家音乐教育委员会，赵沨亲自担任委员会主任。我正好赶上了这个潮流，赶上音乐家协会重视中小学音乐教育的潮流。

---

① 刘炽，代表作有《我的祖国》《英雄赞歌》《让我们荡起双桨》等。

② 霍存惠，著名作曲家、教育家、音乐理论家，培养了秦咏诚、雷雨声、谷建芬等一大批著名作曲家。

③ 瞿维，原高等学校音乐教育学会会长。1945年春，他和马可、张鲁、向隅、焕之合作，创作了歌剧《白毛女》，开创了中国新歌剧的里程碑，在中国民族歌剧发展史上具有划时代的意义。

　　王屏山先生是一位伟大的教育家，选来负责编写教材的全是权威专家，当下称作顶层设计吧。这个措施非常英明。沿海版音乐教材，小学部分12册全部由杨老师执笔编写。这方面的情况就请杨老师先介绍吧。

　　杨老师：这么说吧，我们编写的这套教材，在中国音乐教材编写史上是一场革命。这场革命是翻天覆地的。过去，中国大陆的音乐教材缺乏构造体系，音乐教学没有遵循音乐规律，上音乐课基本上是唱支歌，老师想唱什么歌就唱什么歌。有人问，孩子们为什么总是那么笨？不是我们的孩子笨，而是没有符合孩子们认知规律的教材。孩子们一个学期可以学会几百个汉字的拼音，为什么学不好音乐？这的确值得音乐教育工作者反思。尤其是到中山市黄圃中学听课后，我深深地感到，编写好音乐教材是我们义不容辞的责任。

　　谈教材编写情况之前，我想先介绍音乐要素。音乐作品由音乐要素组成。不管哪一首歌曲，都有8个音乐要素，包括：节奏、音高、力度、速度、音色、结构、织体和风格。随便唱一支歌，你说没有什么速度、力度变化，即便如此，也该算是中速、中强，这是客观存在的。想让孩子们认识、掌握音乐本质，终身享受音乐，就得从音乐要素开始。

　　我编写的这部分教材，八个音乐要素是循序渐进、螺旋式上升的，符合音乐规律。把音乐要素编进小学音乐教材，是我们的独创。这方面的优势在中国乃至国外的音乐教材中也得到充分体现。

　　问：音乐要素难学吗？

　　杨老师：在所有音乐要素里，最易学的是节奏，最难学的是音高。关于节奏，我们把它安排在一年级上册第一课，《我今天上学喽》："穿—上—新衣—服，背上—新书—包"，用语言代替节奏，孩子们容易接受和掌握。ta ta titi ta，titi titi ta。

　　孩子们上学第一天是充满好奇的，雷老师自己作词作曲，特意创作了这首歌。

　　问：在教材里，您采用什么方法帮助学生学习音高？

　　杨老师：音高的教学，我借鉴了外国音乐教育家的经验。德国音乐教育家奥尔夫和匈牙利音乐教育家柯达伊不谋而合，总结出一套很好的方法，都是采用 mi、sol、la、do、re 这个顺序来教学。我在一年级上册教材里分三次进行教学：第一次教 mi 和 sol，第二次教 la，第三次教 do 和 re。每一次都安排一首歌曲提高学生们的兴趣，还配合一支短曲增强记忆和理解，同时，插入手号帮助启迪思维。通过这样循序渐进的教学，让学生更好地理解各个调子的意义以及它们之间的关系。歌曲内容涉及文明礼貌、人文知识和科学、环保等各方面内容，生动有趣，是孩子们喜闻乐见的、容易接受的形式，方便教学，寓教于乐，也能帮助孩子们提高道德修养。

　　问：您刚才提到"手号"，手号是什么？

杨老师：手号是音乐的一种暗示，用手势象征唱名，表示音的相对高度。打手号有助于建立音高观念，唱准音。英国音乐家科尔文老师发明了手号，得到柯达伊和奥尔夫的应用推广。许多音乐的传授都是被动的，模拟的，而手号是自发认知的。如果想培养孩子们终身享受音乐，最好的方法不是模仿，而是自发认知。我们认为手号非常好，第一次将它从国外的课本引进来，编入教材。

问：那么，孩子们对教材内容的接受程度如何？

杨老师：谈到这个问题，我想举一个例子。那天，我和雷老师到大学城的医院看病。候诊时，我们偶遇一个小学一年级小女孩，她正在唱我们教材里的一首歌曲，没怎么唱好。我就走上前去告诉她："这支曲子你唱慢一点，不要着急。"小女孩却着急地对我说："不对！唱慢了不行！教材里要求是'中速'。"（笑）我听后感到很欣慰。孩子们已经有了速度的概念。

问：你们是通过什么途径收集世界各地中小学音乐教材信息的？国外音乐教材有哪些可以借鉴的地方？

杨老师：主要是购买他们的教材资料回来仔细阅读、研究，我从中受益匪浅。那段时间，只要打听到有朋友出国，我们就请他帮忙购买当地的中小学音乐教材回来。我们家的房子四分之一空间都被音乐书籍占领了，成了名副其实的"书山"。

美国的教材，我让女儿购买，8本共600多美元。为了便于我阅读，我女儿还特意将教材内容翻译成中文。我看完教材后，心情豁然开朗，好像早晨推开窗户呼吸到新鲜空气那样舒畅。它的特点是：内容全面，但循序渐进不够。新加坡的课本，我们是委托到那里旅游的新疆朋友帮忙购买的，它的最大特点是：用手号认知，帮助建立音高观念。看了之后我眼睛一亮，把它引进了教材。中国台湾地区的教材，是我一个堂弟儿子的课本，还有他的笔记本。它的特点是：内容简单，但不够充实，感觉比较幼稚。香港特区的教材是请朋友帮忙购买的，它结合了中国的人文知识，内容充实。我借鉴这些教材内容，按自己设置的构造体系来编写我们自己的教材。

问：编写教材过程中，最困难的是什么？

杨老师：最困难的就是寻觅适合教学内容的歌曲。帮助孩子们学习音乐要素，往往要翻阅几百本书才能找到一首合适的歌曲，有时甚至还找不到。我翻阅了上万本书，视力明显减退了。实在找不到合适的歌曲，雷老师就以教材编写组的名义，请全国著名的词、曲作家为教材"量体裁衣"，编写歌曲，工作量很大。

问：请举些例子好吗？

杨老师：还是以一年级上册为例吧，第十课，为了帮助孩子们感知音乐力度，我们选取了美国儿歌《是谁在敲》和佚名创作的《我们歌唱》。让孩子们真实体会，自己唱出来："高声唱，高声唱，我们高声唱。轻声唱，轻声唱，我们轻声唱。"这样，孩子们在学习音乐过程中，也学习到文明礼节，轻松有趣。又如，第十一课，第二次出现音高：mi、sol、la，经过反复筛选，终于找到了满意的歌曲《左手和右手》，作者崔启珊老师是全国著名老音乐教育家。围绕着 la 这个音，我们配上教材编写组编写的《敲起音条》，帮助孩子们感知音的高低。为了培育孩子们亲情的素养，我们邀请著名歌词作家张黎、著名作曲家郑秋枫创作编写了歌曲《最爱你的人是谁呀》；为了培育孩子们的创造性思维，我们编写了《司马光砸缸》的故事歌曲，这首歌曲的音调用传统青乐的音调写成，特意让孩子们接触中国传统的音乐风格。

另外，我们用民歌的音调编写了 mi、sol、la、do、re 5 个音是好朋友的《五声歌》，以测评孩子们是否掌握了这 5 个音的音高素养。

编写这套音乐教材，我从 1988 年开始酝酿，1989 年下笔，先写出第一本，征求专家们的意见，得到肯定之后，我接着继续编写。我这个人有一个特点，就是：做每一件事情，不做则已，一做就必须做好。遗憾的是，2014 年至今，我病倒了，不得不歇一歇。我计划待健康状况允许时再对教材作进一步的修改完善。

作者：杨老师，您辛苦了。

杨老师：开始编写音乐教材那段日子，也正是雷老师在华南师范大学工作最忙碌的阶段。华南师范大学刚刚成立艺术系，雷老师任系主任，千头万绪。我想，我的逻辑思维比较强，比较适合编写教材，就安心闷在家里编写吧。（笑）刚好我也到了可以离休的年龄，就办理好相关手续，跟雷老师到广州来，当他的助手。我整天钻进书堆里寻觅所需的信息，琢磨着如何编写出高质量教材。谁知，我一头栽了进去，编着编着就上了瘾，根本停不下来。干着干着，主角就转移了。（笑）

我介绍完了。

（每当杨老师发言时，雷老总是静静地聆听。杨老师发言完毕，雷老总会温和地提醒她："你还有什么需要讲吗？"他俩不经意的言谈举止，关爱之情自然流露，仿佛泛着初恋一般的情愫。此时，用"相敬如宾"形容则俗，用"举案齐眉"也显得苍白。）

雷老：（对杨老师）你还有什么需要讲吗？

杨老师：没有了。你讲吧。

雷老：关于教材的内容，我想补充一点。我特别佩服杨老师。她把 8 个音乐要素分别跟中国的民歌和世界各地的优秀音乐结合起来，把教材编得非常有序。我很佩服她这个。

为什么说杨老师编写的小学教材好呢？它好就好在以音乐匠人的视角，注重音乐要素的教学。例如，关于音高的教学，吸取了欧洲奥尔夫、柯达伊他们的音高教学经验，逐个学习 mi、sol、la、do、re 这 5 个音，分阶段逐渐建立音高观念，然后加上 fa（4）和 xi（7），进而再加升 fa（#4）和降 xi（♭7）。这就是杨老师编写的小学教材所强调的音高概念，再配合一些美妙歌曲，让孩子们掌握技能，体会美感，进入音乐世界。并且，让音乐的美感、节奏跟现代人的情感需要结合起来，像《我的祖国》里所唱的："朋友来了有好酒，若是那豺狼来了，迎接它的有猎枪……"让孩子们理解作品含义，将爱国热情与音乐技巧结合起来。

8 个音乐要素是学习音乐的一种工具。掌握了这些技能，学生才具有分辨能力，懂得什么是音乐的美感。

作者：2012 年，沿海版音乐教材顺利通过了教育部的审定，在审核过程中得到专家们一致高度好评。尤其是杨老师，得到专家的高度赞扬。

雷老：评审结束后，一位北京专家称赞她："杨老师，您的教材是奇迹中的奇迹。"

前几天，北京的特级教师李纯来家里看望我们，一见面就给杨老师鞠 90 度躬，说："杨老师，您的贡献太大了。您编写的教材别出心裁，严格遵循音乐教育规律。钦佩！钦佩！"

的确，杨老师为这套音乐教材倾注了大量心血。从 1988 年到 2014 年，在长达 26 年的时间里，这套教材从第一版《走进音乐世界》，到第三版《音乐》，历经杨老师多次修改。教材编写工作完成了，杨老师却病倒了。积劳成疾，杨老师曾经两度持续高烧 40 多度入院，广州几家大医院都曾多次下达病危通知书。

后来，我们得知，雷老不惜一切代价将杨老师转送到香港医院救治，悉心照料，多次把杨老师从死亡线上抢救回来。接受我们采访前不久的一个深夜，体弱的杨老师突然大量便血。雷老冒着寒风冷雨，开车送她上医院急诊，住院，转院，雷老整宿未眠。一个 86 岁高龄的著名作曲家、音乐教育家，如此亲力亲为地救治自己 84 岁的老伴，并尽心照料，实在让人动容，令人敬佩！为了方便杨老师跟我们的沟通，雷老不惜花费 16 万多元，特意为她配了两副耳机。

问：雷老师，您编写的沿海版中学音乐教材，又是如何帮助学生感受音乐美感的？

雷老：不同时代、不同民族都有自己的音乐美感存在。在我自己的成长过程中，不同的音乐在我身上都有美感体验。我正是感受了音乐的美感才从事音乐创作的。沿海版中学音乐教材，更注重对学生音乐素质的培养。有了小学阶段的基础，中学音乐教材主要以音乐风格教育为主，百花齐放，让学生广泛接触世界各地的音乐，欣赏、演唱世界各国、各民族的优秀民歌，初步建立音乐美感。同时，让学生们逐渐学会分辨什么是高音，什么是低音，了解广东民间音乐的唱法是怎样的，陕北民歌又是怎么样的。

问：这套沿海版音乐教材编写的主要原则是什么？

雷老：第一，严格依据教育部颁发的音乐课程标准，遵循音乐教育规律；第二，格调高雅，内容健康；第三，知识丰富，体现学科特色。如果能够按照沿海版中小学音乐教材授课、教学，我们对沿海公民未来的音乐素质充满自信。

问：教材编写过程中是如何体现这些原则的？沿海版音乐教材具有哪些特点？

雷老：编写这套沿海版音乐教材，教材组考虑到各个音乐要素螺旋式上升的难度，巧妙地融入了手号、乐理、器乐和人文等知识，配以古今中外、世界各地、各民族的优秀歌曲，还侧重国情民意和文化传统因素，拒绝粗俗内容。如果确实找不到现成作品，教材组就自己创作。例如，为了帮助学生感受世界各地的过年文化氛围，在小学一年级教材的上册，我们选取了英国儿歌《新年好》、中国的《过新年》等节日气氛浓郁的歌曲，还创作了一首广东方言歌曲《行花街》。

问：这套沿海版中小学音乐教材内容，如何跟历史、文学、美术等知识相结合？

雷老：我们动了很多脑筋。学习音乐的最主要目的，是帮助塑造学生的优秀品德和完美人格，全面提高学习兴趣。为了帮助孩子们了解古诗词吟唱方面知识，找不到古代风格的歌曲，我们就找来一首古曲，取其精华，改编填词，编写了一首《咏鹅》："鹅—鹅—鹅，曲项向天歌，白毛浮绿水，红掌拨清波"，还原那个时代的曲子。小学一年级下册，为了让孩子们了解音乐的历史风格，找不到合适的曲子，我们就自己创作，通过看画听歌的形式，教育学生要机智、灵活，做个好孩子。编写过程中，我们借用四川青城的青乐风格，创作了歌曲《司马光砸缸》。青乐，是道教音乐的一个分支，起源于宋朝。这篇课文的创作，得益于李劫夫叙事歌曲《歌唱二小放牛郎》的音乐元素。

问：沿海版音乐教材为什么使用简谱而不是五线谱？

雷老：这个问题很多人关心，尤其是学生家长。有人甚至认为，采用五线谱编写音乐教材才能跟国外接轨。这个问题比较复杂。采用简谱编写教材，是中华人民共和国教育部规定的，经国家最权威专家与经验丰富的中小学教师集体反复研究讨论才制定出来的，符合中国国情。我们也是这么做的。

音乐可从多方面启发思维，引发联想，对人的成长、工作和生活影响很大。但是，学习音乐需要兴趣，假如采用五线谱教材，学习难度大，学生容易失去兴趣。我国音乐教材采用简谱，这样的顶层设计是有道理的。专业的音乐工作者、学习音乐创作的学生和专门学习小提琴、钢琴的学生必须学习五线谱，这是因为他们专业学习的需要；而对一般的音乐爱好者而言，简谱足矣。现在，市面上普通的音乐读物、歌曲集就是使用简谱编写的，极少用五线谱。简谱完全可以帮助普通公民终身享受音乐。

问：简谱跟五线谱有什么关系或区别？

雷老：简谱和五线谱都是学习音乐的工具，通过两条不同的途径和方法帮助人们认识音乐。简谱有简谱的一套学问和学习规律，五线谱有五线谱的学问和学习规律。面对中国音乐教学的现实，现阶段选用简谱作为普及音乐的工具还是适宜的。

音乐简谱是由法国人发明的，后来传到日本。我们的先辈，伟大的教育家李叔同先生早年到日本留学，把简谱带了回来。民国后期就是用简谱编写音乐教材的。简谱的好处很多，通过1、2、3、4、5、6、7这七个数字，在前面加一个记号，就可以表示音乐的各种不同调式，容易学习掌握。而五线谱所表达的十几种不同调式认知，需要标记在不同的位置上，学习难度大。

五线谱起源于宗教音乐。哥特式建筑的教堂让人产生空间感（法国巴黎圣母院等是享负盛名的哥特式建筑）。在教堂里，单线条乐谱的《圣歌》满足不了人们对音乐的愿望要求，因此加上了和声，借助多声部支撑以产生立体感，从而体现音乐所蕴含的神圣内容。让二线谱、三线谱、四线谱、五线谱，多声部同时呈现，形成美妙的音乐。但是，5条线错综复杂，7个调都要在五线谱上呈现，光认识这5条线，就需要一个过程。它的门槛高了，如果让孩子们借助五线谱进入音乐殿堂，难度比较大。然而，必须肯定，目前五线谱的确是学习音乐最先进的工具。

问：我们曾听说广东沿海版中小学音乐教材本来是使用五线谱版本的，可是国家硬把它撤了，要求改成简谱，真的是这样吗？为什么？

雷老：根本没有这回事！我们没有编写过五线谱版本的沿海版中小学音乐教材。义务教育阶段的音乐教学要用简谱，这是中华人民共和国教育部明确规定的，是经过专家们反复讨论、争论才确定下来的。这是国家行为，不是哪一个教材编写者的喜爱。简谱可让学生更容易接近音乐，不必花太多时间、精力去认识五线谱，降低了门槛，比较容易走进音乐殿堂。我们的沿海版音乐教材是严格按照简谱构思编写的。这个问题我刚才已经详细介绍过了，现在重申我们音乐教材编写组的观点。

不管是简谱，还是五线谱，其实都是学习音乐的工具。采用什么工具只是一种手段，并不重要。重要的是它能够帮助学生终身享受音乐，这才是目的。

有些学校以为五线谱教材档次更高一些，要求使用五线谱教材。因此，曾经有人把我们编写的简谱教材翻译成五线谱，这种做法从根本上违反了编写音乐教材的规律。用五线谱作为教材，必须按五线谱的学习规律编写，生硬地将简谱编写的音乐教材译成五线谱教材是不科学的，不符合两者不同的学习规律。

问：沿海版中小学音乐教材的影响很大，目前使用情况怎么样？

雷老：我们编写的这套教材，迄今为止，广东省有60％的中小学在使用，安徽、陕西、辽宁等省份也有一部分中小学在使用，普遍得到师生们的高度评价。我们曾到广州、深圳的学校做过调研，大家对这套教材很满意。学生的音乐素养明显提高了，而且一年比一年好。

这套教材，我们可以自豪地说，把人文、国情与德育结合得很好，将音乐技能与学生的音乐素质培养结合得很好，能够达到让学生终身享受音乐的国家标准。能耕作好这块音乐青草地，我们感到非常欣慰。

二、致力于探索中国师范音乐教育之路

1988年，即将步入花甲之年的雷雨声，对我国音乐教育事业有了新的觉醒和更高理想追求。在他到来之初，华南师范大学成立了艺术系。不久，由艺术系分出音乐系和美术系。雷雨声是艺术系主任暨首任音乐系主任。他努力探索师范音乐教育之路，大胆实践专业课程教学改革，不遗余力地致力于师范音乐教育研究，高屋建瓴，参与创立了适合中国现代发展需要的师范音乐教育办学思想："面向基础、强化素质；站稳讲台、兼顾舞台；一专多能、全面发展。"短短数年，华南师范大学音乐系迅速发展壮大，成长为音乐学院，成为全国师范音乐教育的一面旗帜，吸引并汇聚了一大批全国各地的优秀人才前来任教。自1992年后，华南师范大学音乐学院两次被国家教育委员会确定为"全国高师艺术教育教学改革的试点单位"。

多年来，雷雨声顺势而为，呕心沥血，以高尚的人格魅力为华南师范大学音乐系的艰难起步、迅速发展和广阔前景书写了辉煌的篇章。

问：20世纪80年代，教师的社会地位和薪酬收入都比较低，您为什么选择到华南师范大学当老师？

雷老：顺应时代潮流。我认为，我到华南师范大学来是顺应了潮流。

音乐的重要构成是：作曲家创作音乐，这是一度创作；演奏家、歌唱家表演传播音乐，这是二度创作；第三是听众感受、分享音乐。这就是音乐的完整概念。音乐作用的发挥，更重要的是听众。可是，相当长一段时间，由于我们不重视中小学音乐教育，导致音乐听众缺失。观众不懂音乐，哪怕再专业的表演也等于对牛弹琴。我在前面已经谈过，那年的全国音乐家会议期间，霍存惠老师指出，我们的中小学课堂，没有好的音乐课本，也没有合格的音乐老师，就等于我们放弃了音乐教育阵地。霍存惠老师的忧患终于唤起音乐家的觉醒。1987年，中国音乐家协会成立了音乐教育委员会。我选择到

华南师范大学来，正是得益于音乐家们的觉醒，顺应潮流。

从我个人的经历来说，不论是在辽宁歌剧院当专职创作员，还是当交响乐团团长，我思考得最多的，就是怎样为人民大众普及音乐。在辽宁工作的日子，我培养了许多听众，但我认为还远远不够。我希望能到大学里普及交响乐，可是，缺乏这方面的经费。我想过许多办法筹集资金，也曾到工厂搞过募捐活动。李长春同志在辽宁当省长期间，我也向他申请过资金，但是经费仍然严重不足。

问：您是当时华南师范大学的艺术系主任。上任之初，困难重重。艺术系是"三无"系：无教学场地，无办公场所，无师资。您是如何解决这些困难的？

雷老：你所说的"三无"情况属实。实际上，你还漏掉了一"无"——无钢琴。当年，华南师范大学艺术系是在全国音协副主席李凌的建议下成立的，华南师范大学领导中曾有人持反对意见。校舍不足，经费紧缺，学校没有办法安排教室给我们，所以我们不得不在危房里上课。刚刚成立的艺术系连一台钢琴都没有。教育系有几台钢琴，但不愿意给我们使用。我们的处境非常艰难。

后来，华南师范大学领导决定，将学校招收的港澳学生学费 3 万美金，全都给艺术系购买钢琴。这笔款项给了我们希望和动力。我们四处联系购买钢琴业务。珠江钢琴厂这些大厂家瞧不起我们，我们就跑到中山市去。那里有个香山牌钢琴厂，答应卖给我们 30 台香山牌钢琴。可是，恰在这时，国家的外汇告急，那 3 万美金被全部上交国库。我只好再次到中山市找钢琴厂老板商量。那位老板理解我们的苦衷，幽默而慷慨地对我说："我知道你是团歌的作者，华南师范大学艺术系，跑不了。你们是干音乐教育事业的，我们厂愿意跟你们合作。钢琴就先赊给你们使用吧！"就这样，那位老板帮助我们解决了大难题，我们深受感动。没有琴房，我们就在危房里教学生练琴。遇上危房停电，学生们就点燃蜡烛来练习。3 年后，我们才还清那笔钢琴款。

问：1990 年 12 月，华南师范大学将艺术系分为美术系和音乐系。您为首任音乐系主任。您挖掘人才很有本领，"挖"来了不少音乐专家。是这样吗？

雷老：没错！著名声乐教育家王亚南教授也被我们请到华南师范大学来了，还当上了音乐系副主任。许多著名歌唱家都是她的学生。我们还请来了一大批专业过硬的新老专家：娴熟西洋唱法的肖文兮老师、珠江电影制片厂的著名指挥家赖广益[①]老师、星海音乐学院的郑惠棣老师、上海音乐学院孙忆曼老师、著名作曲家钱正均老师等。我们还把中国最好的调琴师周康老师也

---

① 赖广益，国家一级指挥，曾担任中央广播合唱团、中央民族乐团、中央广播少年合唱团、上海音乐学院附中合唱团、上海总工会合唱团、珠江电影交响乐团等多个音乐团体指挥。

请来了。著名钢琴演奏家郎朗来广州演出用的钢琴都是请周康老师调音的。当时调入华南师范大学不让带家属，条件非常苛刻，但我还是想方设法从全国各地请来了德才兼备的音乐专家。最后，我们终于建立了一支过硬的师资队伍。

问：你们是如何率先探索出特色师范音乐教育之路的？

雷老：自从当上了华南师范大学艺术系主任那一天起，我就琢磨着：华南师范大学音乐系培养出来的学生将来是要上讲台的，是要去培养学生音乐素质的，我们必须探索出一条可持续发展的道路："面向基础、强化素质；站稳讲台、兼顾舞台；一专多能、全面发展"，改革教材，建立音乐师范的教材体系。

我们的设想顺应潮流，得到全国大音乐家们的支持。我们把掌握着中国音乐命运的音乐家泰斗赵沨、李凌、霍存惠等请到华南师范大学来坐镇，同时把20多位全国著名音乐专家都陆陆续续请来，一起交流国内外的音乐教育情况，商讨我国师范音乐教育发展之路，共同制订华南师范大学音乐系发展规划。赵沨、李凌还专门帮助我们设计了课程。

问：如何理解"站稳讲台，兼顾舞台"？

雷老："站稳讲台，兼顾舞台"是我们对华南师范大学音乐系全体学生提出的口号。

作为音乐老师，必须具备较高的音乐素质，同时必须具备上讲台的技能，否则没有权威。我们要求，弹钢琴、即兴伴奏、歌唱、指挥、作曲，这些都是必修的"上讲台"课程。这就是要求学生"站稳讲台"的理由。

如何理解"兼顾舞台"？我们当然希望华南师范大学音乐系的毕业生是歌唱家，让我们的学生获得最大收益。但是，讲台不同于舞台，在讲台上唱歌跟在舞台上唱歌要求不一样。在舞台上唱歌是面对观众；在讲台上唱歌是面对中小学生，当然需要适应音乐课堂的歌唱。

这也是我们和专业音乐学院不一样的地方。针对这些不一样，我们需要创立一套师范音乐教育体系。

1992年5月，华南师范大学音乐系被国家教委选定为"全国高师艺术教育教学改革试点单位"，时任国家艺术教育委员主任的赵沨为我们题词："路是人走出来的。"后来，华南师范大学音乐系被教育部确定为"国家艺术师资培训基地"。

问：请举例子说明，华南师范大学的师范音乐教学跟普通音乐学院有啥不一样？

雷老：比如手号，前面已经谈到，我们认为它非常好，第一次从国外引进，编进了中小学音乐教材里。对于师范音乐教育，手号很重要。中小学音乐老师必须熟悉它，并运用好它。如果在讲台上不熟悉这一套，就不是一个合格的音乐老师。但是，普通音乐学院不需要这个。普通音乐学院的目标是上舞台，是培养艺术家、歌唱家、演奏家，我们培养的是音乐老师。这就是分工不一样，以前我们没有意识到这些。

又如，一般来讲，弹钢琴的不会唱歌，也不会即兴伴奏；唱歌的不会伴奏。但是，作为中小学音乐老师，不但要会弹钢琴、会即兴伴奏，还要会合唱指挥，要一专多能。弹钢琴是中小学音乐老师的基本功之一。中小学音乐老师的基本功还包括学习多种器乐、舞蹈等。

后来，教育部的专家到华南师范大学来，说："到你们这儿来，有点师范的味儿了。"这就是说，我们师范的音乐讲台应该讲授一些与专业音乐学院不一样的课程，以适应广大中小学音乐课堂的需求。

问：尽管办学艰难，然而，您十分注意展现音乐的力量。音乐系成立之初，成功举办了广东首届"思索杯"大学生歌曲演唱大赛等赛事和多场大型音乐会。其中，1989年10月的首场大型文艺晚会"园丁之歌"非常成功，产生了很好的社会效益。您为什么要给自己这么大压力？

雷老：我到华南师范大学工作之初，学生的思想还比较乱。我希望借助音乐的力量引导学生珍惜来之不易的学习机会，于是组织了一场大型音乐会，大唱革命歌曲。学校领导和各个系的代表也参加了演出。学校党委书记代表华南师范大学发表重要讲话，充分肯定音乐的作用。广州电视台和南方电视台现场录制了那场音乐会，在黄金时段播出。后来，中央电视台也做了转播。那场音乐会的成功举办，大大增强了学生的历史责任感和学习自觉性。从此，华南师范大学各级组织都大力支持音乐系建设。尤其是基建科，在我们申请建一个音乐室的图纸上，基建科给我们绘出了一个音乐厅。（笑）

华南师范大学为我们音乐系修建了4 000多平方米的教学场地，126间琴房，每间琴房都有很好的隔音设备。1991年7月，我们的音乐楼、琴房顺利落成，全系乔迁新居，音乐系从此有了固定、舒适、安稳的教学环境。1992年，全国高校"211工程"评估，我们在自己的音乐厅汇报演出，感到很自豪。专家们给予了很高评价："你们虽然是一个新建的师范学校，但更像老牌的师范学校。"

实践证明，华南师范大学音乐系的建设和发展是经得起考验的。

问：您大胆探索，敢为人先，为华南师范大学音乐系的发展壮大铺平了道路。例如，为了缓解资金困难，在乐队建设过程中，用电子琴作为乐队演奏交响乐，又成功探索了一条新路子，引起轰动。请分享您的成功经验，好吗？

雷老：在音乐领域里，乐队是很重要的一环，没有乐队确实不行。由于资金严重不足，我们音乐系想建立一个完整的乐队，当时根本不可能。那年，全国师范音乐教育大会在山东召开。我们的节目，是用电子琴代替乐队演奏交响乐。各个声部，有木管声部、有琴乐声部，都是利用电子琴上各个铜管的音色来演奏，暂时缓解了没有乐队的困难，立即引起轰动。

到山东参加会议和演出之前，我跑到珠江三角洲拉赞助，动员社会力量支持我们，得到深圳一家电子琴厂的支持。我们到山东演出用的电子琴和演出服装全都由他们赞助提供。用电子琴解决乐队问题，很新鲜。赵沨、李凌他们表扬我们又探索了一条师范教育的新途径。一路走来，我们做了一些事儿吧，有的成功，有的不成功，有的半成功，反正都是在摸着石头过河，想办法探索师范音乐教育的道路。

华南师范大学领导很重视音乐学院的工作。大学城建成，我们音乐学院也沾了光。办学条件得到很好改善，琴房里配置的都是雅马哈牌钢琴。招生质量提高了，报考华南师范大学音乐学院的考生明显增多，考生质量也明显提高。

华南师范大学管弦乐队建立起来了，民乐队也建立起来了，合唱队多次在国际、国内比赛中获得大奖。即兴伴奏、练耳、舞蹈等全国五项技能比赛①也多次获奖。2017年，我们音乐学院的老师带领学生到四川参加比赛，获得了十几个奖项。比赛结束后，他们都到我这里来，跟我分享他们的喜悦：在获奖现场，当主持人宣布获奖者名单时，他们都激动得眼泪哗哗地流下来："华南师范大学"，又是"华南师范大学"！

30年来，我们将即兴伴奏、面对学生上课、以音乐要素教学等新的观念注入课堂。30年的积累起作用了，但还不够完善，例如，结合群众还不够，音乐教育的普及仍有待提高。我们还有很长的路要走。

问：到华南师范大学创业之初，您有许多开拓性的行动，创造了好几个第一：广州市第一位用三轮摩托车作为代步工具的著名专家、教授，并且也是用三轮摩托车接送中国音乐家泰斗的唯一一人；作为享受国务院特殊津贴的著名专家，迄今，您还是广州市乃至广东省最年长的机动车辆驾驶员之一，是吗？

雷老：哈哈！我的三轮摩托车，那是没有办法的办法。创业很艰难，交通不便，学校派车有困难，"打的"费用又报销不了，我不得不自己购买一辆三轮摩托车跑业务。我特意考了驾照，那辆三轮车帮助我跑遍了广州市的大街小巷，功不可没啊。

当年，音乐家们到华南师范大学来，我都是用我的"专车"在校内接送的。赵沨、李凌他们坐上我的车子都很高兴。当时教育部的杨司长坐过我的车，著名指挥家严良堃也都坐过我的三轮摩托车。（笑）

那辆车子最大的作用是帮助我申请了资金。我经常是晚上驾驶着它去找领导，蹲在领导家门口，等候领导下班回来审批我们购买钢琴、设备的资金

---

① 高师"五项技能比赛"是：钢琴演奏、歌唱与伴奏、自弹自唱、合唱指挥和综合素质测试。

申请。（笑）

问：一直以来，华南师范大学音乐学院非常注重培养学生的良好品德，帮助学生树立正确的世界观、人生观和价值观，有的学生毕业后走上了领导岗位。星海音乐学院现任院长蔡乔中先生是您在华南师范大学的学生。你们是如何加强学生的思想教育的？

雷老：蔡乔中是华南师范大学音乐学院的第二届优秀毕业生。毕业时留校任教，后来才提拔到星海音乐学院当院长的。

音乐系刚成立时，只有我和系党支部书记两名党员。我们注重音乐专业知识教育的同时，加强对学生的理想信念教育、革命传统教育和责任义务教育，激励学生德智体美劳全面发展。教学相长，品学兼优，追求思想进步的学生不断涌现，老师和学生党员人数迅速增加。从第一届毕业生开始，我们每年都把最优秀的毕业生留下来，壮大教师队伍。

问：可是，有人担心留本校的毕业生任教是"近亲繁殖"？

雷老：因此，我总是提醒大家：我们是从全国各地走来的，是五湖四海的，"杂种"的，不是近亲。（笑）

问：党的十九大胜利召开后，《广东"新师范"建设实施方案》指出，2018 年开始面向音乐、体育、美术和特殊教育等紧缺学科教师培养专业，培育一批省级特色师范专业。协同推进师范院校教师教育学科建设，打造广东省师范院校的学科品牌。您对此有什么期待？

雷老：这是我国音乐教育的又一个春天！有关部门已经下发文件，要求各校一定要上足音乐、美术、体育的课时。

"新师范"要有新理念、新任务、新模式、新举措，要聚焦基础教育新需求，精准育人，提升中小学教师队伍水平，加快推进教育现代化，促进我省教育优质均衡发展。

音乐是人类智慧的种子，是人类永远的朋友，任何东西无法替代它。师范是一座"桥"。华南师范大学必须把这座桥搭建得更好，要逐渐把音乐的概念完成，搞好一度创作、二度创作，培养好广大观众。

问：人们往往认为，音乐、艺术是浪漫的，音乐、艺术工作者是多愁善感的，也是多情的。对于婚姻之外的异性，他们或许比其他人多一些"恨不相逢未嫁时"的哀怨。因此，这个群体闪婚、闪离现象好像比较突出。从音乐教育家的角度，您是如何看待这些问题的？

雷老：文艺界容易发生这种事。为什么呢？文艺界的工作者演出时都打扮得很好，给人的感觉是男才女貌。双方当事人容易飘飘然。然而，社会的和谐，人民的幸福，是建立在人与人的相互信任之上的。夫妻之间必须是真实感情的结合，才能得到最大的幸福。偶然的性冲动，偶然的巧合，试婚、闪婚，只不过是一种性的试验。假如试验得好，双方能好上一辈子，当然好。

但是，假如试验不好，对双方当事人都是伤害。

闪婚是不负责任的行为。结婚之前必须互相了解：对方的趣味怎么样，品德怎么样，是不是志趣相投的，适不适合生活在一起，等等。为什么恋爱时间要相对长一些，就是这个道理。

离婚，当事人双方是痛快了，可是，孩子怎么办？夫妻离婚，最痛苦的就是孩子。

爱情是圣洁的，不能把爱情当玩具来耍。婚姻是一辈子的事情。爱一个人，就要对对方忠诚，要始终爱到底。即便对方有病了，即便对方贫穷了，也有义务、有责任爱到底。

几千年来，我们的老祖宗教育大家要"修身，齐家，治国，平天下"。十年树木，百年树人。教书育人必须始于修身，这也是确保社会稳定的因素。

问：身为作曲家和音乐教育家，您如何评价邓丽君的演唱风格？

雷老：邓丽君非常了不得。她的演唱很有创造性。一些很平常的歌曲，譬如《小城故事》，平常而又普通，光看谱子看不出什么特别的东西，可是经邓丽君一唱就很好听，很吸引人。主要是因为她在演唱过程中融入了许多人情风味，把节奏拉长或缩短一点，加进一些装饰音，有技巧地演唱，丰富了作品的内涵，增加了作品的美感。她不是作曲家，但她的二度创作在很大程度上已经超越一度创作。"小城故事多，充满喜和乐……"把一度创作发挥得淋漓尽致。邓丽君的妙处就在这个地方。她的美学、美感很值得我们学习。让学生们知道歌唱家是如何创作的，也很重要。

三、家族传奇

1932 年，雷雨声出生在重庆长寿县一个富有传奇色彩的家族，家风优良，书香浓郁。爷爷雷尧阶，是民国时期的教育家和"长寿柚子"培育专家、中国近代实业家；父亲雷治策，是著名爱国人士，抗战时期是航运实业家卢作孚先生创办的民生轮船公司的年轻船长；母亲李春晖，是一位受过高等教育的小学教师；姑姑雷清如，重庆大学教授，研究从煤矸石中提炼石油获得成功；小姨李春林，早年是中共地下党外围工作者……雷雨声祖孙三代，多人被编入长寿县志。

雷雨声父母感情甚笃，一共养育了五个孩子，雷雨声排列老大，弟弟妹妹们各有建树。雷雨声的父亲和姑姑分别当选广州市东山区人大代表和重庆市人大代表。

如今，每每回忆父亲，年近九旬的雷雨声先生仍然双眸泛出童真。

问：都说父母是孩子的第一任老师。您和您的弟弟妹妹都很有成就。请问您父母亲是如何教育你们的？

雷老：我们家的家风很好。爷爷富有远见，是我们家的楷模。父母亲言传身教，为我们树立了榜样。母亲早年毕业于上海两江女子体育专科学校，毕业早期在上海教书。父亲毕业于上海吴淞商船学校，当年是著名爱国人士卢作孚先生创办的民生轮船公司最年轻的船长，早年在上海工作，专跑川江，跑重庆至上海航线。抗日战争爆发后，民生轮船公司从上海撤回重庆。我母亲回到重庆初期还教书。后来，两个弟弟和两个妹妹相继出世，母亲就辞职回家，专职相夫教子。

父母亲很重视教育，对我们宽严有度，耐心引导，省吃俭用，把我们送到最好的学校读书。我小学阶段读过重庆的裕华小学、广益小学和南山小学，跟前台湾国民党主席连战是校友。我中学阶段读过重庆的南山中学、巴蜀中学和南开中学。这些都是四川当时最好的学校。那时的学费收取黄金，我一个学期的学费就要三条黄鱼（黄金）啊！

问：父亲在您心目中处于什么位置？

雷老：我很崇拜父亲，一是崇拜父亲的勇敢，二是崇拜父亲对国家的忠诚。有两件事情可以帮助你们理解我对父亲的崇拜。

第一件事，抗日战争时期，父亲冒着生命危险驾驶轮船抢运物资，把兵工厂、钢铁厂等物资抢运到重庆，到后方。日本侵略者占领上海后，父亲将最后一艘轮船从上海开回重庆，把《新民晚报》的物资整个儿抢运到重庆。抢运过程中，日本侵略者驾驶飞机对长江狂轰滥炸，炸沉了许多船只。为了不让国民物资落到日本侵略者手里，父亲冒着生命危险驾驶轮船，勇敢地跟日本飞机"捉迷藏"，机智地躲过一次次劫难。这些应该算是父亲的爱国功绩吧。抗日战争胜利后，父亲开第一艘轮船，把国民党官员从重庆送到宜昌受降。抗战期间，为了阻止日本侵略者沿着长江上行进犯，我国秘密在川江投放了水雷，设置障碍。父亲开第一艘轮船出来是很危险的。船过三峡时，母亲和民生轮船公司的经理们都在重庆经理室里静候。父亲每到布雷区，母亲他们都特别紧张。最终，父亲凭着他过人的本领，把国民党官员从重庆安全送达宜昌受降。为此，蒋介石给我父亲颁发了奖状和一把"中正剑"。

父亲对我影响最深的是他的精神，是他不畏艰险，争取胜利的意志。

问：您父亲非常了不起！他的技术一定非常过硬吧？

雷老：父亲的航行技术真的令人惊叹。川江险滩多，石头多，夜间航行特别危险。父亲就主动开夜航。一般人完成一个行程需要20天时间，而我父亲只需15天。我小时候曾多次乘坐父亲的轮船，他指挥开船、靠船时那种淡定、果断和威风让我感到震撼。受父亲的影响，我高考第二志愿报的是航海专业。

问：您刚才说，有两件事情让您崇拜您的父亲，还有一件事呢？

雷老：父亲的一生富有传奇色彩。抗日战争胜利后，民生公司在加拿大购买了十艘新轮船，全部以中国的地方命名："龙门""石门""剑门""虎门""夔门"等。全部新轮船都由美国的船长开到香港，父亲则在香港接船。我父亲先开"夔门"回到重庆。后来，公司把他调到香港开"龙门"，跑东南亚，主要是港澳航线。中华人民共和国成立前夕，国民党政府要求卢作孚把这些新轮船开到台湾去。卢作孚是一位进步的爱国人士，私下决定把新轮船开回广州来。卢作孚跟我父亲商量不去台湾的对策，得到父亲的积极响应和大力支持。父亲是民生公司年轻船长的领头人，他利用自己的威望，私下跟船长们协商，想方设法把十艘船都开回了广州。

那个年代，中国大陆饱受长年战乱之苦。我父亲认识很多朋友，共产党方面、国民党方面的人他都接触，各方面的人士都想拉拢他，黑帮也想拉拢他。国民党招商局出重金让父亲去台湾，也有人劝父亲到缺乏海员的新加坡等国家发展。但是，父亲没有这么做。国民党特务逼着他已经把船开到台湾附近了，他沉着冷静地对国民党特务说："我的海图没有了，我要回去拿海图"，机智地把船开回了广州。在他的帮助下，其他轮船也陆陆续续回到广州。就这样，父亲冒着生命危险帮助卢作孚先生一同实现了爱国愿望。

问：这就是您崇拜您父亲的另一个原因？

雷老：这还不算。20世纪50年代，有船员揭发我父亲利用职权，在轮船停泊澳门时放走了一批特务。父亲因此被拘留，定罪为"放走特务"，被抓进劳教所。然而，真正的事实是，父亲做了一件非常了不起的事情，这也是我崇拜我父亲的原因之一。

事情是这样的：中华人民共和国成立初期，首任交通部部长让交通部秘密从印度加尔各答购买了一艘轮船，需要我国派船员前去接收。由于我国当时尚未跟印度建立通航关系，接收工作障碍重重。前去接收新船的船长、副船长、轮机长、大副和船员共有一二十人，如何出得去呢？交通部派人跟民生公司一个杨姓经理谈这个事，要求他想办法把这批人带出去，前提是必须绝对保密。假如泄密，那批人的性命就难以保障。当时，父亲已经调回香港当船长，跑东南亚、澳门航线。那位杨经理就把带那批人出去接收新船的任务秘密交给了父亲，并告诉父亲，那个船长姓龙，大副姓庄……反正那批人的名字父亲后来都还记得。《国际法》规定，航行中的船只，乘客途中如果需要上岸，船长有权批准，不需办理其他审批手续。父亲利用他船长的权力，把那批人安全送达目的地。不料，这事竟成了父亲的"罪状"，被抓进了监狱。在监狱里，父亲忍辱负重，打石头，修公路，样样苦力活都干过，却不曾泄露任何秘密，也不申诉。由于父亲有文化，监狱里安排他休息时间给大家读报。后来，父亲在读报时获悉，说有一条船，从国外开回到广州了，船长叫什么，大副叫什么。这时，父亲才去找领导报告："这就是我的案子，之前为了保守秘密，我一直不敢吭声。"

问：您父亲多么了不起！对祖国无限忠诚，不愧为一位坚强的爱国人士。

后来怎么样?

雷老:待到组织上调查清楚事情真相,父亲已在监狱里待了两年时间。恢复自由时,组织上问父亲有什么要求。父亲表示:那是共产党交给他的光荣任务,是祖国对他的信任,必须对祖国忠诚;国家兴旺,人民才有奔头,他个人受了点委屈算不了什么。组织上就恢复了他工程师的名誉,把他安排在广州港务局工作。他当过仓库管理员、港务监督负责人等职务。父亲对工作总是兢兢业业,精益求精。(说到这里,雷老若有所思,透过宽大的玻璃窗,遥指珠江江面)你们看!那是水泥船。珠江上航行的首批水泥船是我父亲研制出来的。

问:您小时候,父亲经常不在家,父亲留给您怎样的印象?

雷老:慈祥。我父亲很慈祥。我们小时候很少有机会见到父亲。父亲偶尔回来,等到我们早上起床上学后,他会悄悄地塞一点钱在我们的枕头底下,想借此弥补他平时不在家对我们的欠缺。父亲跑船,每到一个地方,总会买一些当地的特产给我们吃。父亲总是以独特的方式表达他对我们的关爱,现在回忆起来,仍然觉得很温暖。

问:您爷爷是民国时期的长寿县教育局长,跟"长寿柚子"到底是怎样一种关系?

雷老:爷爷一生的突出成就有两个方面,一是办教育,二是培育了"长寿柚子"。

爷爷的家在四川长寿县,现在属于重庆直辖市。他早年从北京师范大学毕业后回到四川办私塾,培养了很多学生。抗战时期,上海《新民晚报》那位邓姓主编、董事长也是爷爷的学生。后来,爷爷任长寿县教育局长。他老人家在教育方面的最大贡献,就是抗日战争期间,由长寿县提供办学条件,让从武汉、上海等地迁往四川的多所名校得以继续办学,既很好地保护了国家的教育资源,又为长寿的教育事业打下了坚实基础。

据说,爷爷在长寿凌丰场办私塾时,从我外婆家带回了三棵柚子苗,可能是从广西那边传到四川的。爷爷把它栽种在学校厕所旁边。结果,结出来的柚子比其他地方的柚子甜得多,好吃得多。于是,爷爷就专门买了一块山坡,建了一个果园,让我父亲三兄弟帮他培育柚子苗,后来,发展成三四个柚子园,结出来的柚子味道都很好。抗日战争前,爷爷和父亲、大伯、三叔他们把自家收获的柚子带到巴拿马,参加在那里举办的国际农产品展览比赛,结果得了个金奖。一传十,十传百,很多人都上门来索要柚子苗。不久,整个重庆、四川都推广了爷爷的柚子。至今,爷爷当年培育出来的柚子已经成了重庆、四川的一个重要水果品种——长寿柚子。改革开放后,又在全国水果评比中获金奖。长寿县政府还封给我爷爷"实业家"称号。

作者:您爷爷树人又树果,非常了不起!

四、向往延安

雷雨声的家乡重庆，主要剧种是川剧，民间百姓中的吹、拉、弹、唱相当普遍，民间小调，民歌民谣也很流行。民间音乐耳濡目染，孩提时代的雷雨声对音乐由好奇进而产生了浓厚兴趣。

上学后，从延安传来的抗战歌曲让雷雨声着迷。他向往延安，希望能早日见到令他仰慕的作曲家们。

民间音乐氛围的熏陶和抗战革命歌曲的影响，催生了雷雨声心中的音乐种子。在他幼小的心灵里，孕育了要让音乐为大众百姓服务的理念。长大后，他立志学好音乐，用音乐作武器，唤起民众，争取光明，为振兴中华效力。

问：您的名字非常富有音乐韵味，是谁给起的？

雷老：我父母亲按出生地给我们兄弟取名。我是在成都出生的，原名雷蓉生。我二弟雷庆生，三弟雷渝生。我有一个小姨叫李春林，四川人称小姨为娘娘，在南山小学教书，是共产党的外围地下工作者。我曾经跟着娘娘在南山小学读书。我娘娘的一个闺蜜同事徐友铭，我们称她二娘，是共产党员。南山小学的校长和教导主任也是共产党员，经常秘密组织抗日救国活动。为了不暴露身份，娘娘和二娘巧妙地暗示我们积极参加共产党组织的抗日救国活动。南山小学的校长给我改名雷雨生，意为"在抗日战争的暴风雨中求学成长，获得新生"。我在不知不觉中喜欢上音乐，到了中学阶段，私下改名为雷雨声。上大学后，这个名字就正式使用至今。

问：您是什么时候开始向往延安的？

雷老：我有一个舅舅，是四川东平足球队员，属于重庆市水平最高的足球队吧。舅舅爱踢球，还爱唱歌。我小学阶段，他常带我们去踢球，踢完球后就带领我们唱革命歌曲：安波的《解放区的天是明朗的天》，聂耳的《义勇军进行曲》，冼星海的《黄河大合唱》等。这些歌曲，引起了我对延安的向往。受舅舅的影响，我还爱上了踢足球。

1946年12月，北平发生美国士兵皮尔逊强奸北京大学女学生沈崇事件。北平各校学生罢课，游行示威。这一事件成了"反饥饿，反内战"导火线，迅速在全国掀起高潮。在重庆，白天学生冒险参加游行，晚上几个学校联合在操场上举办营火晚会。国民党士兵包围了我们，在操场的山坡上，朝我们架起了机枪，气氛非常紧张。我们毫不畏惧，对着国民党士兵高唱革命歌曲，李劫夫创作的《蒋匪帮，一团糟》，写得很形象，我们都唱得很带劲。国民党兵却篡改了歌词，模仿我们的腔调唱道："学生们哟一团糟哟，男的抱哟女的跳哟。"

国民党兵的行径更激起我们的愤慨。于是，同学们编演了讽刺剧《宋美龄和马歇尔》，用川剧演唱，发泄对蒋介石国民党政府的愤怒。我印象最深的有这样一句："马歇尔是汝家的意中人，意中人啰，意中人啰"，演唱运用了川剧的甩腔，讽刺味道更加浓郁。

那天，我们巴蜀中学的营火晚会结束不久，国民党警车来了，趁着夜半黑暗，抓走了我们的老师。

国民党的血腥镇压，更加激起人民的反抗斗争。我参加这些活动，有形无形地、默默地影响了我，更加坚定了我向往延安、报考鲁艺的决心。

我当时还小，对事物的看法比较朦胧，在参加"反饥饿，反内战"的活动中，逐步形成了世界观。现在回想起来，进入鲁艺以后，我的世界观更加坚定了。

问：您从小就爱唱革命歌曲吗？您学会唱的第一首是什么歌曲？

雷老：我小时候，大约是幼儿时期，最爱唱《毛毛雨》，最喜欢这种类型的音乐。我母亲和我娘娘说我从小就是毛毛雨。那是我记忆中会唱的第一首歌曲。人们把它定为黄色歌曲、流行音乐、通俗音乐什么的。在人类世界的音乐中，流行歌曲最接近人的生活，最接近人性，也最接近恋爱这部分感情。媒体最重视它。

问：是什么原因让您喜欢上作曲的？

雷老：民歌培养了我的音乐美感，革命歌曲激发了我的音乐创作热情。

我从小觉得音乐很美，首先喜欢流行歌曲，像《夜上海》，广东音乐《彩云追月》，我都觉得它很美。这种美感，通过当时的广播，对我们青年人起了启蒙作用。我认为，从音乐的角度来看，它赋予了人们美感，体现了博大精深的中华民族文化，具有民族化色彩。任光、聂耳的广东音乐《彩云追月》，采用中国的五声音阶写成，简单质朴，闲适淡雅，线条流畅，优美抒情。它的旋律很美，我们很喜欢，华侨也喜欢。我到苏联、英国等国家演出时，苏联人、英国人、美国人也很喜欢它。它对我后来喜欢作曲起了一定的作用。

音乐的另一种美来自民歌，来自民间音乐。

我国民间音乐丰富多彩。在我们的生活中，到处充满音乐语言。中国人血脉里面就有音乐细胞，否则，民歌是怎么来的？就是传承下来的。像我的家乡重庆，春节耍龙灯、踩高跷。五月节划龙船。划龙船就有龙船调。每到5月划龙船时，我们小孩子就跑到江边去观看。大人们划完龙船之后，我们小孩子就爬上去自己划，模仿着大人的样子唱龙船调。这种民族传统，我们从小就耳濡目染。一些民歌经常在我们同学中传唱。当时在南山中学，同学们上课前都很自然地唱民歌。

长江上，船夫沿途唱的川江号子，铿锵、抑扬，富有节奏感，其实是船夫对生活的挣扎和呐喊。譬如，船夫们兴奋的时候，要一起把这一身劲使出去，就传呼"加把劲啰！嘿哟！"振奋人心哪！船夫的号子有许多种：上滩号子，下滩号子，顺风号子……什么环境他们就唱什么歌。人在社会里，生活的方方面面都会影响他。这些对我的音乐创作也有很大影响。

中国民歌发展了戏剧，像《牡丹亭》那样的音乐真的太优秀了。后来发展的京剧，则称得上精华里的精华。优秀的中国民歌和戏剧，撑起了中国音乐文化的脊梁。从《诗经》到唐诗宋词，一代代流传下来，都默默地影响了我。

后来，抗日战争爆发了，马克思主义、《国际歌》和《马赛曲》传入中国。中国的一代作曲家，一代抗日先锋们又创立了新的音乐品种，那就是我们的革命歌曲。它是中华民族在生死存亡挣扎中产生出来的优秀歌曲，是我们战胜日本帝国主义侵略的重要力量。日本人侵略中国是极其残酷的，譬如，南京大屠杀、东北的细菌战。中国人民的抗日战争也是最英勇的，所以才有冼星海的《黄河大合唱》、聂耳的《义勇军进行曲》，才有麦新的《大刀进行曲》："大刀向——鬼子们的头上砍去！"这些革命歌曲是对民族危亡的呼号！它浸入到我们的血液里，孕育了我们的民族情怀。小时候经常哼唱抗战歌曲，我深深懂得，音乐就是武器，它蕴藏着无穷的力量。

你说我为什么喜欢作曲？这些都是原因。各种音乐对我世界观、人生观和价值观的形成，对我走上音乐创作道路都产生了作用。

国家兴亡，匹夫有责。冼星海、聂耳、郑律成、马可、李劫夫等一大批革命的音乐家，用音乐的手段进行战斗，为我们树立了很好的榜样。他们是旗帜，尤其是冼星海，把西洋的音乐跟中国的传统音乐结合得很好。《黄河大合唱》具有典型的山西音乐特点。"风在吼，马在叫，黄河在咆哮"，他把中国的音调和西洋卡农的对位、轮唱结合得非常好，是我们必须学习的经典名著。

问：您高中阶段就开始创作抗战歌曲，还记得您创作的第一首歌曲吗？

雷老：《黄梅天》，是我的处女作。我报考鲁艺时唱的正是这首歌："黄梅天，雨绵绵，一滴滴在娘心前，低声怨天不睁眼，嘟个要把田里淹。收成不好嘟个有钱，晓得哪辈子哟才有太平年。"歌词是"反饥饿，反内战"时期在我家乡流行的一首词。写《黄梅天》时，我在重庆巴蜀中学读高二，从来没学过作曲。正所谓"熟读唐诗三百首，不会作诗也会吟"就是这种情况吧。我想，不止我一个人，中国很多人都有这种音乐才能，只不过他们没有迈进音乐殿堂的门槛罢了。

问：当年，您是放弃香港的优渥生活，哼着自己创作的另一首歌曲，准备奔赴延安的？

雷老：高三阶段，我们全家人随父亲迁往香港生活。我在香港读了一个学期高三，接触过一些西洋音乐。获悉共产党毛主席领导的中国人民解放军，以排山倒海之势推翻了国民党反动派的黑暗统治，我热血沸腾，顿时有了创作灵感，把唐代王翰的诗歌《凉州词》谱了曲，写了一首《葡萄美酒夜光杯》。这是我创作的第二首歌曲，但至今从未公开过。我哼着它回到故乡重庆，准备去北京投考鲁艺。

问：好悲壮啊，催人泪下呢！

（杨老师插话：我是东北人。小时候，东北被日本人侵略，沦陷了。我们被奴化，没有机会接受中华民族音乐文化的熏陶，不知道自己是中国人，父母亲也不敢告诉我们是中国人。我的同学知道自己是中国人的也不敢说出来。日本侵略者只允许我们说自己是满洲国人。我和我的同学常常被迫给日本军队缝袜子、手套及军用品。日本人投降前夕，我11岁，上初中二年级。有一天上课时，我感觉气氛跟往日不一样。忽然有同学从后面传来一张纸条。我打开一看，里面写着："我们是中国人。"得知自己是中国人，我感到非常惊讶和兴奋！）

五、幸遇伯乐

抗日战争胜利后，鲁艺从延安迁往东北。1951年，雷雨声高中毕业，毅然报考鲁艺，从此步入音乐殿堂，幸得寄明、霍存惠、丁鸣[①]、曹正、李劫夫等音乐大家悉心教导，以优异成绩相继完成了作曲专业本科和研究生学业，成为中华人民共和国自己培养的首批作曲研究生，迅速取得累累硕果。1956年，雷雨声携研究生毕业作品——高胡、古筝三重奏曲《春天来了》到莫斯科参赛，喜获"第六届世界青年联欢节"演奏金奖，一举成名。

问：您在鲁艺遇到的第一位老师是谁？

雷老：寄明是我遇到的第一位鲁艺老师，也是我考鲁艺时的主考老师。她是著名作曲家、延安第一位钢琴演奏家，中国少年先锋队队歌《我们是共产主义接班人》和《少年，少年，祖国的春天》等优秀少儿歌曲都是她作曲的。中华人民共和国成立初期，各高等学校单独招生。1951年，鲁艺考场设在北京大学，我到北京大学报考。按考试要求，我先用小提琴演奏了卢华伯《故乡》的旋律："故乡，我可爱的故乡……"然后清唱了我的处女作《黄梅天》。寄明流露出愉快的表情，问我："你为什么报考鲁艺？"我坦然回答："鲁艺有许多写革命歌曲的老师，我是奔他们来的。我立志要当好他们的学生。"

问：鲁艺后来如何发展？沈阳音乐学院跟鲁艺有什么关系？

雷老：鲁艺的全称是"鲁迅艺术学院"，成立于1938年，抗日战争时期，是中国共产党为培养抗战文艺干部和文艺工作者而创办的一所综合性文学艺

---

① 丁鸣，著名作曲家、音乐社会活动家和教育家，获得第六届中国音乐金钟奖终身成就奖。

术学校，1940 年后更名为"鲁迅艺术文学院"，简称"鲁艺"，具有光荣的办学历史和优良传统。1945 年，抗战胜利后，鲁艺迁往东北。1949 年，鲁迅艺术文学院更名为东北鲁迅文艺学院。后来，鲁艺一分为三：音乐部分，1953年在东北鲁迅文艺学院音乐部的基础上，成立了东北音乐专科学校，1958 年更名为沈阳音乐学院，李劫夫任首任院长；美术部分，1958 年发展为鲁迅美术学院；戏剧部分，1950 年发展成为中央戏剧学院。

抗美援朝战争期间，鲁艺从沈阳迁到哈尔滨，抗美援朝结束后又搬回沈阳。

问：在音乐道路上，谁对您的影响最大？

雷老：我不拘于一个导师。我最崇拜聂耳和冼星海，他们是难得的音乐巨匠。我是唱着他们的歌曲长大的。我的创作深受他们的作品启发。

我有幸师从多位音乐大家，寄明和瞿维夫妇、霍存惠、丁鸣、李劫夫、曹正、夏梦渊等音乐泰斗都是我的恩师。

当时，赛克①任鲁艺院长。鲁艺主张学生一专多能。进入鲁艺后，学校安排我跟古筝泰斗曹正老师学习古筝（主攻课）。我选修了长笛，师从夏梦渊老师。音乐部部长李劫夫教我们民间音乐，教务主任寄明教我们作曲。

我们经常到寄明老师家里去。寄明老师的丈夫瞿维教会我们许多音乐知识。我父亲被诬害坐牢期间，幸得寄明夫妇借钱给我交伙食费。

不久，寄明调到上海电影制片厂工作。由丁鸣代理教务主任（后来，丁鸣担任沈阳音乐学院院长），兼任我们作曲课老师。丁鸣是一个非常了不起的伯乐，是我的恩师之一。他发现我具有作曲才能，主张将我转到作曲班专业学习作曲。可是，我的古筝老师曹正不干。曹正对丁鸣说："我就只有这么一个好学生，舍不得！"丁鸣跟曹正讨价还价："我找一个学作曲的优秀学生来学古筝，跟雷雨声对换行不行？"果然，丁鸣找来作曲班优秀学生赵德政跟我对换，曹正这才不得不放我走。

问：这事很有趣。赵德政后来古筝学得怎么样？

雷老：赵德政一直师从曹正学古筝，学习很优秀。后来，他改革笙②很成功，现在使用的笙有 52 个音阶，它就是由赵德政改进的。

问：您本科毕业那年，鲁艺仅选拔出包括您和杨老师在内的 6 位成绩优异学生攻读作曲研究生。您还记得他们吗？

雷老：当然记得。他们是秦咏诚、王忠鉴、王洋和谷音。张茂林老师在英国获得音乐博士，学成归来，教授我们和声、曲式和配器，李劫夫老师指导我的研究生毕业创作。

---

① 塞克，著名诗人、演员和导演，是冼星海最密切、最默契的终生合作者。他们合作的歌曲有《二月里来》《救国军歌》和《生产运动大合唱》等 30 多首。

② 笙，是古老的中国民间乐器，源自中国的簧管乐器，是世界上现存大多数簧片乐器的鼻祖。

问：当年的6位研究生同学，至今只有您还在创作吧？

雷老：秦咏诚曾任沈阳音乐学院院长，创作了许多歌曲，《我和我的祖国》《我为祖国献石油》《毛主席走遍祖国大地》等都是他的作品，王忠鉴曾任沈阳音乐学院教务长，他俩都已经去世了；王洋和谷音都退休了；杨老师把沿海版中小学音乐教材编写出来后就病倒了；我一直在奋斗吧。我的老师霍存惠曾对我说过：不管怎么样，农民每到春天必须播种，才有秋天的收获，我们音乐人如果不播种，就没有收获；你必须努力工作。我永远记住老师当年的教导，守住春天。

问：请分享您的成名作，也就是您的研究生毕业创作《春天来了》，好吗？

（杨老师插话：李劫夫就喜欢两个人，第一个是雷雨声，另一个是秦咏诚。我们搞研究生毕业创作那段时间，大家都找不着雷老师，感到奇怪："雷雨声到哪儿去了呢？"谁知人家写了《春天来了》，还到莫斯科抱了个金奖回来。报纸上又是采访，又是照片什么的，大家都傻眼了……）

雷老：研究生阶段，我们班的4个男生同住一间宿舍。宿舍就在沈阳音乐学院那个塔上。在毕业创作的日子里，宿舍里一幅《春天来了》的挂画让我浮想联翩。画上有大树、青草，还有花儿，一只小鸟正在树上歌唱，很美——我联想到农民春耕的喜悦，联想到工人工作的喜悦，联想到我国当时各行各业都在逐渐复兴的喜悦……这不正是中国建设发展的春天来了吗？当时，不少人的作品喜欢追求大的、洋的东西。而我最熟悉的是古筝，高胡声音明亮悦耳，就来个高胡、古筝三重奏吧。

曲子写好后，我自己弹奏古筝，还找来两位同学一起合作，一位是高胡拉得比较好的唐毓斌，另一位是古筝老师曹正的高材生尹其颖。课余时间来到琴房，我向两位合作伙伴详细介绍了《春天来了》。我们三人约定，谁演奏错了就打屁股。那天排练时，李劫夫刚好到琴房来，对我的作品给予了充分肯定，让我们到他家里去演奏。我还带着《春天来了》登门请教曹正老师，也得到他的肯定和指点。

问：器乐三重奏的形式，您是首创吗？

雷老：不属于我首创，但之前没有这种三重奏形式。我们的优秀老前辈、《兄妹开荒》曲作者安波①老师创作的《渔舟唱晚》是高胡、古筝二重奏，多次到欧洲等地演出，深受欢迎。

问：李劫夫跟《春天来了》还有什么关系？

雷老：《春天来了》能获国际大奖，李劫夫老师功不可没。我写好《春天

---

① 安波，中国音乐学院首任院长、著名作曲家、音乐理论家、音乐教育家、音乐活动家、中国革命文艺事业的组织者、领导者，曾任大型音乐舞蹈史诗《东方红》编导和音乐组长。

来了》，正好赶上辽宁省举办音乐作品评选活动，李劫夫把它上报辽宁省音乐家协会，获得三等奖。随后，李劫夫推荐我们参加辽宁省的音乐代表团演出，还安排我们参加北京音乐周演出，并帮助我们精心设计了舞台和服装：演员穿一套白西服，天使一般；古筝油漆成白色，高胡也染成白色。我们一登台，观众们都笑了，说我们是从卫星城来的，掌声雷鸣。北京音乐周活动结束后，文化部选派我们参加莫斯科"第六届世界青年联欢节"。

临行前，周总理嘱咐我们："你们要多拿几个奖回来。"没想到，我们还真拿了个大奖——演奏金奖。

在莫斯科，我们受到莫斯科市政府的热烈欢迎。演出现场的观众一个劲地要求："再来一个春天。"

苏联《真理报》的记者采访了我。第二天，《中国青年报》全文转载了《真理报》的报道和采访照片。

问：莫斯科比赛评委阵容强大，你们的表演获得评委的一致好评，脱颖而出，非常不简单。《春天来了》具有哪些演奏特点？

雷老：比赛当天，评委阵容的确很强大：苏联的肖斯塔科维奇、普罗科菲耶夫，中国的杨一柳，还有朝鲜、印度等国家的著名音乐家。我们演奏的三个曲子都是我创作、改编的，属于三种不同风格：《春天来了》创作上借鉴福建的《采茶蝴蝶》，另外两个曲子分别是河北的《对花》和古曲《阳关三叠》。

《春天来了》的演奏有两个特点：第一个特点是三重奏，表演形式新颖；第二个特点是双手弹奏古筝。传统的弹奏古筝方法是：一只手按弦，另一只手弹奏。

问：您是如何独创双手弹奏古筝的？

雷老：（笑）这算是我的一个小小创新吧。刚才说过，我刚进入鲁艺读书时主攻的专业是古筝。曹正是中国最著名的古筝教育家、理论家、演奏家、教授。我是他在鲁艺的第一个弟子。他对我言传身教，非常严格。平时练习过程中，我私下琢磨：古筝弹奏只用一只手，还有多根弦没派上用场，如果用两只手弹奏，音乐内容不就更丰富吗？但鉴于曹正老师的威严，我没有胆量将自己的想法告诉他。在一次观摩会上，老师让我演奏我自己写的《渔歌》。我竟自作主张用双手弹奏古筝，就像弹钢琴那样自如流畅，自我感觉良好。弹奏完毕，老师和同学们都感到新颖、惊讶，我却等待着曹正老师的严厉批评。演出结束后，曹正老师不但没有批评我，还对我的独创演奏给予了肯定和鼓励。

问：在莫斯科领奖时，您首先想到了什么？

雷老：在莫斯科圆柱大厅颁奖时，我们三个演奏演员各获得一枚金牌。当时，我心情很激动，首先想到最应该感谢我的恩师：寄明、李劫夫、霍存惠、丁鸣和曹正，还有从英国回来的张茂林老师。没有他们，我就没有获奖的可能。

问：从莫斯科回来，您首先把获奖喜讯告诉谁？是杨老师吗？

雷老：获奖后，我谁都没有告诉，反正报纸上都登了嘛，但李劫夫他们很重视。李劫夫在学校大会上说："《春天来了》获奖了，我希望以后有个《秋天来了》。"其实，我的本科毕业作品是《秋收》，是以四川民歌创作的。在毕业晚会上，同学们合唱的就是我那首《秋收》，词作者张藜，他也是《我和我的祖国》《亚洲雄风》《篱笆墙的影子》《十五的月亮十六圆》《鼓浪屿之波》《草原上有个美丽的传说》等歌曲的词作者。张藜当时是我的指导老师和政治辅导员。我很喜欢他的词，用他的词写过很多歌曲。

我有个师弟叫白诚仁，是宋祖英的老师，写了一千多首歌曲，被称为"湖南民歌之父"。《小背篓》《挑担茶叶上北京》《洞庭鱼米乡》等歌曲都是他写的。1983年，我到湖南采风为电影《李冰》创作音乐时，住在白诚仁家。他还唱起我的《秋收》，但《秋收》并不出名。

（杨老师插话：白诚仁在沈阳音乐学院本科学的是声乐，毕业时被分配到毛主席的家乡湖南，支援湖南音乐工作建设。他深入到各少数民族地区采访、体验生活，对作曲产生浓厚兴趣，后来回母校进修两年，专门学习作曲，特有成就。）

雷老：也是受民间音乐的养育啊。湖南的民歌，白诚仁熟透了。他对湖南民歌贡献很大。

问：李劫夫是您的民间音乐老师，他是不是非常器重您？

雷老：李劫夫很喜欢我，对我要求也很严格。我从莫斯科获金质奖章回来后，他到哪采风都带上我。他还喜欢第一时间把他自己的新作拿给我看。他写的第一首毛主席诗词歌曲是《蝶恋花·答李淑一》。写好后，他拿着曲子到我宿舍来，让我配钢琴伴奏。他后来写的很多歌曲，包括《美国月亮》等，都让我写配乐。他的代表作《我们走在大路上》，第一听众是他夫人，我是第二听众。（笑）

问：1962年春天，广州成功举办了第一届羊城音乐花会。那是继1958年"北京音乐周"、1960年"上海之春"、1961年"哈尔滨之夏"和"天津市音乐周"之后，中国音乐界的又一盛会。您跟李劫夫到广州参加了第一届羊城音乐花会，有什么收获？

雷老：当时，我们正在筹备沈阳音乐周，到广州来的目的是取经。我们带来了《春天来了》《对花》和《古曲》这组三重奏节目，深受广州观众喜欢。我想，这跟广东人对高胡特别熟悉有很大关系。广州当时的经济建设和音乐发展已有新气象，那届羊城花会也有了新气象，给我们办好沈阳音乐周带来了很大启示。

　　羊城音乐花会结束后，李劫夫让我留在广州，配合他写毛主席诗词大合唱。他还计划到海南岛采风。不巧的是，他在广州突然生病了，海南岛的行程却来不及取消，就让我代表他到海南去。海南战士歌舞团安排创作员杨勇陪我采风。杨勇带我走遍了海南岛各个角落。所到之处，淳朴的民风深深地感动了我，收集了少数民族许多优秀民歌，尤其是黎族、苗族民歌，未经洗礼，原汁原味，生活气息浓郁。海南之行，我收获非常大，为我后来歌剧《琼花》的创作积累了大量宝贵素材。这个话题我后面再谈。

　　（杨老师微笑着插话：雷老师那次从海南回来，一推开家门就对我唱"生来就想你……"我好受感动）

　　雷老：（笑）那是我用为杨勇整理的海南民歌歌词谱的曲《生来就想你》："河边草依依，生来就想你咯。想你入了迷，夜夜听鸡啼，生来就想你，死了也想你。想你想得心弦跳，拿根竹子做鼻箫，做鼻箫。鼻箫为你吹，花裙为你围，铃环为你挂，耳环为你坠，山中蝴蝶飞，我满眼是泪水。啊，你这迷人的鬼哟，怎么连头也不回！"这首歌得到李劫夫和刘炽的很高评价，是李劫夫推荐发表的。歌曲写少数民族的爱情，多直白呀！诙谐，夸张，还得到许多人的喜欢。

　　问：李劫夫对您影响最深的是什么？

　　雷老：是他的艺术思想和创作风格。李劫夫写过大量歌曲。20世纪60年代初期，经他精心挑选收入《劫夫歌曲选》的就有200多首。李劫夫会拉提琴和胡琴，没有经过专门音乐训练，也没有进过什么音乐训练班。抗日战争时期，他到人民剧社工作，主要搞美术和戏剧工作。后来，为了宣传抗战，他写起歌曲来，逐步成长为著名作曲家。李劫夫是一位非常勤奋的音乐创作家。他在歌曲创作方面积累了丰富经验，取得非凡的成就。他曾多次对我说过，他有三位音乐老师：第一位是中国民歌和戏曲，第二位是聂耳和冼星海等人的抗战歌曲，第三位是苏联革命歌曲和其他外国歌曲。

　　我从莫斯科获奖归来后，有较多机会跟李劫夫一起深入生活，搞创作实践。他带我外出采风，还写了两个歌剧：到鞍钢去体验生活，写了反映鞍钢人生活的歌剧《炼钢人》；到海边去采风，写了反映海边人民生活的歌剧《海魂》。

　　问：如果说，冼星海、聂耳他们的音乐作品对您的影响很大，那么，现实生活中，在音乐创作道路上，李劫夫对您的帮助是不是更大一些？

　　雷老：李劫夫对我的音乐创作影响的确很大。他的歌曲融汇中西。譬如，他创作的《我们走在大路上》："我们走在大路上，意气风发斗志昂扬，共产党领导革命队伍……"第三句，6 7 | 1 6.1 4 6.1 | 5 － 3，他把西洋音乐融入进来了，这种音节结构其他人是很少用的。他写《沁园春·雪》，也很有讲究，运用了"密不能插针，疏能跑马"的美术理论，"北

148

国风光，千里冰封，万里雪飘……山舞银蛇，原驰蜡象……须晴日——"前半部分密得仿佛什么都插不进去，后半部分舒展开来，感觉辽阔无边。他这些独特的创作思维与技法，我学了不少，受益匪浅。

六、爱上歌剧创作

1956 年，雷雨声以优异成绩研究生毕业，留校当助教。从莫斯科获奖归来，他真正踏上了音乐创作道路，成为我国歌剧创作的一颗耀眼明星，为我国音乐事业作出了杰出贡献。为了开阔观众视野，他将外国优秀歌剧搬上了辽宁舞台。

问：您是如何爱上歌剧创作的？

雷老：研究生毕业那年，我从沈阳音乐学院到莫斯科参赛，在莫斯科待了几个星期，观看了许多歌剧表演。《春天来了》获奖后，我就出名了，几乎每个出国演出团体都要求我们以《春天来了》节目参加。所以，获奖回来后，我又去了几次莫斯科演出。我们所在的演出团还到英国、苏联的大部分城市巡回演出，后来也到日本演出，反响都很好。演出期间，我们观看了世界各地的歌剧表演。歌剧的魅力实在太大了，我不知不觉地爱上了歌剧创作。

1960 年 3 月，在安波的建议下，辽宁省歌剧院成立，李劫夫任首任院长。李劫夫把我调进歌剧院当创作员。我在辽宁省歌剧院一待就是 27 年。

问：我们国家当时的歌剧创作水平如何？

雷老：我国现当代的歌剧创作，是从延安时期安波的《兄妹开荒》开始的，《白毛女》是当时最成功的一部歌剧，为后来的歌剧创作树立了榜样。1948 年由战斗剧社集体创作演出、1954 年经中央实验歌剧院重新创作演出的歌剧《刘胡兰》影响也很大。1964 年，羊鸣创作的歌剧《江姐》得到毛泽东、周恩来等老一辈领导人的高度赞扬，在全国引起轰动。

问：羊鸣是您的学生吧？

雷老：说是我的学生就不太好吧。他现在是著名作曲家。《我爱祖国的蓝天》也是他作曲的。羊鸣当年从空军部队文工团到沈阳音乐学院作曲系进修，他作曲课的辅导员由我来担任。就算我们共同学习吧。

问：当年国内的歌剧创作环境如何？

雷老：有一段时间，我们的歌剧创作主要是配合政治宣传。哪里艰苦，我们创作员就到哪里去体验生活。艰苦奋斗，快速完稿，几个月，甚至一个月就写一部歌剧出来。写一部歌剧，总谱就有那么厚（说到这，雷老抬起左手，用大拇指和食指比试着厚度），一个音符一个音符地写，头发总会唰唰地掉下来。乐队在那边等着你的曲子，如果你还没能写出来，就得一宿一宿地熬夜，所以必须赶出来。后来，国内形势发生了转变，我创作的《情人》就富有人情味了。

（杨老师插话：歌剧的成功需要导演、演员、灯光等都配合得很好。雷老师创作非常投入。我亲眼看见，他写歌剧《情人》时，写到动人之处，眼泪就哗啦啦地流淌下来。）

问：您最满意的歌剧是哪几部？

雷老：根据田汉将电影《红色娘子军》改编的地方戏曲剧本而创作的同名歌剧《琼花》、根据徐怀中小说《无情的情人》改编的歌剧《情人》，这两部歌剧是我所创作的多部歌剧中最中意的。每一部都演出了好几百场，效果很好，培养了一大批观众。我也因歌剧事业的成功在辽宁出了名，所以被选为辽宁省人大代表。

问：《琼花》演出后，获得时任文化部副部长的高度赞扬和群众的普遍喜爱，请分享《琼花》的创作过程，好吗？

雷老：前面我已经说过，1962年，广州的羊城音乐花会结束后，李劫夫由于身体健康原因，让我代表他到海南岛去采风。那次采风，我收集到许多素材，都用在这部歌剧里面。1966年，我和导演、编剧专程到北京去向田汉请教。得知我们的来意，田汉非常高兴，指导我们如何改编，怎么分场。告别时，田汉握着我的手，充满期待地说："你这个年轻人很像聂耳当年，你好好干吧！"得到田汉的真传，我受益匪浅。可是万万没想到，那竟是田汉对我的最后一次教诲。

回到沈阳后，我仔细琢磨田汉对我们改编戏曲剧本为同名歌剧剧本的意见，与另外两位作曲家一起，将我在海南岛收集到的民歌和戏剧素材很好地糅合在一起，谱写了歌剧《琼花》。《琼花》充分显示了海南时代风格特色，在沈阳、大连、鞍钢等地演出了好几百场，深受人民的欢迎。歌剧《琼花》在大连演出时，当时的文化部副部长林默涵和《黄河大合唱》的词作者张光年观看了演出，给予了高度评价，并决定调《琼花》去北京演出。

问：您是如何成为首位将外国优秀歌剧搬上辽宁舞台的音乐家的？

雷老：我当上辽宁歌剧院副院长后做的第一件事，就是将世界著名轻歌剧（歌曲比较通俗、题材轻松、内容抒情的歌剧作品）《风流寡妇》搬上辽宁舞台。我请来最权威的翻译家、指挥家和导演，请来最优秀的演员和最有创意的舞台美术家，从剧本翻译、排练到舞台灯光、服装、道具和化妆，都非常考究。我们将这部歌剧完美地呈现给辽宁和北京的观众，受到观众的热烈欢迎和评论界如潮的好评。轻歌剧《风流寡妇》在北京成功演出后，匈牙利驻北京大使馆的大使非常高兴，专门在大使馆举行了盛大庆祝晚会，彰显中匈文化的成功交流。

七、《迎宾曲》响彻丝绸之路

20 世纪 80 年代，雷雨声为电影《客从何来》创作的主题歌《迎宾曲》，洋溢着改革开放的新潮元素，响彻丝绸之路，深受音乐爱好者喜爱，不愧为经典之作。

问：我们是听您的《迎宾曲》长大的。30 多年来，《迎宾曲》传递的是咱们中国人对五洲四海宾朋好友的热情欢迎与真诚问候，经常奏响在隆重的欢迎仪式上。2008 年 8 月 8 日，中国领导人为出席北京奥运会的各国嘉宾、政要举行欢迎国宴，就是在《迎宾曲》欢乐、喜庆的背景音乐声中开始的。请分享您的创作过程，好吗？

雷老：《迎宾曲》是长春电影制片厂电影《客从何来》的主题曲。《客从何来》讲述了 20 世纪 70 年代，中国秋季出口交易会上外商和港商之间的贸易欺骗案件侦破故事，1980 年上映。剧本作者是广交会工作人员，电影导演是广布道尔基。

1979 年，电影《客从何来》在广州摄制。长影乐团著名指挥家尹升山推荐我给电影配乐。我从沈阳到广州来，导演、演员和我同住在东山宾馆。演员里有不少外国演员，美国的、马耳他的、冰岛的，还有其他国家的。我倾听导演谈这部电影的戏路和音乐要求。剧本里有外国人跳迪斯科的情节，导演要求我用迪斯科的音乐来配合电影情节。可是当时我们还比较封闭，不晓得迪斯科是什么东西。我压力很大。怎么办？外国演员给予我很大支持，有人把自带的迪斯科资料送给我，还有人专门到香港购买相关资料送给我。

我反复学习研究所收集到的资料，仔细琢磨：这个主题歌该怎么写？刚开始时，我用带洋腔的音调来写，可是写了之后自己都很不满意。后来，我回忆起周总理到越南访问时，在欢迎仪式上，越方播放越南的民间音乐欢迎周总理，配合画面，效果很好。我还回忆了当年随访问演出团到英国演出时，所到之处，每个民众家庭都邀请我们一起唱电影《魂断蓝桥》插曲《友谊地久天长》。如果你不会唱，他们就教你唱，一定要让你一起唱。这是英国民众接待外宾必不可少的传统礼节。他们就是这样一种民族情感。想到这些，我茅塞顿开：《客从何来》主题歌是否应当采用广东民间音乐的形式？我马上跟电影《客从何来》剧本作者交流，希望他能按照民间音乐的形式写歌词，可是他说有困难。于是，我跟导演提出回沈阳去找一位词作家来写这部电影主题歌的歌词。我到广州白云机场乘飞机回沈阳，途中遇到雷雨。雨过天晴，透过舷窗，我看到另一架飞机与我们同行。它的机身外围绕着一圈圈色彩缤纷的彩虹，非常美丽，非常壮观。那一圈圈彩虹像彩带一样，仿佛架起了友谊的金桥，让丝绸之路通四海。我的创作灵感随之涌来。回到沈阳，我马上找来老拍档刘文玉，把我的创作思路和意图告诉他，把我在飞机上想到的调子唱给他听。他很兴奋，说："很美，很新颖啊！"他很快就填好了词。歌词体现了中华民族的文化理念，体现了我国改革开放大潮中经济建设的盛况，把我国从古到今的外交发展诠释得淋漓尽致，使主题得到了升华。我很满意。

"花城百花开，花开朋友来"这两句词，是剧本作者写的，我用红线女的粤剧腔调表现出来。"百花开"，通过借鉴红线女的粤曲音调，将传统与现实结合起来。"鲜花伴美酒，欢聚一堂抒情怀。新朋老友，新朋老友诚相待，信义春常在"，"信义"是经商的最高境界，刘文玉把它体现出来了，很好地表现了中国人民的诚意和诚信，提升了交易合作的境界。这是一大贡献。"朋友，朋友"是步步高的音调。"让我们携起手来，把友谊的金桥架五洲，丝绸新路通四海"这句词是我写的。飞机当时在空中可能遇上云霞，经太阳光照射，呈现彩虹，简直是太漂亮了。末尾"啊……"就是我在飞机上所见的那种感觉。这个"啊……"我加得很满意，用了红线女粤曲的音调。这首歌是我在广东音乐的基础上发展起来的，很新颖。

问：我忽然想起了一句话："音乐是语言的终极，蕴含无限的想象空间"，用在此刻也许最为合适？

雷老：的确如此，音乐是语言的最高境界，魅力无穷。周总理到越南访问，首先听到的是越南民歌；我们拜访英国朋友，首先唱的是英国民歌。广东音乐是我们中国的优秀音乐文化，这么美的音乐，应当用它来迎接世界各地的朋友，正好嘛。中国交易会是在广州举办的，跟我们的实际结合起来，是最好的音乐情感沟通。

问：您的最佳拍档是谁？

雷老：当然是刘文玉。他是著名词作者和诗人。他创作了《毛主席走遍祖国大地》《满载友谊去远航》等歌曲。他的作品充满了对人民的爱，对时代的爱。我从创作第一部歌剧《矿山》开始，跟他合作了40多年。歌剧《情人》我也是跟他合作的。我们一起写剧本，一起招演员，合作得很愉快。我俩也是很要好的朋友。

问：为什么电影《客从何来》会走红？而且主题歌《迎宾曲》比电影先走红？

雷老：《客从何来》走红，主要因为内容新颖，电影里有跳迪斯科的场面。刚才讲过，我准备为这部电影配乐后才开始接触迪斯科。在那个年代，对于广大中国观众来说，迪斯科是很新颖的。电影里的迪斯科配乐，有些是我选的，有些是我写的，体现当时时代背景和场景的音乐也是我写的。《迎宾曲》首先走红，最主要是因为1980年和1981年连续两年的春晚以及1980年"五一"文艺晚会李谷一都唱它。中国改革开放后，"友谊的金桥"与世界连接起来了。中国贸易最重要的是以诚相待。"诚信"顺应时代潮流，所以《迎宾曲》这首歌很快就红了。

问：为什么选李谷一首唱《迎宾曲》？

雷老：其实，第一位唱《迎宾曲》的不是李谷一。在李谷一之前，导演曾找过好几个演员试唱，可是都唱不好。其中，辽宁歌剧院一位女演员在我们家里练习了好几天，也还是唱不好。最终，那位女演员难为情地对我说："这首歌太难了，我唱不好，您找别人唱吧。"当时的歌唱演员属李谷一最红。我向导演提出找李谷一唱，导演同意了。那天，我跟李谷一一同乘车前往长春电影制片厂。在汽车上，我给李谷一唱了一遍《迎宾曲》，她第二天就唱好了。李谷一的演唱技巧、技能都处理得很好，进了录音房不到一个小时就录制好了。

问：《迎宾曲》的演唱难度主要体现在什么地方？

雷老：《迎宾曲》难唱，主要体现在它的广东音乐风格和音乐技巧方面。广东音乐四不像，拐弯多。创作过程中，我将广东音乐和西洋音乐糅合在一起，将不同的音调糅合在一起，创作出新的音调，所以演唱起来有较大难度。

问：您是如何跟广东音乐结缘的？

雷老：第一次让我陶醉于广东音乐的是红线女。1957 年，文化部最初安排我们《春天来了》三重奏节目组随中央广播民族乐团到莫斯科参赛。由于政审耽误了时间，结果把我们安排到广东代表团。红线女和我们一道去莫斯科参赛，还跟我们一同住在苏联为各国代表团新建的驻地。她的参赛节目是演唱粤曲《荔枝颂》和《昭君出塞》，排在《春天来了》的后面演出。有机会得以放松享受她的演唱，我听得入了迷。观众们也如痴如醉。红线女的演唱实在是太美了！简直让人神魂颠倒。在莫斯科，红线女的每一次演出我都要好好欣赏。我迅速成了红线女的典型崇拜者，用现在的时髦话来说就是"超级粉丝"。团里干脆给我一个任务，每次演出完毕，都由我负责陪同红线女提前回驻地休息。（笑）

问：广东音乐美在哪里？

雷老：美在广东语言与广东风情的特殊结合。北方的语言，普通话只有四个声调。粤语是一种特殊语言，有七个声调。这种语言产生的音乐很奇妙，听起来非常悦耳，感觉色彩斑斓。

作者："把友谊的金桥架五洲，丝绸新路通四海"，与当前的"一带一路"一脉相承，《迎宾曲》具有新时代特征。现在终于实现了您那时候的愿望。

雷老：对！

八、《光荣啊，中国共青团》夺魁

1987 年 5 月，团中央向全国发出征集团歌的通知，共收到 5 300 多首应

153

征歌曲，经团员代表、团干部代表层层筛选，再经专家评选，选出 10 首候选作品发表在同年 10 月 31 日《中国青年报》上。雷雨声作曲的《光荣啊，中国共青团》名列榜首。1988 年 5 月，在中国共产主义青年团第十二次全国代表大会上，经与会代表投票表决，《光荣啊，中国共青团》得票遥遥领先，最终被确定为中国共产主义青年团代团歌。2003 年 7 月 22 日，中国共产主义青年团第十五次全国代表大会将《光荣啊，中国共青团》确定为中国共产主义青年团团歌。多年来，团歌激励着一代又一代共青团员茁壮成长，继往开来。

问：《光荣啊，中国共青团》（以下简称"团歌"）在 5 300 多首应征歌曲中脱颖而出，充分显示了您的实力。请分享团歌的创作过程，好吗？

雷老：团歌继承了我国革命歌曲的好传统。它的创作主要靠思想取胜。我自小接受共产主义理想教育，形成了正确的世界观、人生观和价值观。这些都在我创作团歌的过程中充分体现出来。当年，团中央面向全国征集团歌，正是改革开放初期，人们普遍追求迪斯科、追求"酷"和"洋"的东西。我认为，新时代年轻人的理想跟战争年代虽然有别，但共青团员必须有崇高的共产主义理想，与时俱进。

团歌，我先后写过两稿。第一稿完成后，我觉得有旁观者的味道，好像是在观看天安门前的游行队伍，缺乏气势，缺乏担当。第二稿，音乐的主题吸收了《大刀进行曲》的精髓，感觉是共青团员自己唱出来的。首先歌颂共青团员自己的豪情壮志，体现了奋斗的意志："我们是五月的花海，用青春拥抱时代。我们是明天的太阳，用生命点燃未来。"紧接着回忆，体现历史厚重："五四的火炬，唤起了民族的觉醒，壮丽的事业，激励着我们继往开来。"1919 年"五四"以后，中国共产党建立，初心不改，是一种革命传承。"光荣啊中国共青团……"运用颂歌题材，浑厚抒情。"母亲用共产主义为我们命名，我们开创新的时代……"主题再现，前后呼应，对青年人寄托希望，与老一辈革命传统交织融合。

问：团歌的创作，为什么选用革命歌曲风格，而不是其他音乐风格类型？

雷老：中国有几种音乐类型：黄色歌曲、流行歌曲、正统音乐和革命歌曲。我认为，最珍贵、最传统的是革命歌曲。中国的革命歌曲是在抗日战争和解放战争中，在中华民族生死存亡的危急关头，革命先辈从心底里唱出来的，是最宝贵的音乐财富，在世界音乐史上留下了及其深刻的影响。"大刀向——鬼子们的头上砍去！"这样的歌曲是肉搏战时产生的，惊心动魄，令人震撼，高度体现了中国人民对日本侵略者的愤慨。

纵观世界歌曲历史，中国革命歌曲的传统是最好的。我至今仍然这样评价。因为它最接近实际。"我是一个兵，来自老百姓""向前向前向前，我们的队伍向太阳"，这样的歌曲最能感动人。

创作团歌时，有人主张写洋气一点。我认为，可适当吸收一些比较流行的轻音乐、时代歌曲元素，但必须继承革命歌曲的优良传统，体现历史的厚重和不断奋进精神。"国家兴亡，匹夫有责"，共产主义是我们的奋斗目标。这也是《中国共产主义青年团章程》的要求。时代在前进，革命情怀不能忘。共青团员要修身、齐家、治国、平天下。现在回首，正印证了我当时的感觉。

问：杨老师，请您从教学角度对团歌《光荣啊，中国共青团》进行赏析，好吗？

杨老师：现在回过头来看团歌，感觉比刚写出来时还要好。团歌经得住历史考验。我从教学角度分析，它有特性，有嚼头，经得起琢磨，符合时代要求，挑不出什么毛病。

团歌确定下来后，我们的老同学纷纷向雷老师表示祝贺。中央音乐学院搞美学研究的张前教授这样评价雷老师写的团歌："你写了一首很伟大的歌曲。随着时间的推移，会被更多人认识，你写得太好了，好极了，非常好。"他一口气用了好几个"好"。（笑）

团歌的词作者胡宏伟是个大才子，年轻而富有才气。他也是《长江之歌》的词作者。他的词不一般。现在回过头来，越看越觉得他的词好，配上雷老师的曲越唱越好。

问：雷老师，您和胡宏伟创作的《光荣啊，中国共青团》被确定为团歌后，作者是否得到过报酬？我听说作者至今仍未收到任何稿费，还真有此事？

雷老：关于报酬，具体情况是这样的：1987年10月，《中国青年报》刊登了前十首得票最高的应征作品，《光荣啊，中国共青团》名列第一，奖品是一台国产金星牌电视机，但我们从未拿过一分钱稿酬。1988年5月，《光荣啊，中国共青团》最终被确定为中国共产主义青年团代团歌。2003年3月，团中央有关部门通知我和词作者胡宏伟到北京对代团歌《光荣啊，中国共青团》作进一步修改完善。后来，考虑到原词已经在广大团员中广为传唱，不要轻易改变为好，最终只字未动。我们在北京期间，时任团中央书记的赵勇同志曾表态奖励我们3 000元，但也不了了之。

团歌的作者，这个荣誉就是对我最好的奖赏，无上的奖赏！能让广大青年团员在歌唱中受到共产主义教育，在歌唱中健康成长，是我作为作曲家的莫大荣幸。我这辈子得到的最高荣誉和奖赏就是团歌的成功写作。我为此深感欣慰。前不久，我应邀到重庆参加了共青团的活动，许多团干告诉我："我们是唱着团歌成长的。"在团歌激昂的歌声中，他们一步一步地前进，从普通团员成长为团的高级领导干部。他们的健康成长让我深感欣慰。

问：您的老师寄明创作了中国少年先锋队队歌，您创作了中国共产主义青年团团歌，这也是传承吧？

雷老：这是非常巧合的传承。寄明是我在鲁艺的恩师。她调往上海电影制片厂后一直从事电影音乐创作。她作曲的电影《英雄小八路》主题歌《我们是共产主义接班人》（周郁辉词），后来被确定为中国少年先锋队队歌。鲁艺这个大家庭，给了我们这一代作曲家很好的成长机会和空间。我们必须把革命歌曲的优良传统继承下来。

我个人的成长过程就是一种传承，从流行歌曲、民间音乐到革命歌曲，从古典乐派到浪漫派，再到印象派，通过学习，我懂得它们各有各的美。但这还远远不够，我还要不断学习，全面传承。

雷老一直坚持工作，几乎忘记了自己的年龄。他的工作热情和工作效率，让我们觉得他非常年轻！难怪他戏称自己是"80后"。

采访即将顺利结束时，黄昏悄悄降临了。珠江上空一抹斜阳，透过雷老家二楼宽大的玻璃窗，恰好映照到我们的采访现场。雷老即兴作诗一首：老骥伏枥日，巨龙舞翩跹。夕阳无限好，希望在春天。

多么美妙的意境！多么令人向往的春天！

临别时，我们跟雷老和杨老师有个约定：共同期待雷老新作《新时代的春天来了》的动人旋律早日奏响。

九、后记：新时代的春天来了

2018年金秋时节，华南师范大学迎来85周岁华诞。与此同时，华南师范大学音乐学院也隆重举办了成立30周年庆典活动。庆典晚会的压轴节目，正是雷老的新作首演——大型颂歌《新时代的春天来了》。在杰出青年指挥家张镇老师准确、精练、激情的指挥下，现任华南师范大学音乐学院院长杨天君教授、著名男高音歌唱家丁义教授和旅欧女高音歌唱家余虹教授等领唱，华南师范大学合唱团和华南师范大学蓝盾交响乐团一百多人，倾情演绎了雷老这部春意盎然、气势磅礴的新时代颂歌。

《新时代的春天来了》是雷老晚年重要的作品之一。应观众的要求，雷老在热烈的掌声中健步走上舞台，分享了他的创作初衷："党的十九大胜利召开后，我和朋友们欢欣鼓舞，心潮澎湃。习主席的报告，像茫茫大海中的灯塔，照亮了中华民族灿烂辉煌的明天，让我们感受到春天的气息。聆听习主席的报告，我深深地被报告中那恢宏的气势、忧国忧民的情怀所感动，它激发了我的创作热情。我们党支部的党员在座谈、讨论时都非常兴奋，支部书记张伟建说出了大家的共同心声：'习主席的报告让我们看到了共产主义的曙光！'我想，我虽然年老了，然而，为我们祖国新时代春天讴歌的心不能老，创作《新时代的春天来了》，也算是我尽一个普通党员的微薄之力！"

雷老一边演唱一边简要介绍了歌曲内容，借助独特的艺术形式，让大家沐浴着新时代的明媚春光："飞雪送来了春讯，春潮涌起了波涛，山峦洒满了花雨，江河唱起了歌谣。春天来了，大地一片欢笑……我们迎来了新时代的春天，我们珍惜这绚丽春光。莫负春情是这般美好，把青春献给复兴中华的梦想！"歌曲末尾部分，是人们在新时代的春天里发自内心的开怀大笑："哈哈……"这样的结尾别出心裁。

雷老洪亮的歌声让我们感受到了春天蓬勃的气势。他激昂幽默的言语，字字句句跳跃着春天的乐符，把观众们的热情推向一个又一个高潮，雷鸣般的掌声经久不息。可是谁能想象，如此激昂、充满欢乐的颂歌，竟是这位86岁老音乐家在他夫人杨老师的病床前谱写完成的。面对苦难，雷老淡定从容应对，积极乐观地向往着美好明天，这是何等坚毅的意志！雷老总是这样，把自己的痛苦深深地埋在心底，化作欢笑，装扮着祖国的春天！歌唱着人民的春天！以博大精深的爱，歌颂着我们祖国新时代的春天！华南师范大学音乐学院现任党委书记梁铁祥教授盛赞："雷雨声教授视艺术为生命，他心里装着的全是音乐。"在热烈的掌声中，我的眼眶湿润了。采访雷老的一些细节不断涌现在眼前——

2018年春节过后，我完成了采写雷雨声教授访谈录《春天来了》的初稿，却惊悉雷老因病住院了。我马上电话联系他。雷老还告诉我，那次采访结束不久，杨老师就住进了医院。

两位都是80多岁的老人，双双住院意味着什么？我不敢多想。尤其是杨老师，近年来屡遭病魔折磨。雷老拒绝我的探望请求，并安慰我，待他病愈出院后再邀请我到他家里做客。我怀着复杂的心情，忐忑不安地期待着。

2018年国庆节期间，获悉雷老和杨老师都回到了他们温馨的家，我赶紧登门拜访。

雷老按照约定的时间站在家门口等候我们，声音还是那么洪亮。

令人惊叹的是，就在手术住院的半年时间里，雷老带病创作完成了《节日的花城》和《新时代的春天来了》等两部音乐作品。

雷老告诉我们，刚刚过去的夏天，在哈尔滨举行的国际小提琴比赛，阵容非常强大。评委都是世界一流专家，优秀的参赛选手也来自世界各地。评委和参赛选手中，有俄罗斯的、日本的、奥地利的、越南的、美国的和我们中国的。雷老的新作——充满广东音乐风格、洋溢着中国人民欢度春节喜庆气氛的小提琴演奏曲《节日的花城》深受评委和选手们喜爱，也迷倒了哈尔滨观众，被指定为参赛者必奏曲目。

那天的访问，雷老显得很兴奋，详细解答了我们的疑惑，还兴致勃勃地跟我们分享了他两部新作的创作过程。

问：杨老师一直身体不好。您每天都要照顾她。今年年初，我们采访您后，您自己也手术住院了。在如此困难的情况下，您是如何坚持创作的？

答：照顾杨老师是我的主要任务，我每天都要到医院照顾、陪伴她四五个小时。我坚持每天早上起床，首先抽出两个小时来作曲。《新时代的春天来了》这部作品，我从 85 岁写到 86 岁，是一部颂歌。灵感主要来自党的十九大。聆听习主席在十九大的报告，我好像看到了共产主义的曙光。我的思想在飞跃。这是我国人民迎来的又一个春天，是音乐创作的春天。我经历了从民主主义革命到新民主主义革命，到社会主义革命、改革开放、社会主义建设的新时代。这些经历集中反映到我的作品上来：我研究生的毕业作品《春天来了》也是一部颂歌，那是我国人民"反饥饿，反内战"，推翻三座大山统治，人民大众当家作主迎来的春天。从《春天来了》，到《新时代的春天来了》，这两部作品，一头一尾，反映了我一生的追求。

问：《节日的花城》和《新时代的春天来了》两部作品同步创作吗？

答：同步创作。

问：《节日的花城》有什么特色？

答：小提琴演奏曲《节日的花城》创作完成时，刚好我大女儿雷小虹从美国回来看望我们。她是小提琴教育家，在美国开办了小提琴学校，培养了很多人才。《节日的花城》经我女儿演奏后，很快就传播出去了。今年暑假期间，在哈尔滨举行的国际小提琴比赛中，这首曲子迷倒了哈尔滨人。许多外国年轻人、演奏者也很喜欢这部作品。《人民音乐》报道了这次比赛的情况：这次又出现了两首传世的音乐作品，一首大提琴的，一首小提琴的，作者都是老作曲家。比赛组委会要求：《节日的花城》这首曲子是每个选手的必选曲目。得到国际性比赛组委会的肯定，我感到很欣慰。这更坚定了我的一种想法：我们中国的音乐，一定要结合世界文化的新成就，在中华民族文化的基础上发展。我也是这样教育学生的。这首曲子正好印证了我所主张的创作思想。

问：您已经退休多年，是什么力量支持您一直坚持创作？

答：习主席一再强调，文艺一定要弘扬主旋律。"国家兴亡，匹夫有责"，实现中华民族的伟大复兴，我们每个人都应该做点事情。我有一个很"顽固"的想法：创作不分年龄，广大音乐工作者一定要为老百姓服务。总有一种责任驱使着我。我有义务去挖掘中华民族的音乐瑰宝，让听众得到美的享受。

我的老师霍存惠跟我说过：不管怎么样，农民每到春天必须播种，才能有收获。新时代的春天来了，我们音乐人也必须努力播种，辛勤耕耘。

问：可是，您不觉得辛苦吗？

答：太辛苦了！再说，我同时还要照顾病人，真的很累很累。但是，假如我的想法只是停留在理论上，我只是嘴巴上跟学生说，而自己没有创作作品出来，怎么能有说服力呢？我的学生蔡乔中现在是星海音乐学院院长，我也给他灌输这种思想：广东的音乐内容这么丰富，你一定要把星海音乐学院的创作搞起来，想办法挖掘潮州音乐、客家音乐、粤剧……

问：完成了《节日的花城》和《新时代的春天来了》两部重要作品的创

作，您是不是应该歇一歇了？

答：目前，我正在创作一部新的重要作品——《南海的歌》。

问：（非常惊讶，十分敬佩！）可否先透露透露新作的内容？

答：我曾经到海南采风十几次，深入小岛、椰寨、乡村、农场、学校、山区体验生活。我有义务把采风过程中收集到的海南民歌精华写出来。《南海的歌》，这部作品糅合了广东音乐和海南音乐的元素，原始的东西比较多，分《序曲》《渔歌》《A调》《悲歌》《情歌》和《赞歌》等十章，几乎涵盖了我采风的全部内容，彝族的、汉族的、苗族的、黎族的，各个民族的音乐各有特色，很有意思。

第一到第三章，《序曲》《渔歌》和《A调》，高度体现海南音乐特色，体现海南人民强悍的性格和海岛居民狂野的情感。为了得到真实的创作素材，我们冒险躲在小岛的沙坑里，半夜打着手电筒记录沙滩上青年男女的对歌。

第四章《悲歌》，是一个老太太在海边的草棚里，孤单地唱出来的，非常悲凉。那天，我跟海南的朋友去采摘芒果。太阳西下的时候，我们来到海边吃芒果，忽然听到一个老太太在不远处的草棚里唱着悲凉的歌。我们静静地听着，没有去打扰她。随后，好几个下午，太阳西下的时候我们都到海边听她唱歌。有一天，我和海南的朋友余佑才走进了老太太的草棚。老太太告诉我们，她无儿无女，那年夏天，丈夫出海遇上台风，再也没有回来……那些歌，都是她自己哼出来的，是她对大海的诉说。

这些东西非常宝贵，都是我亲手记录下来的，假如我不把它写出来，恐怕就会失传了。

问：您当年到海南采风非常艰辛吧？

答：这么说吧，我当年到五指山半山腰采风，山林里时晴时雨，荒无人烟。下雨时，为了不弄湿衣服，我们干脆把裤子脱下来光着屁股涉水过河。都到了那样的环境，你就得想办法适应。如果在半山腰拉大便，准会引来成群野猪……这算不算艰辛呢？

问：（笑）您计划花多长时间来完成这部作品？

答：那就要看我老伴的"命"了。她的身体越来越虚弱，半步都离不开我。我照顾她的同时，尽量争取时间创作，我现在仍然坚持每天创作两个多小时。

作者：老骥伏枥，志在千里。您非常了不起！您不愧为时代的楷模！

雷老：我在鲁艺得到那么多老音乐家的教育，我要对得起他们。我要对得起我的老师。我一直都在奋斗。中国有中国梦，我也是在圆我自己的梦。新时代的春天来了，我遵从我老师的教导——春天必须播种！

作者：雷老师，愿您永远保持着蓬勃朝气，永远工作在春天。再次谢谢您！

不论风云如何变幻，雷老都与时代同步，胸怀理想，不断创作，不断前进，给人民带来欢乐，给未来注入生机。正像他的老师李劫夫在歌剧《星星之火》中所比喻的"革命人永远是年轻，他好比大松树冬夏常青"。

从《春天来了》到《新时代的春天来了》，雷老创作这两部作品的时间跨度超过一个甲子。我们谨以一首小诗作为这篇访谈录的结语，也聊表对雷老的崇高敬意：

岁月匆匆一甲子，春去春来春潮急。
中华大地复兴日，喜看苍松发新枝。

衷心祝愿雷老健康长寿，永葆艺术青春！

2018 年春初稿

2019 年春修改于华南师范大学书斋

陈肖容

著名声乐教育家、星海音乐学院教授

陈肖容，广东南海人，中共党员，1934 年 11 月出生，著名声乐教育家、教授，星海音乐学院原声乐系主任。曾任中国音乐家协会会员、中国声乐学会常务理事、广东省音乐家协会理事，1992 年被评为广东省高教系统教书育人先进教师，享受国务院特殊津贴。

爱倾乐坛　　情系星海

——著名声乐教育家、星海音乐学院陈肖容教授访谈录

> 白鸽奉献给蓝天，岁月奉献给季节，我拿什么奉献给你——我的祖国；
> 江河奉献给海洋，玫瑰奉献给爱情，我拿什么奉献给你——我的学生！
> 我不停地问，我不停地找，我不停地想……
>
> ——题记

陈肖容的个人主要信息入载中华人民共和国享受政府特殊津贴专家、学者、技术人员名录（1992 年卷第一分册），中国高等教育专家名典（1997 年第一分册），《中国音乐家辞典》（第 74 页）和英国剑桥国际传记中心《国际知识界名人录》（1996 年卷）。

陈肖容教授品德高尚，步入乐坛近 70 年，从事声乐教学工作近 60 载，桃李满天下，扬名中国乐坛。培养了唐彪、汤莉、穆红、陈晓、皮晓彩、廖百威、麦子杰等一大批著名演员、声乐专家和主持人，被誉为"岭南声乐泰斗""南国声乐之母"。

退休后的陈肖容教授过着深居简出的生活，阅读、种花是她的挚爱，有时也还辅导个别学生。

2017 年初冬，正值星海音乐学院"甲子风华，星海芬芳"60 周年庆典的大喜日子。在星海音乐学院钢琴系和管弦系原书记崔国汉先生的引领下，我们有幸来到位于广州市沙河顶的星海音乐学院老校区教授寓所，拜访了慕名已久的陈肖容教授。

那是一个阳光明媚的下午，我们到来时，陈肖容教授正坐在家门前，安静地享受着阅读。沐浴着阳光，她亲手培育的兰花正俏皮地投影到她身上，留下隐隐约约的斑驳图案。温暖冬阳，花影叶姿，斑白卷发，老花眼镜，慈祥笑容，展现在我们眼前的一切是那么自然、协调，格外温馨、美丽。我（本文作者之一：王佶）脑子里忽然飘过一副对联："宠辱不惊，看庭前花开花落；去留无意，望天上云卷云舒。"

陈肖容教授的寓所原是一套三房两厅的旧宿舍，经她自己重新设计，装修成五房两厅的时尚住宅。琴房，也是她的书房，四壁书柜整整齐齐分门别类地摆满了书籍。那架她弹奏了几十年的钢琴，早已成为她的知音和忠实伴

侣，也是她的学生幸福成长的见证。

陈肖容教授邀请我跟她并排坐到那架钢琴前面，分享她的喜悦。

她高兴地告诉我们："今年校庆，回来看望我的学生特别多。我很开心！"

我问："都有哪些学生回来看望过您？"

陈肖容教授从书架上抱出几本相册，一边翻阅一边告诉我："他们，都回来过……"

我很不好意思地告诉她："对于音乐，我实在很外行。他们的名字和照片我对不上号，麻烦您介绍一下好吗？"

陈肖容教授望着我，半信半疑，微笑着，如数家珍一般给我们介绍起了她的学生们，以及她自己大半个世纪爱倾乐坛、情系星海的歌曲人生。

一、青出于蓝耀星海

陈肖容教授从事声乐教育工作近60年，接受过她指导或训练的学生遍布海内外，不论是留在国内发展，还是出国留学学成归来，大多数都已成为国家艺术团体或电台、电视台和艺术院校的业务骨干，在国内外各种比赛中获得众多奖项，成为声乐界和流行乐坛的代表人物，是星海音乐学院的骄傲。师德高尚的陈肖容教授备受学生们的爱戴和牵挂。2010年，在陈肖容从教50周年之际，学生们从海内外回到星海音乐学院，回到老师身边，欢聚一堂，在广东电视台成功举办了"陈肖容和她的学生"专场电视直播演唱会，为他们敬爱的陈肖容老师献上一场精彩表演。那别开生面的策划、表演和真情流露，感动了亿万观众。

问：陈教授好！您从事声乐教育工作近60年来，到底培养了多少学生？

答：（微笑）我没有统计过。

问：广东乐坛许多音乐家都是您的学生。请问，您的学生中，哪个最有出息？

答：我的学生个个都很有出息。他们在校期间认真学习，毕业以后认真为国家做事，是星海音乐学院的光荣和骄傲。我也深深地为他们的进步感到欣慰。譬如唐彪，他品德好，学风好，为人师表，学习专一，演出专一，没有贪念。他天资不错，声音也很好。当年，他到星海音乐学院来上学，是一名进修班的学生。在校三年期间，一直跟我学习声乐。我要求他掌握的知识他都掌握得很好。他和我的本科学生穆红同时参加广东电视台"威乐斯杯"专业组全能歌唱大赛，分别获得了冠军和亚军。唐彪现在广东歌舞剧院工作，已成长为国家一级演员、著名男高音歌唱家。他在工作中不断进步，表演出色，获得过许多奖项，例如，全国五一劳动奖章获得者、德艺双馨中青年优秀文艺家、文化部优秀专家、全国十大最受欢迎歌手等。他是中国音乐家协会会员。他的个人简历入载《中国当代名人录》《中国当代艺术界名人录》和《世界名人录》（中国卷）。他多次代表国家和广东省到美洲、澳洲、欧洲、非洲、东南亚等30多个国家和地区演出。在民族声乐的演唱中，他科学地运用美声唱法，形成了声情并茂的独特个人演唱风格，深受海内外观众的欢迎和喜爱。

穆红和陈晓都是我的本科学生。她们大学毕业后留校任教，表现优秀，被教育部派往乌克兰深造，取得硕士学位。在乌克兰留学期间，穆红还在国际声乐大赛中获得大奖。学成归来，她们迅速成长为星海音乐学院的骨干力量。穆红当了民族声乐系主任、教授，陈晓当了声乐系教授兼任党支部书记。

问：听说，穆红还是您的一位特殊学生？

答：没错！穆红和她的母亲廖坤玲都是我的学生。她们母女俩学习都很刻苦，成绩都很优秀。穆红还对我说，希望她的女儿也能有机会成为我的学生。我期待着呢。（笑）

（陈教授随手翻开她珍藏的一本相册，那是2010年在广东电视台举办的"陈肖容和她的学生"专场电视直播演唱会上学生们特意赠送给她的礼物。）

你看，这是穆红，这是李熳。她俩参加第五届"羊城音乐花会"声乐比赛，获专业美声组并列第一名；穆红还参加1994年全国"中华歌会"比赛，获美声组二等奖。

这是汤莉、廖百威。当年，他们参加第一届"省港杯"歌唱大赛分别获得冠军、亚军。

这是王佩，参加第四届"省港杯"歌唱大赛获得冠军。

这是王玉英，参加全国老区民歌比赛获得一等奖，现已成长为江西省艺术学院院长、教授，国家一级演员。

这是李志秀，参加中华全国总工会举办的歌唱比赛获得一等奖。

这是皮晓彩，参加全国沿海五城市大学生歌唱比赛获得冠军，并获得1994年全国"通业杯"电视大奖赛民族唱法三等奖，现已成为星海音乐学院声乐系主任、教授、中国民族声乐艺术研究会理事、中国音乐家协会会员。

这是黄志强，毕业后到广州武警工作，成为一名武警歌唱家，国家一级演员。

这是陈丹，毕业后留校工作，被派到莫斯科深造，取得硕士学位后，回到星海音乐学院来，继续为母校服务，现已成长为流行音乐系副主任。

这是麦子杰，著名音乐人；这是陈前，广东歌剧院著名歌唱家……

作者：这张照片多么温馨啊！汤莉和廖百威亲着您的脸颊，还附上签名："您是老师，更是慈母！"

答：我的学生对我都很好。

问：从众多学生在照片上的签名和题词内容，不难看出您跟他们之间亦师亦友的亲密关系。请问，在平时的教学过程中，您对学生的要求不会很严格吧？

答：不对！我在教学过程中对学生非常严格。我要求学生要上好声乐专业课，首先必须上好品德课。将来不论是当演员，当老师，还是当主持人，当事业取得成功、成名成家后，往往会被观众和他们的学生追捧，他们的言行举止常常被观众和学生模仿，影响极大。作为老师，如果放松对学生的要求，学生就会学得不好，学得不专，成不了才。道德品质败坏的演员或老师成名后对社会危害更大。因此，我反复要求我的学生首先要学会做人，做一个堂堂正正的人。学习是艰苦的，一分辛勤一分收获，有付出才有回报。正所谓"书山有路勤为径，学海无涯苦作舟"。我总是引导我的学生刻苦学习，鼓励他们积极进取，及时制止不良苗头或倾向。我批评起学生来是很严厉的。但是，给生病的学生熬药、煲粥这类小事，我也很乐意做。

作者：难怪您的学生说您是教学中的严师，生活中的慈母！听说您给学生的额外辅导不收取任何额外费用，也拒收礼品。

答：国家培养了我，我必须为国家服务，为我的服务对象服务，为我的学生服务。我是一名老师，培养好学生，帮助学生成长是我义不容辞的责任。如果学生的家庭经济有困难，我会尽力帮助他们，给予一定的资助，甚至吃、住在我家。我怎么能够收取他们的额外辅导费和礼物呢？

二、悲壮旋律育壮苗

陈肖容上有一个哥哥，下有一个妹妹和两个弟弟。父亲陈双玉先生是革命烈士。

陈双玉先生的家族富裕殷实，闻名中外的广州市八大著名旅游景点之一的陈家祠是他们家族的祖产。他较早接受共产主义思想和共产党的进步主张，赞同并支持共产党的事业，积极参加抗日救亡运动，1940 年在香港加入了中国共产党。

陈双玉先生原来在香港九龙海关任职，后被派往广西龙州海关等地工作。他利用工作做掩护，通过各种途径，给共产党的地下工作者秘密运送物资并提供帮助。1939 年 11 月，日本侵略军进犯南宁，龙州海关被迫迁往越南谅山。陈双玉先生带着一家五口（当时陈肖容的两个弟弟尚未出生）逃难到了越南。由于日本侵华局势不断恶化，国土沦陷，陈双玉先生不得不拖家带口辗转奔波于广西、贵州、四川、香港、广州等地，为养家糊口奔波，为抗日救亡尽力。抗日战争胜利后，陈双玉先生被任命为粤海关缉私科代理副税务司长。1948 年 8 月，年仅 40 岁的陈双玉先生因积劳成疾，不幸病逝于广州。中华人民共和国成立后，陈双玉先生被追认为革命烈士。

陈肖容的童年是在逃难中度过的，目睹并亲身经历了日本人侵略中国的苦难，饱受战乱折磨。国破家亡的悲苦在她幼小的心灵里烙下了深刻的印记。她自小就懂得爱与恨、是与非，懂得"祖国"二字的分量，懂得共产党亲。

问：陈教授，您是如何爱上音乐的？

答：（陈教授陷入对往事的回忆之中）说来话长……

问：您父母亲喜欢音乐吗？

答：我父亲喜欢唱歌。小时候，父亲经常教我们唱抗日救亡歌曲，逃难到越南那段日子唱得最多。唱得起劲时，父亲总是挥动双手拍着拍子，边唱边指挥。虽然父亲离开我们已有 70 个年头，但跟父亲学唱歌时候的情景仍然历历在目啊！

问：您小时候学的第一首歌曲是什么？

答：《松花江上》。当时，我们住在越南的防空洞里。在越南谅山的防空洞口，父亲教我唱的第一首歌是《松花江上》："我的家……"当时，我年龄小，还未能完全理解歌曲的全部意义。父亲就给我讲抗日救亡的道理，讲抗日英雄的故事。父亲遥指北方告诉我，那里是我们的祖国，我们的家乡。父亲经常告诉我和哥哥、妹妹，今后不论走到哪里，都不要忘记我们是中国人。我记住了父亲的话和他说这些话时的凝重神情。后来，我哥哥从香港华侨中学毕业后就到香港办事处为共产党工作。我的叔叔陈启云也是共产党的地下工作者，我们全家人都努力为共产党工作。

问：是谁引导您步入乐坛的？

答：1948 年 8 月，父亲不幸去世，当时我才 14 岁，还在念小学。家里的经济收入突然中断，全家七口人的生活陷入了困境，幸得共产党的地下组织给予照顾，帮助我们渡过了难关。我母亲原是家庭主妇。中华人民共和国成立后，国家照顾我们，安排我母亲到海关当职员。由于我还有一个妹妹、两个弟弟都在念书，靠母亲的工资难以维持。我只好中断初中一年级的学业，1950 年 1 月，经（广东）省团委一位曾在香港搞地下工作的同志介绍，到广州青年文工团（后来并入华南文工团）工作。当时文工团里人手很少，要求每个演员都要会唱、会跳、会弹，全面发展。我进入文工团不久，就跟着乐队排练演出了。我是文工团里年龄最小的，也是学习最积极、最刻苦的。为了尽快适应文工团的快节奏演出工作，我抓紧排练和演出的空隙，自己加班加点练功，练唱，练弹琴，还请文工团里的哥哥姐姐们教我学习文化知识。一位同事发现我唱歌好听，就把我推荐给领导。就这样，我成了文工团里一名歌唱演员。

问：还记得第一次正式登台演唱的歌曲曲目吗？

答：《王大妈要和平》！是一支抗美援朝歌曲。我第一次登台是到广州青年文化宫演出，后来还到广州工人文化宫演出（说到这，陈教授清唱起来："王大妈要和平，要呀么要和平……"嗓音甜美悦耳，歌声铿锵有力）。《白毛女》《小二黑结婚》等歌曲也是我当时经常演唱的。

问：您在文工团的工作是单纯的对外宣传演出吗？

答：文工团的工作内容很多，也包括宣传共产党在各个时期的方针政策。我配合文工团完成抗美援朝、土地改革、慰问解放军和广州市的戏剧改革等方面的宣传工作，除了演出之外，主要是深入工厂、农村和曲艺团体、单位搞民主改革。当时，广州粤曲界人员思想比较复杂，我就给他们宣传党的方针，宣传党爱护民族戏曲的政策，确保文艺事业稳定、发展和繁荣。

三、音乐殿堂成新秀

由于表现出色，成绩显著，1955 年，陈肖容被广州青年文工团推荐到上海音乐学院进修学习，学制三年。令人意想不到的是，入学考试时，她的音乐成绩和文化课成绩大大超出本科录取分数线，得到声乐泰斗周小燕等教授的青睐。校方认为她是棵好苗子，有前途，便让她正式参加本科学习，学制五年。那年，上海音乐学院声乐系仅招收 12 名本科生。她坚决服从国家需要，服从学校的安排，师从周小燕的高徒林明平教授学习声乐。

经过系统学习，陈肖容打下了扎实的基础，掌握了科学的发声方法，拓展了演唱模式。院长贺绿汀等专家的关注帮助，周小燕、高芝兰等名师的关心爱护，林明平教授的悉心教导，陈肖容在音乐殿堂里如鱼得水，游刃有余。

问：您在大学阶段给自己树立了什么目标？

答：刚才说过，我的童年饱受日本人入侵之苦，父亲是革命烈士。共产党哺育了我，给了我上大学的机会，我必须好好珍惜，因此，大学阶段我的目标非常明确：刻苦学习，把歌唱好！

问：您在上海音乐学院主要学习了哪些课程？您是如何学好的？

答：我主要学习了中国戏曲、各地民歌、中国现代作品和外国作品等。我原来仅有初中一年级文化程度，没有接触过古典文学和古典诗词，文化基础较差，学习起来非常吃力。可是，我晓得"天道酬勤"，晓得勤能补拙的道理。入学不久，我把古诗"宝剑锋从磨砺出，梅花香自苦寒来"抄写在笔记本的扉页，警诫自己。我从识字入手，首先认读生字、理解生词，然后了解作品产生的时代背景和作者的创作意图，接着理解作品内容就容易得多了。别人下馆子的时间，别人聊天看电影的时间，我统统用来钻研学习问题。通过学习，我感到中国文学很美，尤其是中国古典文学，富有音乐美感。欣赏古典文学，我的音乐理解能力迅速得到提升。

问：音乐学院规定，演唱外国歌曲必须用原文。请您回忆当年学习外语的趣事，好吗？

答：大学期间，我们要学习德语、意大利语、法语、英语、奥地利语、捷克语和俄语等好几门外语，尤其是俄语，要求特别高。我采用笨办法，老老实实将外语单词抄好，贴在蚊帐上，每天坚持读和背。一年四季，我的蚊帐总是贴满了大大小小的"补丁"。我觉得学习外语压力很大，总担心学不好，问俄语老师："我这样学行不行？"俄语老师幽默地鼓励我："你这样学不行，就没有行的了。"

问：大学期间您最常去哪些地方？

答：琴房和音乐室，是我待得最多的地方。当时学校的设备有限，使用琴房和音乐室都需要提前排队。除了吃饭之外的时间，我几乎都泡在这两个地方，刻苦练习。

问：您对上海音乐学院印象最深的是什么？大学期间，您的演出场所主要在哪里？

答：实力很强，这是上海音乐学院给我最深刻的印象。当年的上海音乐学院由贺绿汀担任院长，孟波任党委书记。实力名列中国音乐院校榜首。贺绿汀是著名音乐家、教育家，深受观众喜爱的电影《风云儿女》《十字街头》《马路天使》等都是他配乐的。他的代表作《游击队歌》《春天里》《四季歌》《天涯歌女》和《摇篮曲》等家喻户晓，久唱不衰。

大学期间，凡是学校或上级安排的演出，我都第一时间响应，力求演好。我经常代表学校参加各种演出，深受上海观众喜爱。我主演了当时最引人注目的中国歌剧《草原之夜》，在上海引起轰动，我也因此出了名。《草原之夜》排练成功后，我们还到工厂、农村、部队各处演出，获得许多赞誉。

我外出演出过的地方很多，其中，演出最多的是上海大剧院和上海滩的剧院，井冈山、南京、浙江西湖等地也留下我们演出的足迹。为了配合当年的农村河网化建设宣传，我们还到少数民族地区跟当地群众一起演出。

问：还记得都给哪些中央领导表演过节目吗？您当时的心情是怎样的？

答：我当时感到紧张，同时也感到荣幸，我下决心一定要唱好，结果都唱得很好。那时候，国家领导人来上海开会，上海市委有时晚上安排文艺团体演出节目，一般提前一两天通知我做演出准备。我参加这种演出的机会比较多。我记得周总理观看过我的演出。

问：给中央领导表演节目，您有压力吗？

答：说句实在话，我没有压力。共产党培养了我，单位和学校给了我许多学习的好机会，我应该倍加珍惜，好好学习，出色表演。所以，我不觉得有压力。

问：有没有人嫉妒您？

答：嫉妒我的仅是个别人，羡慕我的人很多，帮助我的人更多。我对关心帮助过我的人一直心存感激，这也是我不敢怠慢，兢兢业业工作，老老实实做人，终身学习的动力所在。

问：还记得排演《幸福河大合唱》的情况吗？

答：当然记得。《幸福河大合唱》是由著名作曲家、指挥家萧白作词，萧白、王久芳、王强和张英民作曲的一部抒情体裁的大合唱。我担任领唱。我们是第一代歌唱这部作品的，是原唱。1959 年，凭录音参加在维也纳举行的第七届世界青年联欢节音乐比赛，我们还获得大合唱一等奖。这是我国作品在国际音乐比赛中首次获得如此高的荣誉。《幸福河大合唱》歌词受新民歌的影响显著，抒情的风格与明朗欢快的色调有机地交织在一起。音乐建筑在苏北民歌的基础上，民族色彩浓郁，洋溢着青年人所特有的热情、蓬勃朝气和青春活力，富有生活气息。《幸福大合唱》分六个乐章，各个乐章都是生活图景式的，同时又有情节上的联系。通过一幅幅生活画面和一个个特写镜头，从多方面揭示劳动人民的精神面貌，出色地描绘了祖国建设的壮丽图景。当年，作者萧白还很年轻，二十六七岁吧。他多次到排练现场跟合唱团的演员们沟通，鼓励我们"注意呼吸和韵律，一定要用情去唱……"我很能领会作品的含义和作者的意图，演唱到位，演唱效果令作者满意，也令观众满意。这部作品获奖，我们真的很自豪。

问：大学阶段，您担任过多部大合唱作品的领唱，并且都是原唱，譬如《井冈山大合唱》《八一交响乐》以及贺绿汀创作的《三陵乡大合唱》等，您感到最困难的是什么？您是如何克服困难的？

答：我从来都不把困难当作困难，我只会千方百计克服困难。每当接到新作品时，我都尽快理解作品的内容，认真体验生活。例如，接到《井冈山大合唱》的领唱任务后，我按照学校的安排，到井冈山体验生活，重走红军路，从大井步行到小井，再从小井步行到黄洋界，认真领会红军当年艰苦奋斗、浴血奋战的大无畏革命精神，同时，沿途虚心向江西的老艺人学习。心领神会作品的真正含义，演唱起来更加富有激情。记得在上海演出《井冈山大合唱》后，老红军们对我的演唱水平给予了充分肯定，称赞我唱出了红军的激情，唱出了江西的味道，唱出了井冈山的神韵。还打听我是不是江西人。（笑）

四、星海故园好园丁

1960 年，陈肖容以优异的成绩从上海音乐学院声乐系毕业，本来有机会留校任教的，可是她主动要求回到故乡工作。回到广州后，她被安排到广州音乐专科学校（简称广州音专，广州音乐学院、星海音乐学院前身）从事声乐教学工作，同时，还要参加广东歌舞剧院的部分演出。历任助教、讲师、副教授、教授，研究生导师，教研组组长、教研室副主任、主任，桃李芬芳。陈肖容教授走遍广东各地，不辞劳苦地培训文艺训练班学员，体验生活，学习方言。她善于学习，善于观察，善于总结，不耻下问，还把教学实践经验提升到理论高度。主要论文有《呼吸是发声的原动力》《谈声乐教学中因材施教原则的运用》《声乐基础知识》等，还编撰了《怎样唱好卡拉 OK》等教材。1992 年，被评为广东高教系统"教书育人"先进个人。

陈肖容教授多次应邀到省外作经验交流，也曾应邀到中国香港、澳门以及美国等地访问、讲学。应澳门市政厅邀请，1995 年，她带领星海音乐学院声乐系师生到澳门参加纪念冼星海诞辰 90 周年"黄河大合唱"演出，并指导澳门的合唱团排练，饮誉澳门。

问：大学毕业回到广州后，您本来应回到原单位工作的，为什么选择到广州音专当老师？

答：我大学毕业时，广州音专非常缺乏老师。我的志愿是跟国家需要紧密相连的。我只有一个信念：国家培养了我，我必须服务好国家，必须忠于职守。

问：从条件很好的上海音乐学院回到刚刚起步的广州音专工作，您有没有失落感？

答：当时的广州音专，只配备最基本、最简单的教学设备，还没有完整的教材可供使用，每个年级只招收五六名学生，学生水平也参差不齐，跟上海音乐学院相比，的确有较大差距。然而，我们有双手，有双腿，差距有什么可怕呢？有差距，我们就自己努力想办法改变现状，尽快缩小差距。消极埋怨是没有用的。我从来都没有失落感。

问：您在参与编写、完善声乐教材方面做了哪些努力？

答：当时，广州音专的声乐系主任是关慧棠老师，我是声乐组组长。我们的声乐教材主要吸纳了上海音乐学院的部分教材内容。在教学过程中，我大胆引入民族音乐和广东地方色彩浓郁的粤曲、小曲和其他广东地方方言歌曲《荔枝颂》《落雨大》等作为教材，在当时的民乐系陈德炬老师等同事的大力支持下，经过不断探索、实践、总结，再探索、再实践、再总结，取得很好的效果；我还引入中国戏曲内容，例如，当时耳熟能详的京剧《红灯记》中铁梅的唱段、《海港》中方海珍的唱段以及《沙家浜》中阿庆嫂的唱段等；我将广东著名作曲家郑秋枫创作的《女话务兵之歌》等作为教学保留曲目。同时，我将艺术与党的宣传工作紧密结合起来。例如，用美声唱法演唱长春艺术学院尚德义创作的花腔女高音作品《千年的铁树开了花》（1971 年发表），深受学生和观众的喜爱。1978 年以后，我和同事们共同努力，进一步规范我们学校的声乐专业教学和考试内容，还对考试和观摩演唱的曲目、种类作了具体要求。

问：学生演唱外国歌曲和地方民歌有特别要求吗？

答：为了保持歌曲作品的艺术风格，所有外国歌曲都要求用原文演唱，例如，演唱《月亮颂》必须用捷克语；中国歌曲中的地方民歌也要求用当地的方言演唱。

问：那么，您是怎样获取方言知识的？

答：我学习方言的能力比较强。任何一首地方民歌，我一般学唱三五遍就记住了。然而，我国方言种类繁多，内涵丰富，不易理解。譬如，"漂亮"，广州方言可以说成：好靓、好睇，还可以说成：靓爆镜；"死"，广州方言可以说成：去世、过咗身，甚至可以说成：走咗、呱咗……方言很深奥，很美妙。学习方言的过程是有趣的，更是艰苦的。方言知识需要日积月累。中国农村的方言最丰富。例如，广东省中山市的民歌这样唱："海底珍珠容易揾。"（说到这，陈肖容清唱了一段中山方言歌曲《月光光》）每到一个新地方体验生活，我都虚心向当地农民和名歌手学习地道的方言。为了向农民学习方言，我常常住到农民家里，跟农民一起吃饭、一起插秧、一起收割、一起撑船、一起捕鱼、一起上山打柴、一起下地种菜。20 世纪 60 年代，我到阳江东平镇渔村体验生活，跟当地渔民一起坐风帆船出海。我是唯一一位出海体验生活的女性。刚开始时，我一坐上船就呕吐，连胆汁都吐了出来，非常难受，但我仍然坚持下来。我提醒自己：我是共产党员，必须能吃苦；当地渔民能坚持的，我也必须坚持。连续出海四个月后，什么风浪，什么日晒雨淋，对于我来说都"胜似闲庭信步"了。方言也自然学会了。渔民们对我非常好，亲切地称呼我"老陈"。到了吃饭时间，如果我出海还没回来，他们就帮我把饭放在锅底温好。我一上岸他们就喊："老陈，吃饭了！"我回广州后，当地渔民还跟我保持友好联系。

作者：听说，曲艺界不少朋友都来向您求教。

答：曲艺界有些朋友来跟我学过具体曲目，我也向他们学习民族的、戏曲的知识。艺术是一个大家庭，大家互相学习，兼收并蓄。20 世纪 80 年代，通俗唱法刚出现时，音乐界颇有微词，有人想揣摩我的看法，我明确表态：赞成"百花齐放"。

问：您跟红线女有过交流吗？

答：红线女是大专家，我向她请教过粤曲《荔枝颂》的演唱技巧。她挺随和的。

问：您的学生毕业后，有唱美声的，有唱民歌的，有唱通俗歌曲的，还有唱戏曲的，而且都取得了令人瞩目的成绩，正是"百花齐放春满园"。您是如何帮助学生丰富实践经验的？

答：我争取一切可以争取的机会把专业教学延伸到教室之外，带领学生们参加一些公益性演出，譬如，每年到中国进出口商品交易会现场表演。每次演出完毕，我都趁热打铁，现场指出学生演唱过程中出现的问题。以演促教，效果很好。我还利用自己的社会影响力，带领学生跟电视台和其他社会文艺单位开展项目合作，让学生获得更多艺术实践机会。

作者：几十年如一日，您牺牲休息时间陪学生外出实践演出，实在是难能可贵！您为学生辛勤付出太多了！

答：在星海音乐学院当老师，为社会培养人才是我的责任和义务。

问：二十世纪七八十年代，为了培训全省各地学员，您不遗余力，足迹遍布粤东、粤西、粤北和珠江三角洲地区的乡村、渔港、农场以及海岛，培养了一批又一批基层文艺骨干，其中，后来担任过星海音乐学院副院长的朱德琨同志就是您当年韶关马坝训练班的学员。您是如何评价那个阶段的教学工作的？

答：那是一个磨炼意志的特殊年代，我们采取了特殊的教育方式。我认为，不管什么年代，人民大众都需要歌唱；不管什么年代，人民大众对声乐艺术的追求永无止境。声乐表演是为人民大众服务的，要唱人们喜闻乐见的歌曲。

问：请谈谈您对声乐艺术的体会，好吗？

答：声乐是一门科学，承前启后，来不得半点虚伪和马虎。我要求我的学生必须刻苦学习，正确理解古今中外的文学作品、诗词歌赋。声乐不仅是嗓音的表现，有时候还需要配合肢体语言。声乐工作者必须广泛学习戏剧、舞蹈、美术等艺术，以便更好地开阔视野，增强想象力及艺术感染力。

问：在多年的声乐教育工作中，您因材施教，帮助学生找到最适合自己的声乐发展道路，积累了丰富的经验，请跟我们分享您的成功例子，好吗？

答：一个称职的老师，对学生的思想、学习和生活情况都应该了如指掌，这样才能引导学生朝着正确的方向努力，帮助学生成长为合格人才。每个声乐学生，他的身体就是一个乐器。一个人天然歌喉的形成因素是比较复杂的，既受情感、乐感和智力等诸多内部因素支配，也跟他的体能和生理因素有关。就一个人的声乐天赋条件而言，天生资质之优劣、音量之大小、音域之广狭、音质之刚柔也各不相同。因此，声乐教与学的个性化要求很强。在声乐教学中，除了遵循一般规律之外，还必须结合学生的特点，坚持因材施教的原则，对不同的学生，采取不同的教学方法和适宜的教学内容，切忌千篇一律、机械教条的做法。新生入学后，为了能尽快了解他们的声音情况和专业水平，我首先把教学目标和要求告诉他们，要求他们每学期都要学会大量歌曲作品，少则十几首，多则二十几首，以便及时发现其特质，挖掘其潜能，相应调整教学方向，少走弯路或不走弯路。我曾经遇到过这样一个学生：外形高挑新秀，初具星相，声音条件也得到很高评价，然而，他唱高音时喉结上移挤喉非常严重，属于"男高音绝症"。在新生观摩会上，几乎所有声乐老师都放弃他了。经过慎重考虑，我还是录取了他，对他采用"独特疗法"：让他强迫性地把喉结放下来并固定，然后从低音部开始练声，待喉结稳定后再往高音部按半音阶往上练习。可是，第一个星期，他找不到声音的位置，几乎发不出声音来，差点连话都不会说了。我鼓励他认真揣摩发声位置的调整变化和肌肉对声音振动的感觉。第二个星期，奇迹终于出现了。大家都感觉他进步明显。3个月后，那个学生的毛病终于被彻底矫正过来。后来，他成长为国内著名歌唱演员。在全国声乐研讨会上，我高兴地跟同行分享了这个经验。

问：因材施教，这就是您带的学生成才率高的又一秘诀吧？

答：我经常告诉我的学生，你们在专业方面学有所成，大半功劳属于你们自己，老师的功劳只占一小半。

问：人们盛赞您爱生如子。您的悉心照顾，已成为学生们永久的甜蜜回忆。听说学生们到您家无偿加课，还可以享受糖水、夜宵？

答：韩愈《师说》中有一句话说得好："师者，所以传道授业解惑也。"老师对待学生，必须宽严相济，才能更好地了解学生、帮助学生和指导学生。

问：您赞成学生外出兼职吗？

答：学生为了解决生活困难外出兼职，辅导小孩子学习音乐，如果不影响学业，我不反对。但我告诉我的学生，许多小孩子的家长收入并不高，每月工资只有三四千元。孩子们想学音乐，你辅导人家一堂课，如果收取人家上千元，人家的生活怎么解决？不好。我要求我的学生收取辅导费不要太高。但是，现在是市场经济，许多事情我也管不了。

问：我不会欣赏音乐，参加音乐会时我都希望演员能平等亲切地跟观众交流。有时候看演出，我发现舞台上有的演员只管自己闭着眼睛唱歌，不把观众当一回事，这种台风提倡吗？演员在舞台上该如何把握跟观众交流的时机？

答：你很会欣赏！我不鼓励这种台风。我不是十分欣赏当下个别新演员的台风，因为他的表演不真实。歌唱演员登台表演，首先必须向观众微笑、鞠躬、问好，表演结束时也要向观众微笑、鞠躬、致谢。演唱过程中，应该根据歌曲节目内容，真情演唱，如果歌曲内容是悲苦的，就要唱到流眼泪。演员眼睛里必须有观众，尊重观众，才能引起观众的共鸣。

问：现在有些年轻人喜欢婚前同居，个别行业人员"闪婚""闪离"比例较高。对于这些问题，您有什么看法？

答：关于婚前同居的问题，我看主要是受西方社会影响。婚姻是神圣的、严肃的。对于"闪婚""闪离"问题，我看不惯。

问：您对现在的青年人有哪些建议和要求？

答：青年人是国家的未来和希望，我希望他们爱党、爱国、爱人民、爱学习、爱家庭。我就是这样做的。

五、再爱仍然是乐坛

高高山顶立，深深海底行。经历过苦难，陈肖容教授更懂得爱和责任。她把对共产党的赤胆忠诚、对祖国的爱融入人生，融进她毕生为之奉献的音乐事业中。在神圣的音乐殿堂里，她遇上了志同道合的好伴侣吴超文先生。几十年如一日，她和吴超文先生互敬互爱，相濡以沫，他们的爱情经受了各种诱惑的考验，为年青一代树立了榜样。

问：听说您和吴超文先生当年是文工团里的金童玉女，是最佳对唱组合？

答：当年，我们俩都称得上是广州青年文工团里最好的独唱演员。他正式高中毕业，文化水平比我高。他辅导过我学文化。我们互相欣赏对方、爱慕对方，工作上互相促进。文工团还经常安排我们俩进行男女声对唱。我们都很敬业，全情投入演绎歌曲，尤其是在排练和演唱方言歌曲的过程中，例如，在演绎《送郎一条花手巾》《慢车游行》等咸水情歌时，我们俩都在不知不觉中流露了真情。我到上海读大学前，我们俩就已经确定了恋爱关系。

问：我还听说，您的个人条件比吴超文先生好，上大学后，你们俩的距离显得更大了。当时，在恋爱的问题上，您可以有许多选择的，尤其是在大学阶段，您各方面都很优秀，追求您的异性很多，您是如何拒绝众多异性的热烈追求的？

答：专一。我告诫自己，爱情必须专一！必须把心思用在学习上。我在上海读大学期间，学校里的确有不少人追求我。不是他们不够优秀，他们都比我爱人优秀，但是，我对爱情很专一。对此，许多人都曾经表示不理解。我坚决拒绝后来的追求者，直截了当地告诉他们："我已经有爱人了。"一个男同学遭到我的拒绝后仍不甘心，继续给我写很多信，对我穷追不舍。我到哪里他就追到哪里。我回来广州工作、结婚后，他还专程从云南到广州来找我，并且对我老公说："我告诉你，你这个陈肖容真是不得了。她就是不理我，你知道吗？"

问：正是"曾经沧海难为水，除却巫山不是云"！后来呢？

答：我那位同学真的非常优秀。后来，我大学一位女同学跟他结了婚。爱情必须专一，必须抵住诱惑。

问：您有崇拜的对象吗？您崇拜谁？

答：我崇拜音乐家，尤其崇拜聂耳、冼星海等大音乐家。

聂耳是中华人民共和国国歌《义勇军进行曲》的作者，这是一首极富创造性的歌曲。在旋律创作上，聂耳吸收了世界各国革命歌曲的优秀成果和西欧进行曲的风格特点，同时具有浓郁的民族特色，节奏铿锵有力，给人以坚定不移、势不可挡的感觉。

冼星海既有民族气质，又有西洋气质。他正确判断并把握了中国大众文化的现实需要，开创了中国大众的革命音乐创作道路，探索了一条中西结合的、有鲜明民族特色、为人民所能接受的民族音乐创作之路。从1935年到1940年的5年间，冼星海写出了《黄河大合唱》等几百首抗战歌曲，气势磅礴，为民族解放运动注入了强大的精神动力。我演唱过他的许多歌曲。

可惜这两位音乐家都英年早逝，生命太短暂。

问：您是一位德艺双馨的声乐教育家，请问，该如何理解"音乐"？

答：我仅是一个普通的声乐老师，做了我该做的事情而已。大家对我的评价不要太高。对于音乐的理解，我想套用一位音乐家的观点：音乐不是奢侈品，不是我们钱包鼓了的时候才来消费的多余物；音乐不是消遣，不是娱乐，音乐是人类生存的基本需要，是让人类生活得有意义的方式之一。音乐善于发现隐藏在人们心灵深处那些虽然丰满，却不可遇见的流动情感，帮助我们确定自己内心的状态。人们越是只关注最基本生存的地方，艺术越显示出其本质，从而成为生活的核心。

音乐的力量是难以估量的。声乐传递的语言、信息更加准确，更加深入人心。譬如，抗日战争时期，《义勇军进行曲》以其高昂激越、铿锵有力的旋律和鼓舞人心的歌词，表达了中国人民对帝国主义侵略的强烈愤恨和反抗精神，体现了伟大的中华民族在外侮面前勇敢、坚强、团结，一心共赴国难的英雄气概，胜似作战动员令。

据有关资料记载，1937 年，淞沪会战爆发后，《义勇军进行曲》成为"八百壮士"孤军营内鼓舞士气的战歌之一。同年 7 月 31 日，因主张抗日救亡而被捕的沈钧儒、邹韬奋、李公朴等救国会七君子获释时，数百名前来迎接的群众一同高唱《义勇军进行曲》。音乐是没有国界的，1941 年，太平洋战争爆发，《义勇军进行曲》在东南亚地区广为传唱。1944 年，马来西亚一支由青年组织起来的抗日队伍将《义勇军进行曲》歌词中的"中华民族到了最危险的时候"改为"马来西亚民族到了最危险的时候"后，将其作为抗日游击队队歌传唱。

由诗人光未然作词的《黄河大合唱》经冼星海谱曲，也成了流传千古的绝响。1939 年 5 月，在延安庆祝鲁迅艺术学院成立周年晚会上，冼星海穿着灰布军装和草鞋、打着绑腿指挥《黄河大合唱》，在场的毛泽东和其他中央首长连声叫好。更有许多人唱着"风在吼，马在叫"，走向抗日战争最前线。许多青年学生则高唱《毕业歌》① 投笔从戎，奔赴抗日前线："同学们，大家起来，担负起天下的兴亡！"

问：如果有机会让您重新选择，您将会选择什么职业？

答：当然是音乐！我对音乐的感情，就如歌曲《我爱我的祖国》所表述的那样："我爱我的祖国，我亲我的祖国，爱你是我一生的寄托。"热爱音乐是我一生的寄托。

问：您是一位坚强的女音乐教育家，是不是也有受委屈或软弱的时候？在工作中，您第一次流泪是什么时候？为什么？

---

① 《毕业歌》：田汉词、聂耳曲（1934 年），是电影《桃李劫》的插曲。

答：我很少流泪。周总理去世时我伤心地流了泪。毛主席逝世时我悲痛地流了泪。共产党的丰功伟绩也会让我激动地流泪。自己的事情我却极少流泪。

问：您的两个孩子都很优秀，但是，他们俩都没有选择您热爱的音乐事业作为自己的职业，您对此感到遗憾吗？

答：我一点都不遗憾。我的两个孩子小时候也学过钢琴。他们学习很自觉，不用我操心。长大后，他们都考上了名牌大学，学的是理工科。我女儿后来到了加拿大发展，很不错的。我们从来不干预孩子们的学业选择。

问：请谈谈您对青少年的家庭教育建议好吗？

答：孩子们应该有他们自己的自由空间。关于青少年学习内容的选择，家人不应该妨碍，更不应该限制他们。孩子们的喜好总有其道理，应鼓励他们向自己喜欢的方向发展，学好了就可以了，而不必要求他们继承家长的喜好。

问：您儿女孝顺，孙辈乖巧，令人羡慕，您为什么不跟女儿到国外享受生活？

答：我这个窝好啊！靠自己的努力，我不但拥有优越的学习、工作和居住环境，而且还能为国家培养出一大批优秀音乐人才。在这里，我的精神生活很富足。更让我感到欣慰的是，优秀的学生就在我身边，他们的进步不断鞭策着我，感动着我，让我的艺术之树常青。我不想离开我的窝。改革开放40年来，我们国家的发展变化很大，社会安宁，经济繁荣，人民安居乐业。尤其是党的十九大胜利召开，标志着当代中国共产党人和中国人民一定能够担负起新的历史使命，建设美好家园。不改初心，牢记使命，以习近平为首的党中央率领全国人民进入中国特色社会主义建设新时代。"一带一路"倡议，决胜全面建成小康社会，实现两个一百年的奋斗目标，这是非常了不起的跨越。我们坚信，中国的明天一定会更好！我现在身体还好，还可以为社会多做一些有益的事情。知足常乐，能有今天，我很满足了。我现在的生活难道不是很好吗？（笑）

作者：很好！真的很好！您爱国爱家，爱岗敬业，是品德高尚"星海人"的一位杰出代表，也是我们学习的楷模。衷心祝愿您健康长寿，幸福吉祥，永葆艺术青春。谢谢您！

2017 年 12 月初稿

2019 年春修改于华南师范大学

杨冠群

肝胆外科专家、暨南大学附属第一医院（华侨医院）
教授

　　杨冠群，教授，主任医师，肝胆外科专家，暨南大学附属第一医院（华侨医院）外科原副主任。1936年出生于粤东大埔县百侯村，1958年毕业于武汉同济医学院。从事外科临床及教学工作60余载，医德双馨，创下医疗零事故、患者零投诉的"双零"记录。为无数患者医治创伤，解除疾苦，深受患者爱戴。同时，锲而不舍地弘扬中华医学文化，自学中医中药知识，并应用于临床实践，取得显著成绩。1983年，作为暨南大学与西柏林市的首批医学交流人员被派往西德交流访问。

杏林春暖

——肝胆外科专家、暨南大学附属第一医院（华侨医院）杨冠群教授访谈录

世界著名爱尔兰剧作家、诺贝尔文学奖获得者萧伯纳告诉我们："在这个世界上取得成就的人，都发奋去寻找他们想要的机会。如果找不到机会，他们便自我创造机会……人生真正的快乐，在于能对一个事业有所贡献，而自我认识到这是个伟大的事业。"

——题记

大约在 2002 年，由于亲友就医的缘故，我们偶然认识了在暨南大学附属第一医院（华侨医院）工作的杨冠群教授。第一次见面，他清瘦的面容，慈祥的微笑，不紧不慢的语速，让人难以将他跟"外科大夫"这个果断、干练的职业对上号。然而，他娴熟的检查手法、对求医者询问的专业回答，以及耐心细致的解释，尤其是对中医中药的灵活运用，让人佩服。

如今，步入耄耋之年的杨冠群教授已退休多年，但他"退"而不"休"，一直忙碌在华侨医院医疗工作最前沿，坚持每周半天坐镇专家门诊，春夏秋冬，风雨无阻，不遗余力地为患者的健康服务。

2017 年暑假期间，我们有机会登门拜访杨冠群教授。怀着好奇，带着疑惑，我们虚心向他请教一些医学问题，有幸得到他耐心详细的解答和指导。应我们的要求，他跟我们分享了他的成长和梦想，他的从医经历，以及中西医结合治疗癌症的体会。他的中华医学文化情结深深地感动了我们。

一、偶遇神奇

中华医学源远流长，博大精深，是我国珍贵民族文化遗产中的一块瑰宝。中医中药学是一个伟大的宝库，早在两千多年前的战国时期，我国就有了第一部医学专著《黄帝内经》。从东汉末年，张仲景写成我国第一部临床医学著作《伤寒杂病论》、唐代第一部妇科专书《经效产宝》、孙思邈著《千金方》到明代伟大的医药家李时珍编写的闻名世界的宝典《本草纲目》，中医中药时时传承着华夏神奇，处处闪耀着中华医学文化的光辉。

可是，相当一段时间，中医中药被冷落，遭鄙视。就在那样的背景下，杨冠群教授却对中医中药情有独钟。

问：杨教授好！您是一位医德双馨，爱岗敬业，深受患者爱戴的好大夫。您学的是西医，并且一直在大医院外科工作，可是，您为什么对中医中药情有独钟？

答：（慈祥地微笑着，娓娓道来）这个问题应该从我小时候的所见所闻谈起。中华人民共和国成立前，我的家乡大埔非常贫穷。那时候，家乡的医生多为土生土长，由师傅带徒弟带出来的，人们有病也常常找中医诊治。可以说，小时候，我对中医中药有了朦胧的认识。中华人民共和国成立那年，大埔来了一位福建医学院毕业的眼科医生。那位医生给我留下很深的印象。

上大学以后，我在医学院学习的课程全部都是西医，没有接触过中医。1958年，我大学毕业，被分配到湖北省武汉同济医院当外科医生，经常随工作队下乡，给偏僻贫穷山区农民送医送药。在医疗工作实践中，有几件事情让我对中医中药有了进一步的认识。

我第一次见识中医中药之妙是在20世纪60年代。当时，党中央要求把大学办到贫下中农家门口。1971年，我随工作队到湖北省保康县马良区重阳公社搞"开门办学"，当时的马良区穷山恶水，非常贫穷落后。能走车子的路尽是崎岖山路，到处都是悬崖峭壁，还经常会遇到四十五度急转弯，险象环生。从保康县城到重阳公社，汽车要在山路上颠簸5个多小时。

当时，我和另外4位老师带领30多名学生到重阳公社去，主要任务是在卫生院和医疗合作社给病人看病治病，有时也跟"赤脚医生"上山采药。一天，我们在重阳公社卫生院接诊一位产道淋漓出血两个多月的女患者。她告诉我们，两个月前，当地"赤脚医生"给她做了人工流产手术，可是一直出血不止。经诊断，该患者因胎膜残留子宫腔内，导致长时间出血，血色素仅20克/升（正常女性血色素为150克/升），属极重度贫血，随时都有生命危险。我们工作队的领导缺乏医学知识，情急之下要求我给患者切除子宫，以求达到止血目的。可是，那个基层贫困卫生院没有麻醉条件，也没有输血条件，根本无法开展手术，并且，我也不熟悉妇产科业务。怎么办？我建议速从县医院调派妇产科医生前来会诊。县人民医院妇产科刘主任经验丰富，不顾自己已怀孕五六个月，亲自出马。风尘仆仆的刘主任一来到卫生院，马上进入工作状态。她综合我们的意见，结合患者的情况，试图采用经阴道"清宫术"取出残留在患者子宫腔内的胎膜，达到止血目的。然而，受到刺激的子宫猛然大量出血，手术不得不即时终止。这时，患者贫血症状更加明显，情况愈来愈危急，转院肯定来不及。人命关天，刘主任冷静地采取"保守治疗"——中药疗法，给患者开了一服中药"生化汤"：当归15克，川芎9克，桃仁9克，炮姜1.5克，炙甘草1.5克，以最快速度给患者水煎服用。首剂见效，止血效果非常显著。从第二天起，患者逐步自动排出滞留在子宫腔内的胎膜。连服 5 剂，就这样，子宫出血两个多月的顽疾，被 5 剂"生化汤"根治了。这个病例让我见识了中医中药之妙，印象非常深刻。

我再次见识中医中药之妙是在 1973 年。当时，我作为湖北省组织的肝癌普查工作队成员到湖北枝江县百里洲参加肝癌普查。一年后，我回到了武汉，收到枝江县百里洲医院傅国华医生的来信。他诉说自己不幸患上了骨结核，脊椎疼痛难忍。同时，他还寄来了在当地医院拍的 X 光片子。从片子上看，患者结核已累及五个腰椎，并形成脊椎旁脓肿，如果施行手术，风险很大。西医建议用链霉素、异烟肼等抗结核类药物治疗，可是，副作用较大。这时，我记得在《陕西中医药》上看过的一篇文章——《骨痨敌治疗骨关节结核有疗效》，可治愈 95% 骨结核，配方如下：北芪、三七、骨碎补、乳香、没药，各 10 克，水煎服（复煎一次，混合），分早晚各一次服用。我按处方给他用药治疗，每天一剂，一个月后，患者自觉脊椎不痛了。继续服药治疗后，病情逐步好转。这次临床实践让我深刻体会到中医中药大有学问，大有可为。

陕西医学院曾就"骨痨敌"配方做过实验、分析研究，结果是：单味药物对结核杆菌没有抑制作用，而五种中药结合在一起却有杀灭结核杆菌功效。

问：中医中药果真如此神奇？

答：其实，中医中药的神奇是很有科学道理的。医生通过"望、闻、问、切"的诊断方法，在辨证之后，根据患者病情的实际情况，按照中药的配伍原则选择药物，酌定用量。中药方剂的组成考究，所选药物布局巧妙，按照君、臣、佐、使顺序排列。"君"是主药，是方剂中对主病或主证起主要作用的药物；"臣"是辅药，是协助主药，加强疗效，起协助作用的药物；"佐"是佐药，是对主药有制约作用或协助主药治疗兼证的药物；"使"是使药，一般是指引经药或调和诸药的药物。因此，中药的配方不一样，疗效也不一样。即便是同样的药物，用量不一样，疗效也大相径庭。

问：中医中药的学问如此深奥。您是如何掌握中医中药知识的？

答：自学，全靠自学。最初，我经常到图书馆阅读中医中药有关的资料、刊物，搜集相关知识。每次阅读，我都做好笔记，摘录、复印相关内容，并应用于临床。而事实上，仅靠别人总结出来的少量几条中医验方，远远无法满足临床上众多患者的需要。于是，我下决心系统自学。几经曲折，终于找到了一套适合自学的"中医临床丛书"。这套丛书由人民出版社出版，分中医内科学、中医外科学、中医妇产科学、中医耳鼻咽喉科学、中医诊断学等，编写得很好，临床使用价值非常高。

问：有人说，中医中药无法量化，对中医中药的疗效也颇多微词，您对此有什么看法？

答：（情绪激动地说）这是不懂中医中药的人对中华医学的无知与偏见。

最近，科学网有一篇文章介绍二十世纪三四十年代中西医的纷争。当时，鲁迅主张"把中医连根拔起"，郭沫若等从日本留学回来的医生也很鄙视中医，主张取消中医。现在有人在美国拿了个生化博士，也把中医贬得一文不值。

其实，评判中西医疗效的方法很简单：任选十种疾病，分别用中医和西医方法治疗，看谁效果好，看谁费用少。

事实上，经过两千多年总结出来的中医中药学，自有一套理论体系，实践经验非常丰富。中医的阴阳学说和五行学说，认为人体是一个有机的整体，人与自然界有着密切的联系，强调整体的概念和辨证施治。通过脏腑学说、经络学说等理论，研究人体五脏六腑跟精、气、血、津、液之间的关系，博大精深，也非常实用。以阴、阳、表、里、寒、热、虚、实这八字，作为各种辨证的总原则，通过望、闻、问、切四种诊察方法，高度体现中医辨证施治的全部精华。这些正是西医所欠缺的。

下面，让我举个例子解释中医辨证施治的特点。譬如咳嗽，西医就只是诊断为咳嗽，治疗方法也只是采取对症措施：止咳、抗感染，实质上治标不治本。中医则对咳嗽进行辨证施治，分外感咳嗽与内伤咳嗽。外感咳嗽又进一步分为风寒咳嗽、风热咳嗽与燥热咳嗽；内伤咳嗽也进一步分为痰湿内停咳嗽、肝火犯肺咳嗽、肺气虚咳嗽以及肺阴虚咳嗽等。对不同类型的咳嗽采取不同的治疗法则，既治标，又治本。

又如，治疗小儿腹泻。有些西医甚至连大便常规都不做，也没弄清楚大便里有没有细菌、有没有白细胞，是不是痢疾，就直接使用止泻、抗生素类药物。而中医在辨证施治过程中的"望诊"很特别：仔细观察小孩腹泻后的肛门颜色，如果是红热者，属于湿热，需用凉药；如果是灰白者，属于寒性，需用热药、温补类药物。治疗原则完全不一样。

这也就是中医"异病同治"和"同病异治"的灵活独特之处。

二、杏林春色

在数十年的临床实践中，杨冠群教授坚持中西医结合的方法，灵活运用中医中药知识，同步关注患者的生理健康与心理健康，积累了丰富的治疗经验。

问：在中医中药的临床实践中，您有什么体会？

答：最深刻的体会就是"神奇"二字。我想用一个例子告诉你们中医中药多么神奇。

1981年，我从武汉调回暨南大学附属医院工作。1985年，患者小张来门诊找我。小张是一位越南籍华裔，20多岁。越南排华期间，联合国把他安置到瑞典，得到瑞典政府的接济。小张到瑞典之后，不幸患上脊椎结核，脊椎尚未变形，瑞典医生未作出准确诊断，只告诉患者没有什么病，以致延误了病情。1985 年，小张腰背疼痛明显加剧，利用回国探亲的机会找我求医。检查发现，他的第一腰椎有个明显的驼峰出现，X 光片见第一腰椎骨质破坏，右腹股沟区有一个直径 5 厘米的球形冷脓肿，血沉 90mm/小时（正常成年男性血沉 0~20mm/小时），属典型的脊椎结核。考虑到患者结核病灶涉及部位较大，且周边组织复杂，不适宜立即施行手术。我建议他先采用中医中药治疗，待病情得到控制后再考虑手术。他听从我的建议，服用"骨痨敌"，每天一剂。连服 7 剂后，右下腹部髂关节处脓肿明显缩小，其他结核病灶也明显见效。服药 15 天，血沉由 90mm/小时降至 30mm/小时，后背部感觉不痛了，脓包继续缩小。此时，患者产生了一种出乎我意料的念头。他说，瑞典的医生耽误了他的病情，回到瑞典后就要找给他看过病的医生算账……我当即直截了当地向他谈了我个人的三点看法：第一，越南驱逐你，瑞典收留了你。瑞典于你有恩，你不应该恩将仇报。第二，瑞典是个高福利国家，医疗水平居于世界前列，结核病已绝迹，他们国家的医生没见过这种早期病例，诊断不准确并不奇怪。第三，你仍然还需要生活在瑞典，需继续依赖瑞典，而瑞典并不应该对你承担什么义务……小张接纳了我的意见，打消了找瑞典医生算账的念头。

经我治疗一个月后，小张探亲期限已到，该回瑞典去了。应患者要求，我详细记录了他的治疗经过和病情变化，并给他准备了 30 剂"骨痨敌"，以供他回到瑞典后继续服用。

小张回到瑞典后，医生给他独制了一件支架背心，并做了手术，彻底清除结核病灶。手术非常成功。

3 年后，小张再次回到中国来，脸色红润，精神饱满，跟第一次见面时判若两人。

后来，小张跟在中国治病期间认识的一位中国姑娘结了婚，生育了两个男孩。一家人继续幸福地生活在瑞典。小张还成为一名瑞典国家工作人员，是瑞典语、越南语和汉语翻译，成为联络瑞典、中国、越南的和平使者。

问：真的很神奇。那么，中医中药的抗癌作用如何？

答：中医中药的抗癌作用也非常独特。有些病人，在西医没有办法治疗的情况下，用中医中药可以取得理想疗效。具有抗癌作用的中药很多，其中，白鹅血治疗癌症效果就很好。

问：就是我们平时饲养的家禽白鹅吗？白鹅血也属于中药？

答：是的，白鹅，就是我们平时饲养的一种草食家禽，白色羽毛。我国民间有"药食同源"的说法，这也是有科学根据的。1962—1963 年间，我在《湖北中医》杂志上读过湖北老中医张梦侬教授（后来担任湖北省中医学院院长）的一篇文章——《白鹅鲜血治愈胃癌一例》（后来，张梦侬教授还有几例白鹅血治疗癌症的报告）。其办法是，每次杀一只白鹅，患者直接吸饮干净新鲜白鹅血。我觉得是新鲜事，半信半疑："中医说的'胃癌'跟西医的'胃癌'是不是一回事？"后来，我从广东省《新中医》杂志的《读者来信》栏目，读到云南省林业职工医院一位医生的文章——《白鹅血抗癌确实有效》，作者的名字我不记得了。文章作者列举了两个例子，一个是肝癌晚期患者，已没法采用手术治疗；还有一个患者是结肠癌晚期，已经肺转移，也没法进行手术。文章作者用白鹅血给患者治疗，都取得了非常满意的效果。其办法是，自养两只白鹅，专业无菌抽取白鹅翅膀与胸脯之间皮下静脉血，每次 20～30 毫升，即饮，两侧轮换抽取，两只鹅轮流供血，每周两次，持续半年。文章作者强调，给白鹅喂食青草和带糠谷米，白鹅的鲜血量更多。两篇文章的作者，一个在湖北，一个在云南，两人互不相识。他们的临床实践案例，让我相信白鹅血的抗癌功效。并且，云南的作者采取白鹅血的办法比张梦侬大夫更先进，不需要太多白鹅，减轻了饲养压力。我考虑到白鹅是咱们南方常见的草食家禽，对病人没有害处，于是决定在临床上实践。我多年的临床实践证明，白鹅血抗癌疗效的确显著。

我举两个例子。

第一个例子：有一位印尼女归侨芦丁妹，是印尼排华期间回到中国的，在我们广东省的英德农场工作。1981 年，她被查出患乳腺癌，左侧乳房，当时癌肿直径达 6 厘米，并且已转移，在左侧腋窝和锁骨下均可摸及 4 个肿大淋巴结，一共有 8 个淋巴结肿大。我给芦丁妹做了常规的西医治疗：先手术切除乳房癌肿和肿大淋巴结，然后接受放疗、化疗。

跟芦丁妹同时住院手术，术后同住肿瘤科一个病房的还有 7 位乳腺癌女患者。至今，芦丁妹是唯一幸存者，术后没有复发，已健康幸福生活了 30 多年。芦丁妹退休后，虽随子女长期居住在香港、深圳或国外，但仍跟我保持联系，每年都回广州来探望我，并且每年都对我说出同样的一句话："感谢你的救命之恩。"（笑）

芦丁妹能够康复，我认为也应归功于白鹅血。她听从我的建议，出院后用白鹅血继续治疗。其实，当时，我对即将出院的 8 位乳腺癌患者都提出建议：回家后继续采用白鹅血治疗。遗憾的是，只有芦丁妹一人愿意尝试并坚持了下来。而其余 7 位没用白鹅血治疗的患者，都在手术后相继去世了。

第二个例子：20 多年前，广东师范技术大学（原广东民族学院）原统战部部长王东圃先生，患胃癌晚期，手术切下的淋巴结中 4 个有转移癌。手术切除后放疗几次，由于患者机体反应太大，不敢做化疗。当时，根据患者手术前后的状况，预测他仅有半年生存时间。然而，患者奇迹般地活了下来，至今仍然健康地生活着。王东圃先生患癌症得以康复，同样也是得益于白鹅血。他出院后接受我的建议，自养了两只白鹅，采用"白鹅血疗法"，连续坚持两年半，果然很有效果。他生活得很开心，现在已经 80 多岁了。多年来，他养成一种习惯，每隔一段时间，就会到我的门诊诊室来露露脸，同时，向其他患者分享他自己当年用白鹅血治疗疾病的经验，给顽疾老患者鼓气，当中医中药的义务宣传员。（笑）

问：您是否对接受中医治疗的患者做过跟踪调查？您的"白鹅血疗法"已经惠及多少患者？

答：我没有做过跟踪调查。跟踪调查需要耗费大量的时间和精力，我耗费不起。我宁可将有限的精力花在对患者的诊断治疗上。

白鹅血治疗肺癌、肾癌等也很有效。据我所知，出院后听从我建议，坚持继续用白鹅血治疗的患者，都取得很好的疗效，但估计人数不算太多。由于我没有对患者出院后情况做过跟踪调查，更没有像芦丁妹、王东圃那样保持联系，所以无法统计真正得益于"白鹅血疗法"的患者人数。再说，大多数患者都不愿意或没条件接受"白鹅血疗法"，非常遗憾。

问：既然白鹅血在治疗癌症方面疗效那么显著，为什么接受该疗法的患者不多？

答：主要原因可能有三个方面。第一，麻烦。关于饲养白鹅的问题，早年我曾经跟华南农业大学联系过，回答说，白鹅肉制作的菜肴，味道远远比不上灰鹅肉。饲养白鹅经济效益低廉，人们普遍不喜欢饲养。因此，患者如果不自养，市场上很难买到白鹅，而自养白鹅是一件麻烦事，鹅粪还容易污染环境。再说，白鹅的静脉比人的静脉细小得多，抽取白鹅血难度较大，很不容易操作。另外，"白鹅血疗法"在临床上运用起来也不方便，如果同时采用几种治疗方法，譬如，将"白鹅血疗法"跟化疗等西医疗法同时进行，说不定白鹅血的作用被化疗破坏、抵消了。然而，更主要的是思想问题。患者对"白鹅血疗法"没有持积极态度。

第二，人们往往容易将它跟 20 世纪 70 年代上海闹笑话的"鸡血疗法"混为一谈。当年的"鸡血疗法"，是从公鸡静脉抽取新鲜的鸡血直接给人体肌肉注射，理由是，可以增强机体免疫力。事实上，鸡血是异体蛋白，直接注射容易造成异性蛋白过敏，产生排斥反应，甚至危及生命。白鹅血虽然也是异体蛋白，但是，通过饮服而不是肌注，不容易造成异体蛋白过敏。

第三，缺乏宣传。如果没有直接见证"白鹅血疗法"的真正效果，往往不容易相信，甚至以为是天方夜谭。我给患者介绍"白鹅血疗法"，曾经遭到患者反问："我到哪里找白鹅？"

有关部门热衷于宣传单细胞克隆、靶向治疗等，殊不知，这些治疗只针对某些有关基因已经变异的患者，疗效一般不太长，往往容易复发，因为肿瘤的基因可能不断发生变异。我想，"白鹅血疗法"是比较治本的方法吧！

另外，偏见比无知距离真理更遥远。鲁迅、郭沫若等个别名人的言论，在某种程度上误导视听。

问：科学不断发展，有没有办法制作白鹅血制剂，让"白鹅血疗法"方便患者操作？

答：理论上有，市场上已有鹅血干粉出售，但干粉疗效可能较差。

问：主要是什么原因？

答：真正运作起来难度很大，制作过程需按生物制剂要求，像加工生产疫苗一样处理保存，费用很高。曾经有专家、学者和热心人士一度热衷于白鹅血制剂的制作研究。

我退休之前，暨南大学化学系有一位教授，曾经跟安徽省一个中草药加工出口研究机构联系协商，拟联合搞一个白鹅血制剂项目。当时，他们很有信心，制定了目标，准备把白鹅血真空干燥，低温冷冻，磨成粉末状，以方便患者服用。该研究机构还饲养了80只白鹅。可是，由于费用和利益分配等难以确定的因素太多，该项目搁浅了。

另外，我有一个朋友，在香港开诊所。他早年毕业于厦门大学物理系，70岁那年才到暨南大学来重新学习医学，还读了硕士、博士，毕业后到了美国发展。他计划在美国好好开展制作白鹅血制剂项目研究，却因突发心脏病去世，无法实现愿望。

我听说我国东北曾有研究机构把白鹅血抽取后做成粉末状的，香港和同济大学也有人做过尝试，可是，由于缺乏宣传，都没有推广应用到临床。

问：可以分享您在中医中药方面的其他临床实践吗？

答：我在临床上采用中医中药治疗，已经形成常态。中国有句俗话："药物都有三分毒"，中药也一样，适量使用有益于治疗，可帮助患者恢复健康，过量使用则会伤害身体。盲目用药，既增加患者经济负担，也会加重患者身体内的解毒和排泄负担。临床上，我力求正确用药、适量用药，尽量减少药物对患者的副作用。

我中医实践的例子很多，就举两个吧。

我们华侨医院党委书记是一位骨科教授、专家。他有个表哥患结节病，从安徽来我们医院就医。西医治疗主要靠激素。那位骨科教授、书记担心激素副作用太大，就让我用中医疗法给患者治疗。我对患者辨证施治，用防己、僵蚕、丹参等软坚散结类药物，治疗了5个月，取得满意疗效。

还有一个例子，我们医院有个梅县老乡王医生，她胸膈淋巴肿大，活检诊断也是结节病，也是找我用中药治好的。

问：为患者解除了痛苦之后，您是不是很有成就感？

答：不！那不会。在病人面前，我常常感到痛苦。尤其是面对着在死亡线上挣扎的重症患者，当疗效甚微的时候，作为医生的我，那种痛苦是难以形容的。医生的职责，一是诊断，二是治疗，三是预防。预防更加重要。《黄帝内经》说："上工治未病，不治已病，此之谓也。"意思是说，高明的医生善于"治未病"，即采取相应的措施，防止疾病的发生和发展。未病先防和既病防变，这也是中医的主要思想。我应该在预防疾病方面多做些工作。

三、结缘医学

杨冠群教授在医学方面的成就源于童年梦想，源于心灵深处的难忘记忆。由于家乡缺医少药，民众深受病魔困扰，童年的所见所闻成为他发奋读书，立志当一名好医生的动力。

细心的患者发现，每到出诊那天，杨教授总会提前来到诊室，并且抓紧利用开诊前的时间阅读随身携带的资料。

问：请谈谈您当初选择报读医学院的原因，好吗？

答：我的家乡在广东省梅州市大埔县百侯村。1953 年，我高中毕业参加高考。当时，对我最有吸引力的有两个专业，一是跟原子弹有关的，二是跟医学有关的。北京大学是我梦寐以求的知识乐园，因此，第一志愿填报了北京大学物理系，但我觉得自己跟北京大学的录取要求比较远。为了保险起见，我第二志愿填报了武汉同济医学院。结果，我被第二志愿录取了。

至于我报读医学院的原因，主要源于我小时候的经历和记忆。第一，家乡缺医少药。中华人民共和国成立前后，大埔县的医生很少是从医学院校毕业的，我觉得自己有义务为改变家乡的医疗面貌做点什么。

第二，我家人饱受疾病困扰。家里几代人身体都不太好：我祖母家族有胃溃疡史，每年冬天发作，连续几个月胃痛严重，经常泛酸，没有胃口；我母亲牙龈发炎，牙痛，几乎夜不能寐；再说我自己，婴幼儿时期患婴幼儿腹泻，营养不良，体质孱弱，到了两岁还不会走路。

第三，中学生理卫生这门功课，我的成绩在班上优势明显，因此，我私下认为自己具有学医的潜能。

另外，我特别喜欢科普类以及小说等书籍，但学习不太用功，也不太愿意多做习题。我之所以报读医学院，还有一个原因就是——听说读医学院不用做习题。（笑）

问：那么，您在医学院学习期间，是不是真的不用做习题？

答：现在回忆起来，整个大学阶段的学习都是很紧张的。当时，医学院功课的特点之一是不必学习高等数学。文化基础课难度都不大。譬如，物理和化学都很简单，化学方面我们学了有机化学、无机化学、分析化学和生物化学等，学这些功课我都不费劲。我希望毕业后能当外科医生，因此，在学习人体解剖学、病理学等医学基础知识方面较用功。课余时间，我总是挑选幽静的地方复习，阅读相关教科书，对老师所教知识、教科书所提及的内容不敢有半点疏忽大意。我喜欢触类旁通地思考相关问题。

问：请分享您在医学院学习阶段的体会，好吗？

答：我在医学院阶段的学习没有什么特别的安排，但是收获很大。刚才说过，我小时候体质屡弱。上大学以后，我严格遵守医学院的作息制度，晚上十点熄灯睡觉，早上六点钟起床做操，体质越来越好了，学习效率也逐步提高。直到现在，我仍然保持在医学院期间养成的作息习惯，不熬夜，不赖床。大学毕业参加工作之后，我从未请过病假。我们外科医生，做一台手术往往需要连续站立三五个小时，甚至十几个小时，我一直都能坚持工作，从未因为身体不适提前下过手术台。

问：您从医60年，跟患者之间有过冲突吗？是否被投诉过？

答：我跟患者之间没有发生过冲突，没有被投诉过，也还没有发生过医疗纠纷或医疗事故。

在医院病房工作，医生和病人之间交流较多，比较容易相互理解，产生医患矛盾的机会较少。有时，病房病人及其亲属看到我们夜里加班做手术，第二天还照样上班，都会说你们医生很辛苦。病房的病人是体谅医生、理解医生的。

但是，门诊或急诊病人往往很急，有时不理解医生，尤其是小孩子患病，家长更容易着急，都觉得自己的孩子是最急的。医生如果给前面的患者解释多一些，后面的患者就会有意见，不耐烦，而轮到他自己就诊时，往往又希望医生多解释他的问题。遇到蛮不讲理的病人，对医护人员的反复解释仍不理解，医生也会觉得委屈，也会有气。如果遇到这种情况，需要旁边的医护人员帮助劝说，避免事态恶化。所以，医护人员本身的修养很重要，要设身处地地理解病人，做好解释。

有人提议在医学院设立人文学科，我认为很有必要。

问：外科是风险较大的科室，您是怎样避免医疗事故的？

答：每次给患者制订手术方案前，我都做好告知工作，实事求是地将有可能发生的问题跟患者或其亲属解释清楚，包括该手术的成功率、失败率，以及我已经成功完成这种手术多少例等，让患者及其亲属对手术风险有一个客观的、理性的判断，不至于盲目乐观。

多年前，我有一个同学患膀胱癌，他60多岁，特来咨询我：我有过心肌梗死史，是手术治疗还是放弃手术？根据他的病情和身体情况，我建议他及早接受手术治疗。理由是及早手术治疗，手术风险相对低一些，有希望提高生活质量，可以有更长时间享受美好生活。如果不及早手术，病程继续发展，老是血尿，等到非手术不可的时候再手术，术前的生活质量肯定降低，而且还增加了手术风险。他接受了我的建议，及早做了手术。手术也很成功。术后他告诉我："术前，你说的跟我的手术医生说的不一样。我手术医生跟我说得非常可怕，好像我这种情况做手术会死，不做手术也会死。如果不是预先咨询过你，我简直看不到希望，肯定没有勇气接受手术。"

事实上，那位医生把不好的一面夸大了，让病人接受不了。

有一个故事说明语言艺术很重要。古代有位将军，打了许多仗，但每次都打败仗，那位将军给皇帝写了一份奏折，总结自己的战事，说："臣，屡战屡败。"一位谋士提醒那位将军：你这样写，肯定会惹皇上生气，甚至革你的职，要你的命，不如改一改，写作："屡败屡战"，效果肯定不同。果然，皇帝觉得那位将军屡败屡战，是个勇士，忠心不二，不但不生气，而且很赏识他。

医生的说话艺术的确很重要。术前，如果医生告诉病人，手术成功率60%，失败率40%，结果，手术失败了，病人很可能就想不通："你不是说成功率为60%吗？怎么失败了呢？"因为这种统计，对于具体病人来讲毫无意义，对群体才有意义。失败了，当事人的损失就是100%。有些医生的解释不到位，是由于缺乏经验。另外，有些药物，100个人用过都没问题，但是，第101个病人在使用过程中很可能会出问题。类似这方面的意外，并不是医生可以把控的。如果第101个病人用药时出事了，医生往往会有心理负担，也很可能不敢再用这种药物了。所以，有人说，做医生时间越长，胆子就越小。

术前告知，对医护人员也是一种保护。至于术前所告知患者本人及其家属的内容是不是应该完全一致，中国的做法和国外的做法不一样，谁优谁劣，有待斟酌。中国人往往对危重患者本人隐瞒部分或全部病情，而把病情详细告诉其特定亲属，理由是担心患者承受不起打击。

问：随着医学的发展，科学的不断进步，医生的分工越来越细，医疗卫生系统的辅助诊断设备越来越先进，患者接受检查的项目越来越多，您对这些问题有怎样的体会？

答：先进的辅助诊断设备有利于帮助医生对患者更快速、更准确地诊断治疗。可是，有时也会因此增加患者的经济负担，弄得不好还会引起患者及其家属误解。譬如，有时候做X光检查，效果不理想；再做CT，仍然不理想；还得再做核磁共振。有的患者就会责问：既然需要做核磁共振，为什么不一步到位，直接做核磁共振了事，让我们花那么多时间，花那么多冤枉钱，是不是你们医院为了多创收，有意这样折腾我们……因此，我开出检验单之前，先给患者解释清楚：检查项目遵循从简单到复杂的原则，先做简单的X光检查，如果看得清楚就没必要再做其他检查；如果不清楚，还得做CT。事先跟患者解释清楚，或者征求患者的意见，可以有效地避免误会。

问：请回忆您最难忘的一次手术，好吗？

答：20世纪中叶，湖北省流行血吸虫病，患者脾脏肿大。每年10月1日到次年5月1日，这段时间天气冷，没有苍蝇，有利于患者手术恢复。我们都下乡，到公社卫生院去，给患者做脾脏切除手术，每天做一例手术。我参加过好几年。

1973 年，我带队到湖北省阳新县的公社卫生院给患者做脾脏切除手术。当时，整个手术室只配备 6 人：主刀医生、第一助手、麻醉师、内科医生、手术室护士长和器械师。严冬的一天，我们采取硬膜外麻醉，给一个还不到 30 岁的病人做脾脏切除手术。患者害怕开刀，麻醉过程中一直喊痛，要求多给点麻醉药。实际上给了 10 倍的麻醉药，可是，由于给麻醉药的管子破损，麻醉师却没有发现，大量麻醉药泄漏到了蛛网膜。麻醉药过量，导致患者心搏骤停，昏迷。情况非常危急，我马上切开患者胸腔，直接按摩心脏，恢复了心跳。同时组织大家抢救：给患者戴面罩，吸氧；给患者耳朵塞上棉花，头部冰敷。没有冰箱，也没有其他抢救器材，我们就地取材，土法上马，将手术室的踩脚凳倒置，铺上一张塑料布，到池塘砸取冰块（患者头部没有伤口，鱼塘里的冰块可以解决问题）……连续抢救了三天三夜，患者才苏醒过来。

当时，我是队长，也是那台手术的主刀医生。抢救成功了我才感到后怕。幸好这个事故发生在手术尚未开始之前，查找导致患者昏迷的原因并不复杂。第二年，我们才给他做了脾脏切除手术。

问：这个病例的经验教训是什么？

答：观察病人一定要严密、仔细，抢救要因地制宜。

四、良医益友

现实生活中的杨冠群教授是一个健谈、坦诚、憨厚而慈祥的长者。他的坦诚往往略带几分童真，让人倍感亲切。他不信神鬼，喜欢的话题遍及哲学、文学、科学、伦理学、经济学等诸多领域。在公众场合，杨教授更喜欢当一名安静的聆听者，正襟危坐，礼貌地倾听，儒雅大度。这种修养并非每个人都具备，不晓得是不是跟他的职业有关系。

杨冠群教授坚持学习，以传播医学知识为己任，致力于净化社会风气，早年经常在《羊城晚报》等报刊上发表跟医学有关的文章。

问：您的阅读量非常大。请问您是如何挤出时间来读书的？您坚持学习的动力是什么？

答：学生时代，上语文课对于我来说是一种享受。我一直对阅读怀有浓厚兴趣。晚上不必上班的时候我就用来看书，其他空余时间我也看书。我还喜欢买书，医学各科的书籍我都买。我一边读，一边在书上画杠杠，写体会。生物学史、医学史、跟医学相关的传记、文学作品、科普作品等对我的思维方式、医疗水平都有很大帮助。

譬如，著名科普作家、生物学家高士其的《菌儿自传》《高士其全集》

等，对我在临床使用抗菌类药物具有非常重要的指导意义；《巴斯德传》对全面了解狂犬疫苗发明者、化学家、生物学家、免疫学家巴斯德的情况，了解狂犬疫苗的发明过程，对狂犬病等的预防和治疗有着重要的意义；开明书店出版的《配尼西林的故事》，讲述了细菌学家弗莱明怎么样发明配尼西林，对了解青霉素的发明经过和医疗效果，对有效地避免药物在临床使用过程中的副作用，对培养医学兴趣、启发思维很有帮助。

在临床实践中，我越来越觉得有机化学知识对我中西医结合的临床运用很有指导、帮助。为了增加有机化学知识，早些年，我到处搜寻由北京大学邢其毅教授（早年留德，曾参加研制合成胰岛素）主编的《基础有机化学》一书。该书销量很大，已经出了第三版，我多次到广州各家书店查找仍然买不到。后来，我终于在暨南大学的旧书摊上以三折的价钱买到了——那是暨南大学学生毕业时转售的教科书。我带着临床上的困惑，再阅读这些书籍，理解不一样，收获也不一样。通过自学，我了解到，我们日常生活中的许多食物其实都具有抗癌作用。例如，熊果酸是一种抗癌物质，主要存在于芦笋、苹果皮、红枣等蔬菜、水果中，另外，还有四五十种中药也含有熊果酸。有一种说法是："一天一苹果，医生远离我。"

问：如果请您给当代医学院学生做一次讲座，您最想表达什么？

答：我想给年轻的大学生们提四点建议。

第一，树雄心，立壮志。医护工作职业高尚，医学院学生应树立远大志向，以钻研、破解医学难题为己任，维护人民身体健康。现在的教学条件和科研条件都比我们那个年代好多了，查找资料非常方便，应珍惜学习时光，熟悉医学史和生物学史。可是，我曾经在暨南大学校园内遇到早晨醉醺醺地从外面回来的学生，估计是通宵在校外喝酒、聊天。我为他们感到痛心。现在有些大学生体质比较差，主要原因是作息安排有问题，熬夜、饮酒、抽烟。有研究表明，睡眠不足，易患抑郁症。

第二，重外语，多阅读。学好外语对阅读外国文献、查找相关资料、提高医疗水平很有帮助。医学院学生应加强外语学习，及时吸收外国医学信息。还应扩大阅读范围，多阅读文学作品，例如人物传记（尤其是跟医学相关的人物传记）、科普作品以及跟医学相关的其他资料，开阔视野。

第三，重基础，活应用。牢固的医学基础有利于医生更好地提高医疗水平。医学院学生应学好基础知识，珍惜教科书，经常温习，可是，不少学生忽略了这一点。我听说，现在学生毕业后流行扔课本、烧课本，真是不可思议。

同时，医学院学生应加强语文知识学习，规范使用汉字，正确使用语法修辞，保证病历书写表述准确、到位，避免歧义。现实中，经常会遇到一些错误的表述，让人产生歧义。例如，"糖尿病的进展"（应为"糖尿病研究的进展"）、"某某细胞的新机制"（表达不到位，应为"某某细胞新发现的机制")、"死亡人数上升至……"（对意外事故现场挖出的尸体数量表述不当，应为"死亡统计人数上升至……"）、"减少……倍""下降……倍"（增加才可以用倍数）。我很推崇中华人民共和国成立初期朱德熙、吕叔湘著的《语法修辞讲话》一书。

第四，中西医，结合好。建议医学院学生都学点中医中药知识。对于急性、危重疾病，西医疗效较好；而对于慢性疾病，中医效果更佳。临床上，中西医结合的治疗方法最理想。

问：您工作很忙，还是《羊城晚报》热心撰稿人，是什么原因促使您给报社投稿？

答：我是《羊城晚报》的热心读者。给《羊城晚报》投稿，是因为我觉得自己有一份责任。作为医生，我有责任澄清文学作品里的错误。我跟你们分享一些例子。我看过一部电影，说末代皇帝溥仪的一个妃子患了结核病，咯血。溥仪给她用药治疗。电影脚本把溥仪用的链霉素写成青霉素。我一看就知道编剧不懂医学，应该给予纠正，以免误导观众和读者。我在文章中指出编剧的错误：青霉素比链霉素早发明。青霉素（1941年发明）没有抗结核作用，链霉素（1945年发明）才有抗结核作用。《羊城晚报》副刊编辑把我的文章标题改得很有趣——《末代皇帝用错药》。还有，《羊城晚报》副刊曾刊登过一篇文章《梁启超之死》，把梁启超之死归咎于中西医结合治疗。我读后写了一篇文章《再论梁启超之死》，指出文章作者没有弄清楚史实，希望以此维护中医中药的真实性、严肃性——据有关史料记载，梁启超死于手术事故：他患肾结核，病肾需手术切除。结果，主刀医生误切了好肾，留下病肾，加重了病情，导致不治。

问：读者对您的文章有什么反应？

答：读者的反应有时让我感到意外。大前年，有一个病人特意从江西来，到门诊诊室找我。见到我时，他很激动，说："杨医生，我找你找得好苦啊！我是读了你的文章后专程从江西来看你的。我30年前得过结核病，现在还需不需要吃药？"原来，早在十几年前，我在《羊城晚报》读了一篇文章，介绍广州员村一位老中医用中药治疗骨结核和癌症的故事。之后，我也在《羊城晚报》上发表了一篇文章《骨痨敌抗结核确实有效》，没想到那位江西读者一直记在心里，还专程到广州来找我。

作者：那是读者对您的信任！

答：读者的信任让我深受感动。

问：当前，各式各样的保健品众多，鱼目混珠。您是如何评价保健品的？

答：这个问题不能一概而论。有的保健品确实能够起到保健作用。例如，有一种叫作"姜黄素"的保健品，原产于美国，每粒售价一到两元。我多年的临床实践证明，"姜黄素"对提高机体免疫力非常有作用，并且具有抗癌功效。

问：在工作中，您最遗憾的是什么？

答：我最大的遗憾就是没能给年轻同事更多的帮助。

问：作为临床经验丰富的老专家，您是如何看待和评价"安乐死"的？

答："安乐死"，是一个复杂的、严肃的话题。首先要看病人患的是什么病，如果是恶性肿瘤晚期，我个人认为是可以考虑"安乐死"的。

由于科学的发展，可以借助冷冻技术将暂时没有治疗效果的恶性肿瘤患者冷冻起来，待一二十年甚至更长时间以后再帮助其复苏。这是一个趋势，对于恶性肿瘤患者无疑是一个福音。国外已有多例报道，我国山东省也正在尝试一例。这样，问题就来了，恶性肿瘤晚期的病人，哪些可以挽救过来，哪些完全没有希望呢？

另外，有些国家对恶性肿瘤患者严格保密，既不让其知道自己的病情，也不用药治疗。确诊后，只是陪伴其到风光秀丽的旅游胜地去旅游，旅游回来后，有些患者的肿瘤消失了。这样的报道不止一例，国内外都有。事实上，出去旅游，环境改变了，心情舒畅了，空气中的负离子等增强了身体免疫力，在不知不觉中起到了治疗作用。虽然荷兰已对"安乐死"立法，但"安乐死"涉及遗产、伦理等诸多问题。实施安乐死必须非常慎重。

问：关于"享受"，您是如何理解的？老年人该如何自我调节心理健康？

答：我个人认为，做自己喜欢的、感兴趣的事情就是享受，前提是自己的生活不能太苦。从某种意义上来说，结合自己的生活实际作出选择就是一种享受。

有人做过调查分析，中国青年普遍喜欢选择报读财经类专业，其目的是尽快摆脱贫困，或早日过上富裕生活，而美国青年对专业的选择更侧重于兴趣。

问：对于老年朋友，您想说些什么？

答：我想讲一讲关于老年朋友补钙的问题。对于老年人和骨质疏松患者，不应单纯补钙，而应同时服用"骨化三醇胶囊"（又叫"罗盖全"）。因为钙在肠道吸收需要维生素 D 的帮助，但食物中的维生素 D 或通过晒太阳在人体皮肤制造的维生素 D 本身并无活性，须经人体肝脏羟化成 25 羟基维生素 D_3，再经肾脏羟化成 1、25 双羟维生素 D_3 才有活性。老年人羟化功能减退，致钙吸收受阻，骨质脱钙疏松。

另外，我还想告诉老年朋友，合理使用中药制剂"通心络胶囊"和"血脂康片"等，对老年人心血管疾病有很好的防治作用。

作者：杨教授，非常感谢您接受我们的访谈。

2017 年秋初稿

2019 年春修改

陈运彬

广东省妇幼保健院副院长

　　陈运彬，祖籍海南，1961 年出生，广东省妇幼保健院副院长、儿科主任医师、教授、博士生导师，九三学社广东省委常委、广东省政协委员。1983年毕业于广州医学院医疗专业，长时间在广东省妇幼保健院从事儿科工作，先后主持过 19 项国家级和省级科研项目，荣获 2006 年度宋庆龄儿科医学奖（国家级）和广东省科学技术奖二等奖、2005 年度广东省科学技术奖三等奖、2007 年中华预防医学奖三等奖、2010 年广东省优生优育协会金域奖三等奖、2012 年度广东省科学技术奖三等奖和广东省优生优育协会金域奖二等奖。在2018 年中国首次医师节上，他又获得了首届广东省医师奖（全省仅 50 名医生获奖）。

白求恩式好医生

——著名新生儿科专家、博士生导师、广东省妇幼保健院副院长陈运彬主任访谈录

1939 年底，加拿大共产党员、著名胸外科医师诺尔曼·白求恩在中国抗日前线医治八路军伤员时被感染，不幸逝世。毛泽东主席怀着无比悲痛的心情撰写了《纪念白求恩》一文，高度赞扬"白求恩同志毫不利己专门利人的精神，表现在他对工作的极端的负责任，对同志对人民的极端的热忱……一个人能力有大小，但只要有这点精神，就是一个高尚的人，一个纯粹的人，一个有道德的人，一个脱离了低级趣味的人，一个有益于人民的人"。

——题记

    2017 年 9 月，陈运彬荣获中国首届"白求恩式好医生"提名奖。在全国众多医生中，获此殊荣者仅 283 人，真可谓凤毛麟角。

    陈运彬出类拔萃，是广东省儿科的领军人物，在广东乃至全国重症儿童和新生儿治疗领域昂霄耸壑。在繁忙的工作之余，他同时兼任中华医学会围产医学分会第六、第七、第八届常务委员，中国医师协会儿科医师分会第二、第三届委员会委员，广东省医师协会儿科医师分会第一、第二、第三届主任委员，广东省医学会围产医学分会第五、第六届主任委员，广东省新生儿（ICU）质量控制中心专家组组长，广东省优生优育协会常务理事兼专家委员会副主任委员等十多个职务，现同时担任《中国妇幼保健》《国际医药卫生导报》副主编，《中华临床医师杂志》《中华新生儿科杂志》等国家级专业杂志和《广东医学》等四家省级医学专业杂志编委，中华医学科技奖评审专家、中华医学会医疗事故鉴定专家库成员。

    2018 年新年伊始，在陈运彬当选政协广东省委员、参加政协第十一届广东省委员会常务委员会第二十四次会议之际，他在广州市广园西路 13 号的广东省妇幼保健院（以下简称"省妇幼"）越秀院区办公室接受了我们的采访。

    陈运彬惜时如金。为了掌握更多的医学知识，及时了解医学动态，他总是在百忙之中见缝插针地钻研业务，阅读相关资料。走进他的办公室，首先映入眼帘的是一摞摞跟医学有关的书刊、杂志。他一边收拾桌面上的资料，给我们挪出摆放笔记本的位置，一边介绍情况。

一、信念坚定勇创新

1993 年，已取得 10 年儿科临床经验的陈运彬到上海医科大学（现复旦大学）附属儿科医院进修。有机会跟中国顶级儿科专家一起探讨、研究儿科（新生儿）的疑难杂症，他如鱼得水，丰富了阅历，开阔了视野，拓宽了思路，对新生儿救治工作有了独到见解和敏锐触角。从上海进修回来，在广东省妇幼保健院领导和同事们的大力帮助和支持下，陈运彬领衔组建新生儿科，专门从事危重新生儿的抢救和治疗，并首创了"危重新生儿院前急救新模式"，填补了国内新生儿治疗工作多项空白，已为 4 万多名新生儿患者赢得了宝贵的救治时间。广东省新生儿死亡率和致残率降幅巨大。2006 年，该项成果相继获得"首届中国宋庆龄儿科医学奖"和"广东省科学技术奖二等奖"，此项革命性技术已经向全国各地推广应用，为全国的危重症新生儿带来了生命的曙光，挽救了数以百万计的新生儿患者性命。

问：20 世纪 80 年代，男医生普遍喜欢选择外科和内科。1983 年，从广州医学院毕业后，您为什么选择儿科？

答：大学毕业时，我被分配到佛山市妇幼保健院工作，两年后调往广东省妇幼保健院，当时广东省妇幼保健院只有儿科和妇产科。相对而言，我比较喜欢儿科，从此，跟儿科结下不解之缘。

问：2001 年，您是广东省最年轻的儿科主任医师之一。2006 年，您担任省妇幼副院长职务时还未满 45 岁。成为年轻的三甲级医院领导之前，您曾任省妇幼新生儿科主任、大儿科主任。从普通儿科医生到儿科学科带头人，您用了多少年时间？

答：18 年。我刚满 40 周岁那年晋升为儿科主任医师。按规定，大学毕业满 5 年就有资格申报晋升高一级别医师。由于那个年代职称评审机制还不够健全，1988 年，也就是我大学毕业 5 周年的时候，医学界暂停职称评审申报工作。1991 年恢复评审，那年，我刚好 30 岁，顺利晋升为主治医师。2001 年，我 40 岁，晋升为主任医师。从住院医生、主治医师、副主任医师、主任医师到学科带头人，我用了 18 年时间，是广东省当年最年轻的儿科主任医师。

问：既然有儿科，为什么还要组建新生儿科？

答：儿科的诊疗对象是出生后到 14 周岁患者，包括新生儿。所谓新生儿，是指出生 1 个月内的婴儿。儿科的死亡率较高，其中，死亡率最高的是新生儿，占儿科死亡人数的一半。尤其是早产儿，死亡率更高。当时，国内的医院只有儿科（现在称为大儿科），新生儿患者归属儿科。新生儿疾病临床研究工作零散纷乱，抢救和治疗困难重重。成立新生儿科是大势所趋。

问：作为年轻的新生儿科开拓者，您和您的团队所做的许多工作都是国内领先的。当初组建新生儿科最大的困难是什么？

答：最大的困难是缺乏师资，设备跟不上，社会和患者对我们的期望值很高。我是科室负责人，带领五名医生，七八名护士，靠人工摸索，一步一个脚印地前进。吃了不少苦，也总结了许多经验教训。

问：多年来，您诊治过近万例危重新生儿，并且大部分是早产儿。危及早产儿生命最常见的疾病有哪些？

答：最常见的就是早产儿肺功能异常，医学上称为新生儿肺透明膜病。由于孕龄不足，早产儿往往肺发育不成熟或肺功能不完善，肺表面缺乏活性物资，失去张力，整个肺无法正常鼓起来，鼓起来之后也无法收缩回去，从而导致呼吸困难，呼吸窘迫，甚至呼吸衰竭。呼吸衰竭是严重危及新生儿生命的疾病之一。

问：是什么原因导致新生儿肺功能异常？

答：刚才说过的早产儿肺发育不成熟是主要的原因，另一个原因是剖宫产。世界卫生组织曾经做过调查，中国的剖宫产率为 46.5%，远远超出世界卫生组织对剖宫产设置的 15% 的警戒线。剖宫产儿出生时没有经过母亲的产道挤压，肺泡及小气道内残留的肺液比较多，导致气道变窄，气体流动阻力增大。剖宫产儿容易出现新生儿湿肺，部分晚期早产儿也会出现新生儿肺透明膜病变或感染等。其中，新生儿肺透明膜病变在治疗上还很棘手，加上早产儿各器官发育不成熟，免疫功能低下，容易出现各类并发症，目前仍然是死亡率高的主要原因。

问：您主持创建的广东省妇幼保健院新生儿科，现已成为华南地区最大的"新生儿抢救治疗中心"。"危重新生儿院前急救新模式"填补了国内新生儿运转工作的空白。这个"模式"到底是什么意思？

答："危重新生儿院前急救新模式"，就是组建一个专门的新生儿抢救转运团队，在救护车里配置专门的新生儿转运设备，由经过 ICU 专业培训的医生、护士直接负责全程转运和救治，对危重新生儿患者随时施行就地抢救，待其病情稳定后再护送回重症监护病房继续治疗。实际上就是将移动的新生儿监护病房送到危重新生儿身旁，包括新生儿的专业救护人员、设备等，这个与"120"是完全不同的危重病人转运体系。省妇幼与省内外的基层医院（包括部分三甲医院）共同组建运转网络，设立 24 小时救治服务热线电话，随时由新生儿专业医护人员到全省各地医院或外省医院接运危重新生儿患者，每年转运新生儿患者 1 000 多例。

问：在危重新生儿转运救治方面，您属于第一个"吃螃蟹"的人。请分享您的成果，好吗？

答：这个成果属于我的团队，我的团队很强大。1993 年，我到上海医科大学第一附属医院进修半年。当时，上海医科大学儿科综合水平在全国名列第一。我有幸师从著名儿科专家樊绍曾、邵肖梅等教授，通过学习加深了对新生儿疾病防治问题的认识，提升了重症新生儿的抢救技能。从上海进修回来，在我们医院领导的大力支持下，我带队组建了新生儿科，为救治到我院就诊的重症新生儿患者赢得了宝贵时间。省妇幼新生儿科是广东省"十一五"唯一的儿科方向重点专科。1996 年，省卫生厅将广东省新生儿抢救护理中心挂靠在广东省妇幼保健院新生儿科。2006 年，省卫生厅再将广东省新生儿ICU 质量控制中心挂靠在广东省妇幼保健院新生儿科，成为广东省"十二五"重点医学专科。20 多年来，我们科室的科研和救治水平一直保持国内领先地位，同时，新生儿多科诊疗模式也带动了全院乃至省内的新生儿外科、小儿心脏专科、眼科、遗传代谢科等学科迅速发展。

可是，当年对于其他医院的重症新生儿患者，我们有时却束手无策。印象最深的是，在我们医院新生儿科成立之初，粤西一个小县城有个新生儿出现重症，当地医院无法医治，向我们求助。当时，所有人都想到同样的办法——把新生儿患者转到省妇幼治疗。然而，由于转运设备所限，我们难以对该小患者给予最有效的救治，留下终生遗憾。

新生儿的生命体系尚未成熟，早产儿的生命体系更加不完善，转运途中稍有不慎就会出现危险。我国的 120 救护中心设备是针对成年人配置的，救护车内缺乏必需的新生儿抢救设备，工作人员也没有接受过相关新生儿抢救技能培训。危重新生儿转运网络建立前，转运过程中如果发生危急情况，往往无法及时抢救，导致新生儿患者病情加重，甚至死亡。组建专门的新生儿危重患者转运团队，当时国内尚无先例，投入大，风险也很大。

我们下决心要攻克新生儿转运难关。1994 年，我们终于组建并实施了危重新生儿转运系统（NETS），主要倾向于早产儿、低出生体重儿和新生儿窒息等患者，逐步形成了"新生儿抢救治疗中心"网络，确保危重新生儿从基层医院转往医疗中心或同一医院各科之间转运安全便捷。

20 多年来，这个转运网络迅速发展扩大，覆盖全省，成立了 36 个"新生儿护理抢救分中心"，200 多家医院加入了转运网络，年收治患者近 7 万人次。广东省新生儿死亡率由 1996 年的 9.72‰降至 2017 年的 2.53‰。同时，新生儿致残率也大幅下降。我们的新生儿转运网络已覆盖到云南省等邻近省份。

"危重新生儿院前急救新模式"在国内具有普遍指导意义，全国各地医院广泛认可并沿用，成绩骄人。

二、宝剑锋从磨砺出

医学界有一句流行语：一怕儿科，二怕急诊。儿科是"哑科"，稍有不慎，容易导致医疗事故或产生医学纠纷。陈运彬仁心仁术，具有敏锐的洞察力和大胆的创新能力。他引进使用国外的肺表面活性物质，治疗新生儿头号杀手——新生儿肺透明膜病获得成功；成功研制新生儿一氧化氮治疗仪，对严重威胁新生儿生命的顽疾——新生儿持续性肺动脉高压有显著疗效；引进并推广使用经鼻持续正压通气（nCPAP）呼吸机技术设备等，有力提升了我国的新生儿救治水平。他保持开放的学习态度，吸收新技术，在新生儿转运和极低出生体重儿救治方面造诣很深，曾成功救治首个国内出生体重最小的"超危重极小五胞胎"；在重症儿童、新生儿抢救和处理，儿童呼吸、消化系统疾病诊治，儿童营养，儿童保健，新生儿神经与智力评估等方面也积累了丰富的经验。他医术精湛，爱岗敬业，德艺双馨，从医30多年来，一直保持零投诉、零赔付的"双零"记录，他所在的新生儿科和大儿科，也一直保持零赔付的优良记录，令人敬佩。

问：儿科是"哑科"，做到准确诊断非常不容易，您有什么秘诀？

答：对小患者作出诊断之前，我的习惯是观察和聆听，双管齐下。小患者自己不懂得表达，或者完全不能表达。儿科医生的主要沟通对象通常是小患者的父母亲或其他亲属，而有些病孩父母也难以准确表达自己孩子的病情，尤其是新生儿患者的病情。因此，在诊治过程中，儿科医生首先必须具有敏锐的观察力。病人进入诊室后，医生应该第一时间判断病情轻重。

聆听，是帮助准确诊断的另一个重要前提。通过聆听，我可以获得各方面的有效信息，为综合分析和准确诊断提供必要依据。

问：一个小患者就诊，身边往往簇拥着两三位陪伴人员，甚至更多。陪伴人员在陈述过程中提出的各种要求，是否会误导或干扰医生准确诊断？

答：聆听是获取真实有效信息的最好途径。一名好医生，尤其是名医，聆听陈述可以发现病情，聆听抱怨可以发现诉求，聆听责骂可以发现不满。当然，在聆听过程中，有经验的医生会及时给予必要引导，避免对方信口开河，耽误时间。

由于互联网的发展，各式各样医学信息来源丰富，鱼目混珠。部分人一知半解，或偏听偏信，到医院看病时，往往会以自己所收集到的信息质疑医生的诊疗。所以，医生对自己的诊断信心非常重要，坚信自己的诊断准确，就不会受病人或病人家属的意见干扰。另外，病人及其家属对医生的信任同等重要。医生毕竟是经过专业学习训练的，对疾病的诊断比患者一方更客观、理性、准确。医学是很奇妙的学科，没有绝对的确定性。每一种疾病都有其特点，每一个患者都有个体差异。同样的疾病，往往有多种治疗方法。如果患者一方坚持要采用某一种治疗方法，那么医患双方沟通起来就会有难度，徒增诊疗过程中的人为障碍。

问：据统计，您半天的门诊量有时超过几十人，小患者哭闹，陪伴者嘈杂，您是如何确保诊断准确的？

答：首先是要有爱心，对患儿要有真爱；第二是要细心观察；第三是要耐心聆听。诊疗过程中，孩子乱叫、哭闹以及其他不配合的情况常会出现，这些都是小患者正常的反应。医生不能因为小患者的哭闹而产生厌烦，不管周围环境多么嘈杂，都必须保持好心情，都必须冷静，耐心安抚、引导，想方设法得到自己想了解的信息。当然，做到这一切的前提是医生必须具有丰富的临床经验。

问：为什么说诊断很重要，下药很简单？

答：儿童的免疫系统尚未健全，成长过程中常常会出现一些不适，只需要正确护理或适量用药就可以了。准确诊断后，向家长解释清楚，让家长放心，很多情况都不需要用太多药。

问：该如何理解"下药很简单"？

答：下药简单的原因包括两个方面，一个方面，儿童在成长过程中出现的不适，不需用太多药物，所以下药简单。另一个方面，适合儿科的药品本来就不多，品种少，剂型也单一。与成年人药品相比，儿科用药占市场份额较低。有统计表明，中国儿童人数占人口总数的20%，但适合儿科的用药仅占药品总数的2%。

问：新生儿重症肺炎是危害新生儿生命的"头号杀手"之一，请分享您的救治体会，好吗？

答：救治患重症肺炎的新生儿，气管插管难度很大。我曾经遇过一个重症肺炎新生儿，支气管肺发育不良，痰多，呼吸困难，极易导致呼吸窒息，非常依赖呼吸机。我们采取吸痰、抗感染、上呼吸机等抢救措施，症状改善后撤掉呼吸机让其自然呼吸。可是，由于患儿病情较重，多次反复抢救、插管，患儿喉头水肿、气管水肿，甚至看不到气道口，插管越来越困难。当其他人都无法插管成功时，护士长找到我："主任，别人都插不了，你来插吧。"我沉着冷静，又一次插管成功。经过不懈努力，终于治愈了这个小患者。新生儿的气管很小，喉头水肿后的气管更小，插管难度更大，有时气管插管需要在麻醉后操作。为了赢得宝贵的抢救时间，我总是直接插管，不做麻醉。

问：气管很敏感，在没有麻醉情况下徒手成功插管难度非常大。您是如何获得熟练成功插管这一绝技的？

答：练习，反复练习，就像对待自己的亲生孩子一样全情投入地练习。平时多流汗，战时才能少流血嘛。NICU里日常观察病情、实施具体抢救措施，譬如心肺复苏等都必须由医生操作，不能只依赖护士。

问：在岗位上，您工作起来总是心无旁骛。抢救小患者是一个漫长的过程，您连续工作时间最长是多少个小时？

答：没有具体统计过，连续工作一二十个小时是很正常的。为了救治病人，连续站立，没法按时吃饭的事情也经常会遇到。我40岁之前，基本没有按时下班，几乎每天都是最迟离开医院的。我们医院住院部看门的阿姨对我印象特别深。

问：您刚才说，要像对待自己的亲生孩子一样爱护小患者，而事实上，为了小患者，您却疏远了自己的儿子。儿子出生时您在医院救治您的小患者；儿子成长过程中，您最关注的仍然是您的小患者吗？

答：说起儿子和家人，我确实感到愧疚。儿子即将出生时，是我丈母娘半夜陪伴我妻子到离家最近那间医院待产的。她们知道我很忙，没敢告诉我。直到第二天儿子出生，我一直都在省妇幼上班。

问：您妻子也是医生吗？

答：不，我妻子不懂医学。

问：您治疗过的小患者无数，可是，在您的医疗记录中，您的儿子恐怕连普通患者的资格都没有吧？

答：我自己当医生，对家人确实没有什么关照的。就连我儿子平时感冒发烧，都是我妻子自己带他到附近医院看医生。我家人很清楚，有许多危重小患者需要我。他们都很支持、理解我的工作，不轻易让我为家里的事情分心。多年来，妻子和我达成默契：儿子的小病都由她操心，其他医生确实看不好的，才找我。幸好我儿子很争气，没有找我看过病。（笑）

问：在新生儿医疗救治的评估指标中，除了死亡率外，还有一个重要指标：致残率。作为临床经验丰富的专家，您是如何评价并准确判断小患者的抢救价值的？

答：我经常到基层医院讲课，到各级医院参加会诊，指导治疗。婴儿致残是一个长远的问题，也是其所在家庭的一个沉重话题。准确判断危重病孩的抢救价值是医生的责任。新生儿反复或严重缺氧、呼吸窘迫或重度窒息，严重的感染或休克等如果没有得到及时救护，可能会损坏器官功能，严重者还会影响健康和正常发育。残疾儿童成长过程中所造成的痛苦很可能涉及多个家庭，还会成为社会和国家的负担，甚至导致人间悲剧。因此，医生的准确诊断非常重要。十几年前，我到肇庆参加过一次会诊。医院的医生告诉我，那个小患者肺部感染没法控制，抢救起来很困难。我凭经验判断，那是一个唐氏综合征患者。唐氏综合征患者属于特殊群体，没有太大抢救价值，如果出生之前能确诊，就应当果断地终止妊娠，可惜当地医生没有这方面的经验。我将具体情况跟小患者的家人解释清楚。小患者家人主动放弃了治疗。

问：关于早产儿救治，如何处理抢救成功率与致残率两者的矛盾？

答：早产儿救治，必须降低死亡率，同时，还要降低致残率。高龄产妇胎盘功能差，激素水平低，容易导致早产，宫内感染也是导致早产的原因之一。目前，光靠孕妇血液检查等分析还无法准确判断胎儿神经脑细胞的发育情况，对出生后早期判断婴幼儿智力、行为发育情况也存在较大难度，很多时候都要凭医生的临床经验判断。这些方面的检查还是个难题，我们正在加大这方面的人才培训力度。

问：据不完全统计，您救治过的危重新生儿患者超过一万人。您带领团队年均接收 1 000 余例体重不足 1 500 克的极低或超低体重患者住院，其中，体重最小的仅 500 克（孕 24 周）。请分享您最难忘的一个新生儿救治案例好吗？

答：最难忘的就是曾经轰动一时的五胞胎救治。我记得很清楚，那是 2011 年 8 月 18 日，孕周仅 28 周、出生时体重全部都不足 1 000 克的广州首例五胞胎诞生了（最小体重 640 克）。五胞胎出生后，马上住进省妇幼重症新生儿 ICU 室的保温箱里，先后都出现过呼吸暂停、肺出血、坏死性小肠结肠炎和败血症等致命危重症。出生第五天，"老四"因新生儿肺出血抢救无效而夭折。其余四例，经过我们及时全力救治，得以健康存活。他们是国内外最小孕周、最低体重五胞胎的存活病例。医生尽力，宝宝争气。在重症监护病房接受 4 个月的救治后，4 个宝宝同时顺利出院。备受关注的五胞胎总算获得令人满意的结局。我们医院与广州各家媒体联合举办了一场隆重庆祝宝宝出院仪式。一年后，媒体还对 4 位宝宝进行回访报道——《广州五胞胎家庭备受关注　一天消灭一罐半奶粉》。

问：国内外有过相似救治先例吗？

答：之前国内有过五胞胎的先例，但出生时体重都超过 1 000 克。出生体重越小，救治难度越大。

问：您是一位临床经验非常丰富的大专家，同时，还是一位知识渊博的好教授、好导师，是年轻医生们眼中慈祥睿智的好师长。当时，救治低体重五胞胎主要遇上哪些困难？

答：救治过程中，我们遇到许多预想不到的问题。譬如，母乳不耐受。通常情况下，早产儿经过近一个月的救治，体重和奶量都会逐渐增加。但是，出生 24 天后，4 个宝宝体重却未能恢复到出生时水平，且反复出现对母乳不耐受的情况。更令人担忧的是，中秋节前夜，4 个宝宝病情同时恶化。中秋节凌晨，我紧急召集中山大学附属第一医院、广东省人民医院等 5 家省内著名医院的教授、专家会诊，经过连续数小时的讨论研究，形成了一致的治疗意见。经过多次有效的抢救，终于遏制了病情，转危为安。

问：可以肯定地说，五胞胎的成功救治，充分显示了您和您团队的真正实力。您潜心研制的科研项目硕果累累，多项被广泛应用于临床实践，及时挽救了许多早产儿的生命。请分享您研制肺表面活性物质、一氧化氮治疗仪等自主创新成果的体会，好吗？

答：前面提到的"危重新生儿转运模式"，大大减少了医院与医院之间、医院内科与科之间危重新生儿转运过程容易出现的问题。临床上，"新生儿肺透明膜病（NRDS）"，因为难以进行气体交换而成为新生儿的头号杀手。"新生儿持续性肺动脉高压（PPHN）"同样是严重威胁新生儿生命的顽疾。五胞胎恰恰都遇上这两个恶敌。

对于前者，早在 20 世纪 80 年代，国际上就采用肺表面活性物质（PS）替代治疗。给药方法和途径，是经早产儿患者气道注入几毫升黏稠药液，疗效显著。可是，由于"PS"价格昂贵，再加上操作难度大，稍有不慎，就会导致患儿窒息或发生其他意外，该药迟迟未能进入国内市场。我却对它产生浓厚兴趣，矢志攻克难关。1995 年，在香港中文大学威尔士亲王医院新生儿科的合作帮助下，我利用该院提供的进口"PS"，详细对照国外不同的用药方式，拟定了适合我们省妇幼的使用方式，并制订了详细的使用指南及应急方案。每次用药，我都亲自操作，长时间仔细观察，对比用药前后病情变化，终于获得成功，惠及许多早产儿。

对于后者，国际上始于 20 世纪 90 年代初，应用一氧化氮进行治疗。可是，国外生产的一氧化氮治疗仪每台售价 40 万元。如此高额费用，省妇幼难以承受。出于自主创新，开源节流等方面的考虑，我经过多方研究认为，通过自身的力量应该也可以研制出来。于是购买零散设备回来自行研制。临床试验过程中，调试难度很大。如果设备连接不好，将会导致气体泄露，而过量吸入一氧化氮会造成肺水肿，影响人体健康。为了提高年轻医生的兴趣，增强大家的信心，我第一个操作，反复试验，再把经验传授给大家，有效地提高了成功率，为临床救治赢得宝贵时间。

问：您善于捕捉每一次机遇，努力推动我国新生儿救治水平跃上一个又一个新高度。从您引进使用经鼻持续正压通气（nCPAP）呼吸机，研究益生菌对防治某些早产儿疾病的作用等项目也可见一斑。请介绍相关知识，好吗？

答：2001 年，我有机会到澳大利亚访问交流，在悉尼市新南威尔士州州立大学附属医院（LIVERPOOL HOSPITAL）新生儿重症监护中心当了 3 个月访问学者。访问期间，我对澳大利亚医院在使用的经鼻持续正压通气（nCPAP)呼吸机产生了浓厚兴趣。其作用机理是，使用特制的鼻罩，在婴儿自主呼吸情况下，将持续的正压气流送入气道。呼吸机通过维持一定的气道正压，达到防止气道萎缩、改善肺功能的效果。nCPAP 的特点是，不必进行气管插管，大大减少了由于气管插管接呼吸机操作频繁或不慎导致的肺部感染、气漏、气胸等不良反应，适用于新生儿科及儿科重症。

回国后，我马上引进了该项技术和设备，可是，刚开始时并不被认可。很多人认为其效果不如气管插管直接。有些医务人员使用了一段时间后，又用回了过去的机械插管方法。怎么办？我努力通过讲课、培训推广，帮助大家从科学角度充分认识新技术的特点和优势，让大家慢慢接收了这一新技术。现在，nCPAP 已经成为国内新生儿科常规的救治技术设备。

2007 年，我到日本访问期间参观了 Yakult 公司，听过美国哈佛大学一位成人内科专家的专题演讲，主要介绍饮用益生菌后的肠道变化情况。研究发现，益生菌进入肠道后，如果能定植于肠道，可增强人体的免疫功能，对消化系统的改善尤其有效。我想，人体全身布满了各种细菌，肠道内的细菌更加密集多样。有些细菌对身体有益，有些对身体有害。平时，肠道内细菌处于平衡状态。身体状态发生改变时，致病菌占优势，导致人体患病。无论是对于成年人或小孩子，都值得研究使用益生菌。受哈佛大学专家的启发，我回国后就着手进行利用益生菌预防和治疗某些早产儿疾病的基础研究，带领研究生在小白鼠身上做试验，取得成果后再进行临床实验，现已取得阶段性成果。

作者：您是国内最早从事该领域基础研究的专家。研究上的突破及成果，无论是对您的研究生，还是对您身边的年轻医生，都有很好的激励作用，更是广大患者的福音。预祝您的研究早日成功。

答：的确如此。让我们一起期待吧。

三、童年梦想终成真

1961 年，陈运彬出生于海南岛的一个医生世家。爷爷是海口市著名儿科医生、20 世纪 50 年代的海口市政协委员，有一双回春妙手，深受乡亲敬重。父亲仁心仁术，是海南省琼海县著名五官科医生，母亲是一位优秀的外科护士长。长辈们的一言一行，在陈运彬幼小的心灵里播下了济世良医的种子。由于父母亲忙于工作，陈运彬从小就学会自立，并立下远大志向。1978 年，未满 17 岁的陈运彬作为恢复高考制度后第二届优秀应届高中毕业生（跟第一届七七级入学只相差半年时间，实际是同一年的同学），通过高考，顺利地实现了到大陆读书的愿望。

问：您是恢复高考制度后第二届应届考上大学的学子。上大学之前，哪所大学是您理想中的大学？医学院是您填报的第几志愿？

答：关于理想中的大学，我小时候没有太明确的目标，到岛外读书的愿望倒是非常强烈。高中毕业前，我从未离开过海南岛，不晓得岛外是什么模样，从小就梦想长大后能到岛外读大学。再说海南岛当时还没有本科院校，我的愿望是读大学。1978 年，我在父母亲工作的琼海县城加积镇高中毕业，包括往届高中毕业生，我在读的加积中学当年五六百名考生，能考上大学的只有十几人。我所在的"尖子班"，也不过 10 人上了本科线。广州医学院是我的第一志愿。

立志到岛外读书的另一个原因是受我大伯父的影响。我大伯父 20 世纪 30 年代到上海读大学期间参加了新四军，跟着陈毅闹革命，曾经与家里失联十多年。直到 20 世纪 50 年代初，海南岛解放前夕，大伯父才跟家里恢复联系。后来，他留在了岛外工作。我大伯父一家经常向我们家里介绍岛外的风土人情，我觉得很新鲜，更加向往岛外生活。

问：为什么把医学院当作第一志愿？

答：我对医生这个职业产生兴趣，主要是受爷爷的影响。小时候，我对爷爷很好奇。爷爷是海口市著名儿科医生，去世前仍然坚持给小孩子治病。我们家在海口市有一栋占地面积很大的房子，一楼是爷爷的诊所。大厅有一两百平方米吧，墙上钉了一圈小木条，上面除了挂满病人送给爷爷的各式各样锦旗外，还经常挂着鱼肉蔬菜之类。因为有些病人没有钱交药费，就拿实物来代替药费：卖鱼的拎一条鱼来，卖肉的拎一块肉来，卖菜的拿一捆菜来。对此，我爷爷从不计较。爷爷的医术高明，对病人很和蔼，不管对方贫穷富贵，身份地位如何，他都一视同仁。遇上拉肚子的病孩，又脏又臭，但爷爷从不嫌恶。

爷爷的憨厚，对病人的仁爱，让我从小觉得医生这个职业很神圣。我立志，如果将来当医生，就要像爷爷那样，当一名让病人真正满意的好医生。

问：父母亲对您的职业选择有哪些影响？

答：父亲高中毕业那年考入中山医学院。几经周折，他大学毕业后回到海南岛工作，成为琼海县最受欢迎的五官科医生，后来把家也安在琼海县城加积镇。父亲小时候跟着爷爷学会不少儿科知识。在琼海县，人们都喜欢找父亲看病，也找他看儿科。跟爷爷一样，父亲对病人特别好，朋友特别多，穷朋友尤其多。父亲很有爱心，经常献血，帮助急需输血的病人渡过难关。父母亲在我们家乡口碑很好。受长辈言传身教和潜移默化的影响，岛外的医学院自然成为我当年高考的第一志愿。

问：从您爷爷开始，你们家族有多少人在医疗系统工作？

答：不下 10 人。爷爷非常重视教育，很了不起。爷爷一生养育了 17 个孩子。他当医生的微薄收入，不但养活了他的孩子们，还供养孩子们念书，家风很好。父亲和姑姑是我们家里的第一批医学院毕业生。

问：广州医学院留给您最深刻的印象是什么？

答：艰苦！说句实在话，有机会到岛外读大学，我觉得非常荣幸。我很珍惜学习机会，学习起来特别用功。但是，学医太辛苦了。我原来是不戴眼镜的。学医功课多，时间紧，学习压力特别大。一年级到四年级学理论，五年级到医院实习，我们要阅读大量的医学书籍。加上大学一年级阶段，我们经常上课的大课室只安装十几条灯管，光线比较暗淡，当时可能营养也跟不上，结果就近视了。广州医学院校址在东风西路，属于市区。跟我同来广州读书的高中同学，有些就读于华南工学院、华南农学院，他们的校址在天河区五山，当时属于乡下，周末经常来找我玩，可是我往往抽不出时间陪他们。

问：大学期间学习繁忙，您是如何锻炼身体的？

答：踢足球。我喜欢踢球，所以，我身体很棒。我的同学很可能不知道我的名字，但是普遍都知道我的爱好。毕业若干年后再见面时，同学们总喜欢这样介绍我："这位就是经常在足球场上踢球的那个小伙子。"（笑）

问：故乡留给您什么样的记忆？

答：我的家乡海南岛，属于我们国家的特殊地域。我们家居住的加积镇，是当年红色娘子军的故乡，现在的博鳌论坛所在地，环境优美，民风淳朴。虽然加积镇距离大海只有二三十公里，但是，读大学之前，我没见过大海。我父母都是工作狂。母亲是护士长，一天到晚不着家。父亲呢，经常参加卫生队、医疗队下乡义诊。只要县里成立卫生队，父亲准是第一个报名参加。白天，父母都经常不在家，我和比我大两岁的姐姐相依为命，从小就学会自立，互相照顾，算是半留守儿童吧。我和姐姐关系特别好。医院饭堂是我们俩最常光顾的"高档餐厅"。每天做完功课后，我和姐姐就到风光旖旎的万泉河边玩耍。那是我们姐弟俩最幸福快乐的时光。

四、任重道远需担当

广东省卫计委提供的最新数据显示，2016 年，全省儿科急诊达 6 278 万人次，出院人数接近 185 万。根据中国儿科医生调研报告显示：高达 67% 的医院有儿科医生离职，而且，46% 的儿科医生辞职后选择了非儿科科室，22% 彻底转行，离开了医生行业。

步入知天命之年的陈运彬更加关注儿科医生队伍的建设和未来发展，常常为儿科医生队伍人才流失、滥用抗生素等问题感到焦虑，屡屡为稳定儿科医生队伍、儿童用药安全和母乳喂养等问题四处奔波、呼吁。

问：是否可以透露，您在刚刚结束的 2018 年度广东省政协会议上的提案内容？

答：这次政协会议期间，我针对儿科医生人才流失问题，提交了两个提案：一个是鼓励社会资金支持儿科建设，另一个是建议在政府财力许可的范围内，直接对儿科医务人员予以一定补贴。

儿科医生队伍当前面临流失严重和招聘困难双重压力，几乎到了后继乏人的严峻边缘。全省各地儿科住院医师规范化培训，大多数单位都没办法招满人。以省妇幼为例，近 3 年计划招收儿科专业规范化培训生 100 名，实际招收 82 人，其中，本科毕业生自己选择参加规范化培训的只有 26 人。部分儿科规范化培训生毕业后不愿意当儿科医生。另外，还有一个问题值得深思：中国著名医生的后代，大部分都不愿意学医。

问：请问，您的孩子学医吗？

答：非常遗憾，我的儿子也没有选择学医。

问：儿童是祖国的未来。当前乃至未来相当一段时间内，华南地区的围产期保健工作重点、难点在哪些方面？

答：关键是认认真真做好产前检查工作，筛查必须有的放矢。筛查重点是遗传性、先天性等疾病，譬如像刚才所说的唐氏综合征以及重度地中海性贫血、神经管畸形等。重点筛查对象是高龄产妇和有家族遗传病史人群。必要时应当及时终止妊娠，保证出生人口质量。

当前，我国放开生育二胎，准母亲年龄普遍偏大，增加了围产期保健工作压力和难度。当务之急，就是确保二胎妈妈的产检到位，严格按要求产检。如果胎儿有问题必须赶快处理，不能拖延。前不久，我们医院收住一位二胎妈妈，妊娠合并高血压，导致孕妇肝脏明显受损，已不适合继续怀孕。该孕妇接受医生建议，提前结束怀孕，确保了自身生命安全。我有个朋友，52岁当二胎妈妈，孕38周时出现严重贫血症状。她接受我们医生的建议提前剖宫产。孩子出生时体重低于正常水平，经过我们半个月的精心护理，前几天已顺利出院回家。

问：在诊疗过程中，您有过什么遗憾吗？

答：我有遗憾。有些该做的事情没做好，留下终生遗憾——那就是我们的新生儿科成立之初，好不容易救活了一个出生时才600克的新生儿，可是，由于后来的观察缺乏经验，主要是此前从未救治过这么小的病婴，国内医院也普遍缺乏这方面的技术交流，对血压波动情况缺乏准确判断，未能及时观察到患儿脑出血情况。结果，血块堵塞患儿脑组织导致脑积水，脑积水挤压脑细胞……这个例子教训非常深刻，它时时刻刻警醒我、鞭策我。

问：随着科学的不断进步，医疗卫生系统的辅助诊断设备越来越先进，患者接受检查的项目越来越多，您对这些问题有怎样的体会？

答：婴幼儿是个特殊群体，对儿科医生的诊疗要求很高。遇到复杂病例，往往需要病人配合做一些辅助检查帮助诊断，因此，病人家属就要多掏钱。很多时候，辅助检查会遭到病人家属的怀疑：所检查项目是否涉及乱检查、乱收费？医生是否过度治疗？我认为，这些问题应当客观评判。在当前形势下，纯粹的乱检查可能性极小。医院，尤其是大医院，对检查项目的管理都很严格。我们省妇幼经常抽检CT、MR等大型设备检查结果的阳性率，如果阳性率高，则证明所做检查项目是必要的。一旦发现问题，势必及时整改，毫不留情。病人有什么疑问，应当及时提出来，共同监督，把医院管理好，建设好，发展好。医者父母心，哪个医生不想救治好病人？我借此机会呼吁大家相信医生，理解医生，支持医生。其实，医生和家长的目的都是一致的，都是想尽快治好患者的病。

问：作为儿科主任、医院领导，在处理医患关系方面您有什么体会？

答：我 1992 年当儿科主任，科室一直零赔偿，零诉讼，我也没上过法庭。2005 年，我当上了副院长，更加注重与患者及其亲属的沟通技巧和方式方法，尽量通过积极有效措施把矛盾化解于萌芽状态。

但是，由于医患关系被严重扭曲，在患者及其亲属面前，我们有时也很无奈。我印象最深的一次医患矛盾发生在 2011 年。一名广州本市的一岁半男童，因患手足口病到省妇幼就医，由于病情危重，被收入 ICU 病房救治。可是，小患者父亲对院方极不信任，对医生的治疗过程及其与医务人员的对话几乎全程录音，对我们的医生提出种种质疑，还找院外医生求证省妇幼诊疗方案的适用性、合理性，干扰了我们医院的正常诊疗。鉴于病情的复杂性，我们医院多次组织广东省多家大医院的著名儿科专家会诊，可是小患者父亲对诊疗结果不满意，要求外省专家会诊。为了赢得宝贵的救治时间，我们邀请了上海市著名儿科专家前来会诊。上海专家的诊断和治疗意见与广东专家一致。没想到小患者父亲仍然对上海专家的诊疗意见表示怀疑，步步为营，继续要求更多专家会诊。并且，他还对我们医院的每一次会诊和日常诊疗行为录音，甚至擅自召开记者招待会，引起公众和媒体的高度关注，严重干扰了我们医院正常的诊疗秩序。信任危机也人为地加大了救治难度。在那样恶劣的工作环境里，我们顶着巨大的精神压力，尽力对小患者进行有效救治，一方面要求小患者亲属在每一次的诊疗方案上签字确认，另一方面想方设法多方沟通调解。经过不懈的努力，小患者如期治愈出院。这起引发医患关系大讨论的"录音门"事件终于得以和解。

还有一次，也是我任大儿科主任期间，出差在外，接到一个小患者家长的投诉电话。那位家长对孩子的治疗效果不够满意，拒绝接受医生的解释，还对院方提出了种种不合理要求。我在电话里跟他交流了几次，他仍然不满意，甚至威胁我，说他是黑社会，要收拾我。正面交流不行，我只好另辟蹊径，通过医院保卫科和我的朋友分别找他谈，经过多方开导，终于化解矛盾，纠纷得到妥善解决。

问：有人说，现在的生活节奏快了，学术要求比以前高了，年轻医生的困惑增多了，所以年轻的名医减少了。作为一名德高望重的名医，您对这类问题有什么看法？

答：以前的学术要求也高，但以前是我们自己对自己要求高。现在是学术管理越来越规范了。关键问题是，有些年轻医生工作热情不够高，团队意识不够强，工作往往停留于满足生存和生活需要阶段，把赚钱当作人生最大快乐，缺乏远大目标，缺乏远大理想，缺乏足够担当。还有一些年轻医生不乐意阅读，不主动思考，不注重积累，不主动撰写心得、论文，把学习当作包袱，工作穷于应付。有些人甚至等到即将提交晋升职称申报材料时才急急忙忙赶写论文，应付了事。而真正主动花时间投入学术研究，钻研业务的人较少，所以，名家不多，真正的医学大家更少。

问：刚才您也提到，40 岁之前，您几乎是医院里下班最晚的那一个。请问，下班过后，您通常留在医院里干些什么？

答：我 40 岁之前，在科室当儿科医生的时候，下班后，我习惯留在医院里阅读各类参考资料，积累素材，寻求所遇临床问题的答案，归纳、总结心得体会，并撰写论文。也有人问我，你每天下班都那么晚，为什么？（笑）我无非就是想多学点东西嘛。记得当年我递交申报职称晋升材料时，按规定要提交三篇论文，我当时就写了十几篇论文。写论文是要花很多时间的，想写出有创意的论文，肯定要付出更多。

我认为，名医仅占医生中的极少数，普通医生占大部分。我也没有办法要求现在的年轻医生都像我那样艰苦付出。然而，我们的患者需要名医，社会呼唤名医。我希望有更多的年轻医生立志成为名医。

问：有资料显示，随着婚前同居人数的增加，未婚先孕和婚前人工流产人数也有所增加。婚前人工流产是否会加大女性婚后不孕的风险？

答：的确，近年到医院来就诊的不孕症女患者呈上涨之势。人工流产后肯定会加大女性不孕风险，这是毫无疑问的。并且，连续做了两次以上人工流产的女性，等到想要孩子时往往容易发生习惯性流产（连续发生两次或两次以上的自然流产称为"习惯性流产"）。如果还没确定对方是自己的结婚对象，又要同居，就一定要做好避孕措施，千万不要意外怀孕，这是我的忠告。如果遇到我认识的人来医院做人工流产，我总会对他们说："你们俩感情好就结婚吧，不要做人工流产。做人工流产会增加不孕风险。"

问：您对中医中药有什么看法？

答：中医中药对儿科常见病、多发病有很好的疗效，并且副作用少，也深受患儿家长欢迎。我建议加大中医儿科建设。这也可以在短时间内解决儿科医生短缺问题。

问：作为临床经验丰富的专家，您如何看待和评价"安乐死"？在什么情况下可考虑实施安乐死？

答：患者到了病危的时候，家人肯定希望他能留下，而患者本人往往是痛苦的。如果患者想得开，最好就让他"安乐死"；但是，如果他留恋这个世界，就应该继续实施抢救，不适宜一刀切。"奇迹"有时是很难预测的。对于重度残疾、预后特别差的，我不主张积极治疗。重度残疾没有救助价值。社会的救助目标通常是有救助价值的家庭。我国也发生过家长把患病的孩子杀了然后自杀的惨剧，都是因为孩子严重残疾，家长没办法解决所遇困难而采取了极端残忍的手段。

问：您一直对自己都很苛刻，几乎所有节假日的时间都奉献给了儿科医学事业，也已培养了一批又一批学科接班人。至今，可以说是功成名就了。

平时工作压力大，周末的时间您是如何放松自己的？

答：是的，每到周末，我基本上都是到全省各地去讲课、听课或当专题讨论会大会主席。我每年要讲二三十堂课，讲课的对象主要是专科医生。有时也到省外去参加这类活动，都是来去匆匆。我把这些当作"放松"自己。

问：走上领导岗位后，您对自己的要求更高了。近10年来，您连续当选广东省医师协会儿科医师分会主任委员和广东省医学会围产医学分会主任委员，在学术交流与技术扶贫等方面，主要做了哪些工作？

答：近10年来，这两个分会分别主办了12届"儿童安全新策略——广东省儿科医师论坛"和9届"粤港澳琼围产医学论坛"。

除了开展省内基层帮扶外，儿科医师分会还与湘、琼、川、赣、贵、云等省开展省际儿科学术交流与技术扶贫活动，同时开展义诊活动。2016年，两个分会联合长江商学院基金会实施长江公益"护曦行动"早产儿救助计划，每年为100名早产儿提供救助。我还经常应邀担任全国性会议的执行主席或会议主持，大力呼吁NICU母乳库建设，推动建设公共场所母乳喂养室；联合疾控中心，规范省内儿童疫苗使用；同时，为儿科医师维权，努力打造"儿科医师之家"，让儿科医生们增加职业认同感，更好地在岗位上践行白衣天使的誓言。

问：您长期关注儿童用药问题，一直呼吁儿童用药要科学。请分享您这方面的见解，好吗？

答：儿童用药安全确实不容忽视。据我们国内统计，儿童药物不良反应是成年人的2倍，新生儿更是高达4倍；不良用药的死亡者中，儿童占1/3；滥用抗生素、激素、维生素和输液的情况相当普遍。儿童安全用药问题应从药品生产厂家和临床应用等各个方面严格把控。

对于药品生产厂家来说，国际上的法律明确规定，不能用儿童做临床试验，儿童更不能像成年人那样申请做临床试验志愿者。因此，儿科药的研发成本高，研发周期长。并且，儿科药品具有一定的季节性，而用量却具有不确定性，定价也比较低，药品生产厂家往往不愿意生产儿科药。

对于临床儿科医生来说，不仅缺药，而且还缺乏儿科药品使用说明书。说明书上大多写明："儿童酌情减量或减半"，可是，"酌情"意味着尚未经过临床研究，药品过敏的概率很大，给儿童使用很不安全。几个月的婴儿跟十三四岁的孩子差别很大，怎样减半？有些说明书上标示："遵医嘱酌减"，这是一个不确定的概念，药品生产企业直接把责任推给了医生。医生只能依据自己的经验开药。有些说明书上只写明一岁以上婴幼儿的用药量，而对一岁以下婴儿的用药没有任何说明。那么，一岁以下婴儿到底可以用还是不可以用？用多少合适？难以把握，很容易导致"超范围用药"。事实上，很多儿科医生开药方都会感到心慌，因为他们不知道药物有没有副作用。

应当引起关注的是，国外已规定的一批儿童禁用药品，中国可能还在用于儿童。例如，阿奇霉素，美国法律规定，不允许16岁以下少年儿童注射使用。中国只标明16岁以下使用安全性不清楚。实际上各地都在使用。

另外，国外曾经做过调查，经常输液的孩子，血管上有许多玻璃碴，那是由于药品生产厂家生产过程中，玻璃颗粒残留在药液里的缘故。如果装药液的是塑料袋子，也很可能会残留塑料残渣，造成血管壁粗糙，日后可能会导致胆固醇增高，容易引起动脉硬化。

临床用药原则是：从用药方法途径上讲，首选口服，其次是肌注，最后才选择补液；从用药范围上讲，局部用药能解决问题的，就不要全身用药；外用药能解决问题的，就不要口服用药。有的家长以为，用药越多越好，药物发生作用越快越好，主动要求补液，要求医生给孩子使用指定药品，滥用抗生素，令人担忧。

儿童是祖国的未来，儿童强则国强。儿童用药必须科学安全。

问：关于儿科的未来，您有什么建议和愿望？

答：我最大的愿望就是尽快完善随访机制。对于小患者，我们不仅要救他的命，还要保证他健康生长，帮助他提高生活质量。完善随访机制，检查、诊断、治疗、护理，需要专门的治疗师、护理师、营养师、儿科专家等十几个方面的专家一同跟踪随访调查，发现问题及时干预。工作难度很大，人力、财力付出也很大。目前，我们还没有办法主动去做这项工作，这也是我的心头之痛。但这是儿科未来的发展趋势，希望能早日实现。

采访结束时，陈运彬借用陶渊明的诗句："盛年不重来，一日难再晨。及时当勉励，岁月不待人"，对医学院的学生寄予希望：珍惜光阴，好好读书，将来做一名好医生。

他还郑重地对"好医生"做了如下解释：一是医术好，真正爱护病人，急病人之所急，想病人之所想；二是善学习，学到老，干到老，永不止步；三是善团结，一个人的力量非常有限，要善于交流，善于沟通，团结其他医务工作者，为征服病魔不断谱写新篇章。

社会呼唤好医生，人民需要好医生。我们真切地希望越来越多的好医生茁壮成长。

2018 年 4 月初稿
2019 年春修改稿

官国新

全国劳动模范

官国新，中共党员，广东四会人，1952年出生在一个普通的工人之家，1972年从广州市第82中学毕业后招工进入红城玻璃厂工作，1988年2月调到广州市燃气办（后合并到广州市煤气公司）工作，历任煤气管道巡线工、班长、工段长和抢险队队长等职务。由于工作责任心强，成绩突出，历年被评为所在单位先进工作者，荣获国家级、省级、市级劳动模范和先进个人称号20余次。2005年4月被评为"全国劳动模范"。

"抢" 出来的平安

——全国劳动模范、广州燃气集团抢险队原队长官国新访谈录

我赞成这样的口号:"下定决心,不怕牺牲,排除万难,去争取胜利。"

——题记

官国新同志和他的队友们作风正,纪律严,思想硬,充分体现了特别能吃苦、特别能战斗、特别能奉献的时代精神。为维护人民群众的生命和财产安全,官国新同志和他的队友们勇字当头,闻险而动,任劳任怨,不分昼夜地奋战在广州市的大街小巷,有时一天要在不同的地点抢险七八次。1987年至2005年,煤气抢险队完成各项煤气抢险5 000多宗。由于抢险及时,措施得当,抢险及时率一直保持100%,均未发生过因抢险不当而导致的伤亡事故。官国新同志经受了磨炼和考验,从一名普通的煤气工人成长为一名优秀的煤气抢险队长。他用执着和忠诚书写了可歌可泣的煤气抢险篇章。煤气是易燃易爆品,同时也是现代社会人民生活的必需品。如果使用不当或违反操作规程,随时都有可能导致煤气险情的发生,甚至发生火灾、爆炸和人员伤亡事故。为了更好地保证市民能正常、安全用气,1987年,广州市煤气公司成立了煤气抢险队,是广州市迄今为止唯一的煤气专业抢险队伍。官国新同志担任了首任队长直至退休。

1987年,广州市煤气公司抢险队(简称"煤气抢险队")成立之初,配备队员不到20人,除为本公司用户服务外,更多的是担负着义务为社会上其他煤气用户抢险的任务,负责广州市已有的管道煤气40多万家用户、液化气近百万家用户以及所有煤气管道设施的抢险任务。

2008年前,广州市管道煤气的成分是油制气,由多种燃料混制而成后,经铺设在地下的煤气管道输送到千家万户。(2008年后,广州市管道煤气逐步改用天然气)。

煤气抢险、抢修通常是户外作业,险急苦累相伴,风吹雨打更是家常便饭。抢险工作人员通常还要闷在充满煤气味的阀井里作业。煤气抢险工作的责任之重大和危险程度之高可想而知。

违章施工和违章建筑经常出现,导致煤气险情频仍。所幸的是,由于抢

险及时，措施得当，广州市从未发生过因抢险失误而导致的火灾、爆炸或人员伤亡事故。抢险及时率和成功率均为100%。

一、载誉归来话抢险

自成立以来，煤气抢险队队员们自觉把确保市民安全用气，维护人民群众生命财产安全放在首位。他们勇字当头，闻险而动，任劳任怨，不分昼夜地奋战在广州市的大街小巷，克服难以想象的重重困难，出色地完成了每一次抢险任务。有时，队员们一天要在不同的地点抢险七八次，还常常通宵作战，创下了连续抢险14个小时的个人记录。因为抢险，队员们一天的睡眠时间有时仅三四个小时。在队长官国新的带领下，抢险队员个个都是好样的。他们以朴实的行动演绎了一个个感人的故事，谱写了一曲曲动人的凯歌。

2005年五一国际劳动节，是全体煤气抢险队员值得铭记的日子。他们的队长官国新同志当选全国劳动模范，在北京人民大会堂受到胡锦涛总书记的亲切接见。

官国新到北京人民大会堂参加全国劳动模范大会载誉归来之际，我有幸分享了这一喜讯。在广州市天河区龙口东路煤气抢险队值班室，官国新接受了我（本文作者：王佶）的采访。

王佶：官队长好！祝贺你光荣当选全国劳动模范，祝贺你载誉归来！

官国新：谢谢！请不要只是祝贺我。应该获得这个荣誉的是我们的抢险队，我只是沾了抢险队员的光。

王佶：你1999年荣获全国总工会"职业道德先进个人"光荣称号，2000年被评为广州市"劳动模范"和广东省"劳动模范"，今年又光荣地当选为全国劳动模范。你的成绩是大家有目共睹的，实至名归啊！

官国新：（沉思好一会儿）我只不过是煤气公司一名普普通通的员工，没有抢险队就没有我官国新的今天；没有抢险队全体队友的通力协作，就更没有我官国新的今天。

王佶：俗话说得好，火车跑得快，全靠车头带。你就是抢险队的火车头啊！

官国新：看来，你还不太了解我们抢险队，让我来给你讲几个故事吧。（官国新不容置疑地给我讲起了故事）先说说我们的安全员霍可器。2001年2月底的一个下午，广州地面上的气温只有12℃左右。华南理工大学某教工宿舍发生了因调压箱起火而导致的煤气险情，现场火势很猛。我们的安全员霍可器和煤气抢险队员闻讯，火速赶往现场抢险。在我们的煤气抢险队员到达之后，又来了4辆消防车，但暂时也无法灭火。

煤气阀门安装在距离地面两米多深的煤气阀井里，当时阀井内的积水很深。一般情况下，抢险过程中应当先抽干阀井内的积水，然后派人下到阀井里关阀，但是，这样操作需要一定的时间，势必导致险情加重，同时也将直接影响用户当天晚上的正常用气。

这时，煤气抢险的现场指挥果断地下达命令："马上关闭煤气阀门！"

听到关阀命令，霍可器毫不犹豫地下到积水深达七八十厘米的阀井里，迅速关阀。他的衣裤和鞋袜全都湿透了，冻得全身直打哆嗦。关闭好阀门之后，为了赢得抢险时间，霍可器坚持和抢险队员一起奋战在现场，直至恢复正常供气。

王佶：霍师傅是不是应该更换一套干的工作服后再继续参加抢险？

官国新：我的队友就是这样争分夺秒"抢"险的。再说说抢险队员肖光华临危不惧的故事吧——2000 年国庆节夜晚，芳村某酒店二楼厨房发生 50 千克液化气钢瓶泄漏事故。泄漏出来的液化气弥漫着整个酒店，并附着于钢瓶外侧结了厚厚一层冰。那只钢瓶如果遇上火种，势必引起燃烧爆炸。爆炸威力足以使整个酒店顷刻变成废墟，并导致店内人员严重伤亡，还将波及周围的楼房，附近的其他居民也将在劫难逃。那只钢瓶，其实就是一颗随时都可能爆炸的炸弹。恰好楼下有很多食客正在吃火锅，情况非常危急！

闻讯赶到的肖光华跟队友鼓气："绝不能让钢瓶在酒楼里爆炸！"

肖光华要求该酒店马上疏散店内人员到室外，同时，他迅速拧开自来水龙头往漏气钢瓶身上喷射，溶解部分结冰。接着，他抱起那只漏气钢瓶，在队友的协助下，小心翼翼地往一楼挪动脚步。下楼梯的每一步他沉着冷静，百倍谨慎，既要避免步子过于沉重擦出火花，又要防止钢瓶滑脱落地。肖光华非常清楚自己的境地：那是与死神的较量，胸前的钢瓶一旦爆炸，首先粉身碎骨的肯定是他自己。如此危险的时刻，他摒弃一切私心杂念，只有一个念头——绝不能让灾难殃及无辜！他不是没有别的选择，而是更明白自己所肩负的责任。在险情面前，他的沉着与刚毅真实地呈现出"视死如归"的英雄壮举。

最后，肖光华他们终于赢得了时间，把钢瓶"抢"离现场，送到安全地带。

王佶：惊心动魄啊！你的故事让我心跳加速，紧张得冒汗。

官国新：（憨厚地微笑着）那么……咱们再讲一个温柔一点的故事——1999 年夏季的一个傍晚，血色黄昏给广州某大医院的急诊室增加了几分不安。靠门的那张病床上正躺着一位少妇。她已经盖了厚厚的两床棉被，可是还不时地颤抖着。

一位模样与少妇很相像的年长妇人正在数落着一个小伙子："哪有像你这样当老公的！你老婆已怀有 6 个多月的身孕，发烧这么厉害，随时都有可能流产。医生不是告诉过你：'你老婆随时都有生命危险'吗?！你可好，中午把老婆送来急诊后就不管了。我一直在打你的传呼机，四五个小时，你竟没有半句回音！要是嫌弃她，你也不该在这个时候……"说者一把鼻涕一把眼泪，少妇也在伤心哭泣。

"我是抢险去了……"小伙子焦急而难过，轻声解释着。

"抢险？什么抢险比老婆孩子还重要？！"那妇人更来劲了。

"妈……"少妇欲言又止。

恰在此时，医生来了。那个小伙子详细地询问了妻子的病情，并恳求医生："不论花多少钱，都要保证我老婆、孩子平安！"

那个小伙子，就是我们的煤气抢险队员刘海雄。

医生离开后，刘海雄的妻子问他："今天不是轮到你休息吗？再说，当时，你告诉我有点急事，出去一会儿就回来的……"

刘海雄不得不向妻子解释这次抢险的经过——中午十二时左右，他刚为妻子办理好住院手续，传呼机就传来了煤气抢险信息：位于闹市区的一个煤气调压箱被违章行驶的汽车撞断，煤气直往上喷，直达四楼。刘海雄完全有足够的理由不参加那次抢险，但他知道抢险队的人手紧缺，每当发生险情时，抢险队员个个都是争先恐后奔赴抢险现场的。多一个人参加抢险，市民就可以少一分损失。然而，一旦置身于煤气抢险现场，自己是否能安全回来，抢险队员们都确实心中没数。看了抢险信息，刘海雄面临着"两难选择"：一头是最需要他照顾的妻子，另一头是吉凶未卜的煤气抢险任务。为了减少妻子的焦虑，也担心妻子追问之后难以自圆其说，更担心煤气险情会给市民的生命财产安全造成更大的损失，刘海雄毅然以最快的速度离开了医院，直奔抢险现场参加抢险。

在险情现场，由于民居密集，行人如鲫，电线横空，空调机无数，随时都可能发生火灾或引起爆炸，那场面令人恐慌。刘海雄和队友们有条不紊，服从现场指挥统一调度：快速疏散用户和其他群众，围好警戒线，关好煤气阀。幸运的是，由于抢险及时，措施得当，刘海雄和队友又一次以最快的速度战胜了险情，确保了用户的安全，及时恢复了正常供气……

"我这不是平安回来了吗？"刘海雄为妻子擦去眼角的泪花，同时感慨万分："唉！谁叫我是煤气抢险队员呢！"

王佶："抢"得好！

官国新：2004年春节，大年三十晚上六点左右，正当人们喜庆佳节吃团圆饭的时候，广州市仓边路路面下沉，导致一个煤气阀门被拉裂，煤气大量泄漏。煤气抢险队值班队员接到命令后，仅用了7分钟就到达事故现场，及时控制了险情。其他抢修人员接到命令后，为了赶时间，有的不惜自掏腰包，搭乘"的士"快速赶往现场投入紧张的抢修作业，终于在晚上九时许恢复了正常供气。抢险班班长黄立明，逢年过节不是实施抢险就是抢险值班，当他在家里接到抢险通知时，80多岁的老父亲流着眼泪对他说："我活不了几年了，你哪一年才可以陪我吃个团圆年饭呢？"黄立明努力控制自己的情绪，安慰过老父亲，最后还是硬着心肠参加了抢险工作。

二、真实的官国新

煤气是一种清洁燃料，但使用过程中却伴随着安全隐患和危险。如果把由清洁燃料所导致的各种安全隐患和危险比喻为火药桶的话，那么煤气抢险队的队员就是那个抬火药桶的人。为了能更快地排除险情，官国新和他的队友们都经受过煤气中毒的危险。

官国新原来是一名普通的煤气管道巡线工。为了把煤气险情所导致的损失降至最低，他经常带领队员利用休息时间熟悉煤气管网及其设施的位置和相关情况。经过锲而不舍的努力，他练就了一身过硬本领：熟悉并掌握了全市1 000多公里煤气管道的走向、2 000多个阀门和近1 000个调压箱的具体位置；光靠鼻子闻，就能分辨出是液化气还是管道气；摸索出各类煤气险情的特征、规律；还制定了一套科学的管理方法，为准确、快速抢险提供了有效保证。

官国新心里装的都是工作。自从与煤气抢险队结缘后，他就再也没有白天黑夜和节假日之分。数不清有多少次，他刚端起饭碗就被煤气险情催着放下；也记不清有多少回，他的家人在梦里被通知他参加煤气抢险的电话惊醒……

王佶：请说说你自己的故事吧。

官国新：呵呵！我哪有"故事"？如果说"故事"，咱们年轻的温浩胜经理、年过半百的师保林书记就有许多故事。温经理是名牌大学毕业生，已经连续8年春节都是在煤气抢险工地上跟工人一起过的。他在工地上干起活来比我们还卖力，有时实在太累了，就跟我们一样，在工地上席地而睡。还有，师保林书记从空军部队转业到咱们煤气公司工作之前已是正团级干部。来到咱们企业基层工作，他没有半点架子，晚上还经常到施工现场跟工人一起解决难题，第二天照常工作。师书记最终累倒在工作岗位上，那天是我和抢险队员一起把他送进医院的。在2005年的共产党员先进性教育中，师书记在病房里还撰写出感人的《党性分析材料》。温经理、师书记他们都以自己的模范行动为我们树立了榜样。

王佶：2004年夏天，你急性肠道出血住院，都把急诊医生吓到了？

官国新：哦！那次真的吓到了好几个人。直到现在，我都记不起出事那天夜里是怎么回事。可能是我连续工作太长时间了吧。那天夜里，一点多钟回到家，我突然觉得肚子一阵绞痛，急忙蹲到厕所里，不久我就昏倒了。后来的事情是妻子告诉我的。她夜里睡眠本来就很浅，听到我进厕所后发出异常声音，就赶紧起床跑到厕所看个究竟，发现我昏厥在厕所里，满地都是血。她很害怕，颤抖地拨通了抢险值班电话，那是她最熟悉的号码。幸好那天夜里没有发生煤气险情，司机开着抢险车把我送到中山大学附属第三医院急诊室。急诊室的医生看我脸上和手臂的皮肤都是古铜色的，吓了一跳，忙问我是不是接触过什么有毒物品，随即掀起我的衣服检查，才知道我是被晒黑的。（笑）医生诊断我是急性肠道出血。经过医院的及时救治，我的肠道很快就恢复了正常运作。

王佶：你怎么会把自己晒得那么黑？

官国新：你知道，2004年暑假，是大学城供气前煤气管道置换工作最紧张的阶段。我们必须赶在大学生秋季入学前顺利供气。为了确保用气安全，我们抢险队全体人员必须熟悉大学城煤气管网设施的布局。工作量比平时增加了许多。那段日子，太阳又特别热情，特别给力。白天室外温度往往接近40度。温浩胜经理、孙永明副经理等领导带领员工，站在火辣辣的太阳下挥汗干活，他们的皮肤最先被晒成了古铜色。师保林书记骑着自行车跟巡线工一道穿梭于大街小巷，巡查管网设施安全，也被晒成了古铜色。在共产党员、领导干部的模范带头作用下，张少杰、张伟新、林振涛、古添旺、梁永光、何玉东、梁伟安、肖汉中等人也"不甘示弱"，脸庞和双臂裸露的皮肤也变得"古色古香"起来。个别师傅中暑，稍微缓解后，仍坚持"轻伤不下火线"，坚决要求留在工地上与大伙一起干，确保了大学城的供气进展顺利。如果把他们领到医生面前，不把医生吓坏才怪！（笑）

王佶：那么，抢险队员们的工作原动力来自哪里？

官国新：他们的原动力主要来自高度的工作责任感。

王佶：由于你工作的原动力太足，温浩胜经理还差点扣罚了你队友的奖金，有这事吗？

官国新：有！肠道出血那几天，我被困在医院里"修理"，没法到工地，心里很不踏实。出院那天晚上，我带上药品就悄悄地跟队友上了工地。温浩胜经理担心我的健康问题，叮嘱我：好好待在家里休病假，没有接到他的直接通知就不能擅自上工地来！可是，我不习惯待在家里。第二天晚上，我正准备乘坐抢险车上工地，被温经理发现了。他严肃地批评了我，同时，对在场的员工发出警告："今晚谁带阿官到工地，我就扣罚谁的奖金！"趁温浩胜经理不留意，我迅速钻进了一辆抢险车……

王佶：后来呢？

官国新：到了工地不久，我被温浩胜经理"逮住"了。他惊讶而无奈地摇了摇头，拍拍我的肩膀说："阿官，保重身体啊！"

王佶：曾经有人对你作过这样的统计：1987年至2005年18年来，为了抢险抢修和维护煤气管道设施安全，一年加班 100 多个夜晚；曾连续十几次抢险超过 30 个小时，最长达 48 个小时；连续 7 年无法安安稳稳地在家里过春节；每年当中，有一半以上的时间，每天只能睡三四个小时。你的队友曾心疼地告诉我："老官就像一匹不需扬鞭自奋蹄的马，对工作没有半点私心，就连节假日陪妻儿走到哪儿也告诉我们。"

官国新：职责所在！压力大啊！我想，换了谁当这个抢险队长，都会有我这种感觉的。

王佶：还记得 2004 年最后的两次抢险吗？

官国新：怎么不记得！那两次抢险所经受的事情历历在目啊！2004 年 12 月 30 日下午，我们抢险队接到通知：位于广州市八旗二马路的城总大厦发生重大火灾。听到这个消息，我马上紧张起来。我很清楚，这个城总大厦的一侧装有煤气调压箱，八旗二马路一带的煤气管道呈环形供气网，管线复杂，控制阀门多，影响区域大。如果调压箱或煤气管道受损，势必导致煤气泄漏，发生爆炸的可能性非常大，后果将十分严重！必须立即组织抢险！在奔赴火灾现场的路上，我以最快的速度组织了 20 多名煤气抢险队员参加抢险。

顷刻间，火灾现场方圆 1 公里的天空浓烟弥漫，浓烟还笼罩着珠江，附近居民一片恐慌。城总大厦的居民被迫紧急疏散，撤离火灾现场。

即将到达险情现场的时候，我手机响了，是我妻子打来的电话。她很着急地对我说："你在哪？刚才不停地拨打你的手机，可是老占线。母亲病危，医生说快不行了，她老在呼唤你的名字，你能不能赶来见她最后一面？快！"

我只对妻子说了一句："抢险结束我就赶来"，就关闭了手机，戴上空气呼吸器，操起对讲机，带领队友冲进了火灾现场。我们沿着煤气管线一座一座地找到 12 座阀门，并一一关上。接着，我安排在另外两处排放点紧急排放管道内煤气。排放完煤气后，又安排人员进行极其严格的监控。同时，配合公安、消防等部门做好了相应的抢险准备。当天夜里，室外气温仅 2℃，寒风刺骨，直至次日子夜一点多才解除了险情。

险情解除后，我马上打电话给我妻子。她非常悲痛地告诉我："母亲已经去世了。老人家临终前一直都在呼唤你的名字。"（说到这里，泪水在官国新的眼眶里打转）

王佶：抢险工作，其他人可以替代你，可是母亲是唯一的。你为什么不见母亲临终前的最后一面，遗憾终生？

官国新：当时，从火灾现场传来了城总大厦随时都有可能倒塌的消息。一边是恶劣的抢险现场，一边是病危的母亲，怎么办？我再也见不到母亲了！（这时，官国新难忍悲痛，眼泪不停地往下流）

王佶：自古忠孝难两全。母亲去世后，您父亲一定会很痛苦。

官国新：作为长子，我平时极少有时间照顾父母亲。父亲已经 80 多岁了。抢险结束后，我真想马上赶到他身边，哪怕给他一点点安慰也好。妻子告诉我，老父亲刚刚睡着了。于是，我吩咐她和儿子好好照顾老人家，天亮我就回来了。

王佶：可是，天亮后，您并没有回到父亲身边。为什么食言呢？

官国新：31 日清晨，我正准备赶往父亲家里与家人商量办理母亲后事，却又传来了煤气险情——中山三路中华广场发生煤气泄漏。同时，我还获悉，当晚将有 20 多万人云集中华广场参加迎新年倒计时活动。我明白，如果由于煤气险情影响了迎新年倒计时活动，不仅影响了用户的正常用气，还将会造成不好的政治影响。当时，我心里的确很矛盾，回家去看望、安慰父亲，还是参加煤气抢险？一闪念之后，我告诫自己：险情就是命令！我只好再一次把失去母亲的悲痛深深地埋在心底，一边组织人员抢险，一边火速赶到中华广场东侧的煤气泄漏现场。当时，泄漏现场附近弥漫着浓浓的煤气味。严寒的折磨，给我们查找漏点位置增加了许多困难。有的地方挖掘机无法作业，只好采取人工开挖的方法查找漏点。我和我的队友们用镐挖、用手刨。手指刨出了血，简单包扎一下又继续挖，直到下午四点多仍然无法确定漏点的位置。煤气管道受到排污管等管线的挤压和围蔽，给抢险抢修工作带来了极大的困难，大家都非常着急。这时，煤气公司领导下达命令：晚上七点前务必恢复供气。时间越来越紧迫。由于长时间闷在漏气现场，加上饥寒交迫，个别队员晕倒了。我命令他们休息，可是，他们喝完一杯糖水后又悄悄地加入了抢险队伍行列，并且冲到最"前方"。大家互相鼓励，同心协力，以顽强的意志克服了重重困难，下午五点多，终于在距离中华广场东侧两三米的地方找到了漏点，傍晚六点半将漏点修补好，恢复正常供气，确保了迎新年倒计时活动如期正常举行。

王佶：中华广场抢险结束后，你哭了。是由于疲劳还是其他原因？

官国新：30 日下午，接听完我妻子的电话后，身边的一位队友问我是不是出了什么事？我考虑到煤气抢险工作的特殊性，对队友摇了摇头便继续指挥抢险。中华广场抢险结束时，一位现场领导关切地问我："昨天晚上你神色不太对劲……"可能是母亲去世的痛苦憋得太久了，领导的关心让我顿时眼泪失控。

王佶：18 年来，在 5 000 多次的煤气抢险现场，你出生入死，镇定自若，从无惧色，可是，2005 年 2 月 21 日，你作为广州市委组织部"保持共产党员先进性"专题学习培训班的优秀共产党员代表，在广州市中山纪念堂作事迹报告时，紧张得双腿颤抖，这是为什么？

官国新：我是一名普普通通的共产党员，文化水平低，又没见过大场面，让我站在中山纪念堂的大舞台上，跟赫赫有名的钟南山院士和贡献突出的广州市地铁公司陈韶章副总经理他们一起介绍经验，我能不紧张吗！现在回想

起来，我仍然还感到紧张呢。不瞒你说，我当时颤抖，很大程度上是由于心情激动。（笑）

三、勇于创新的煤气抢险队

由于煤气管道逐年延伸，煤气用户不断发展，再加上违章建筑的骑压、野蛮施工的破坏，导致煤气抢险压力不断增加。煤气抢险队员肩负的重任也越来越大。面对困难，官国新和他的队友们承诺："为了维护人民群众的生命和财产安全，我们义无反顾！"

在官国新的模范带头作用下，全体抢险队员任劳任怨，日夜奋战在广州市的大街小巷，以血和泪为用户书写了"四个必须"的真诚承诺：一是判断漏气的地点和气源的种类（属液化气还是管道气）必须准确，二是抢险速度必须快速，三是抢险过程必须勇敢，四是恢复供气必须尽早。可以说，每一次抢险，都有一段感人的故事，都体现了官国新和全体抢险队员对人民的无私奉献。

煤气抢险队员光有"勇"不行，还必须有过硬的真本领。就像医生治病救人一样，对病人光有同情心还不够，必须同时具备救死扶伤的精湛医术。

王佶：我听说，抢险队不但注重社会效益，而且注重环保效益。可以分享这方面的成果吗？

官国新：的确如此。例如，在管道煤气抢险过程中，必须将管道内一定数量的煤气排放到空中，对环境造成了一定程度的污染。对此，张伟新等师傅积极探索，经过半年多的反复试验、钻研，终于成功地研制出"排尘过滤器"，有效地减少环境污染，填补了广州市这一项目的空白。又如，为了能更好地提高抢险工作效率，年轻的廖石山等员工认真分析、实践，绘制出《广州市煤气管网巡检责任图》。该图成了煤气抢险队员的好"向导"。

王佶：在煤气抢险过程中，你首先做到并且要求全体队员也必须做到"准、快、勇、早"，请举些例子分享，好吗？

官国新：第一，关于"准"。查找漏点是管道煤气抢险过程中难度较大的工作，如果不能准确查找到具体漏点，势必会因时间拖延导致险情加重。因此，在抢险现场，不管多么艰难，如果查不到漏点，我们绝不罢休。1999 年12 月 26 日是星期天，那天中午，江南大酒店门口传来煤气险情。我和队友们赶到现场时，该酒店门口方圆十多米均可闻到浓浓的煤气味。那个地段既有管道煤气用户，也有液化气用户。我凭经验马上作出准确的判断：是管道煤气漏气！我们使用最先进的查漏设备——查漏探管仪，不停地搜索、查找，花了 6 个多小时才查到了漏点。抢险完毕，已是次日凌晨五点多。

关于"准"，我还想说说我们抢险队司机梁志南的故事。那是 2000 年夏季的一个上午，天河区龙口东路某住户用煤气炉煮食物，外出前忘记关火。锅里的食物很快就被烧焦了。梁志南刚好从他们家楼下路过，闻到食物焦味。职业的敏感催促梁志南马上去敲响该户房门，可是，屋里没人。当时，从那家阳台处吹来的食物焦味越来越浓。现场情况令梁志南着急。他马上找来保安队员砸开阳台处的防盗锁。由于刚下过一场大雨，阳台积满了雨水，梁志南毫不犹豫地脱掉鞋子，利索地跃身进了阳台。

该户正在使用的是液化气，厨房通向阳台的门紧锁着，梁志南的手却够不着液化气钢瓶开关。煤气炉放在厨房靠近阳台一侧位置。眼看锅已被烧得通红。如果着火，势必发生火灾或煤气爆炸事故。

怎么办？在这千钧一发的关键时刻，梁志南急中生智，冒着生命危险将连接液化气钢瓶和煤气炉的塑料管弯曲，并用力紧紧地压住，还请邻居帮忙用铁线扎紧，使液化气无法继续通过。做完这些，他仍不放心离开，守候在侧。

惊慌失措的户主赶到家时，看到梁师傅冒险帮他们家化险为夷的情景，感动得不晓得说什么好。

第二，关于"快"。当险情发生以后，抢险队员必须雷厉风行。为了减少险情所导致的损失，我们常常在途中抓紧时间研究抢险方案。因为出动快，避免了许多有可能发生的悲剧。1999年11月某天晚上零时左右，位于五山路广州市团校门口的煤气管道漏气。闻讯，我立即组织20多人进行抢险。当时，漏出周围地面上的煤气浓度已经达到爆炸极限，与煤气管道相距仅1米的电缆槽等地下管道内也已渗入大量煤气。情况非常危急。由于抢险迅速，最终赢得了时间，避免了爆炸等事故的发生。

第三，关于"勇"。在完成大量抢险任务的过程中，有时也会遇到安全和正常供气之间的矛盾，我们都尽最大努力做到周密计划、严密组织、谨慎操作，在保证安全的前提下，尽最大努力不影响市民正常用气。这个过程中，最考验我们抢险队员的就是勇气。2000年5月17日早上八点钟，中山一路立交桥旁DN500煤气管道被某施工单位挖穿，强大的气流冲出几米高。事故地点位于主干道，人员、车辆川流不息。当时，如果立即关闭阀门，势必直接影响海珠区7万多家用户的正常用气；不关闭阀门，万一遇到火星，随时都可能引起火灾甚至爆炸事故。怎么办？煤气公司领导经过研究果断决定：让煤气管道"带伤"供气！宁可冒风险，宁可让我们公司经济受损失，也要确保7万多家用户正常用气。按照公司的要求，我们冒着强大气流的危险，对泄漏点临时进行紧急堵漏处理，减少了煤气大量泄漏，并在泄漏点周围采取严密的安全警戒措施。煤气抢险队员们顶着炎炎烈日，轮流守候在漏气点周围。一直等到晚上十点，才开始关闭阀门进行抢修。我们总是把安全和方便让给别人，而把危险留给我们自己。2003年"五一"和"国庆"假期，从化、萝岗地区先后发生了外地煤气槽车翻车，造成大量煤气泄漏事故，煤气抢险队接到"110"命令后，在温浩胜经理的带领下及时赶到现场，冒着随时可能发生爆炸的危险，奋不顾身地控制了险情。

第四，关于"早"。有一天早上七点多，我们接到险情报告，广花路广州市冶金高级技校路段，因某单位野蛮施工，导致 D110－PE 煤气管道被挖穿，造成煤气大量泄漏。该管道是广花路通往新白云国际机场的唯一煤气主干管。新白云国际机场将面临断炊的威胁。倘若断炊，客机配不了餐，势必直接影响国际、国内航班的时间安排，接踵而来的将是难以预测的政治影响和经济损失。

并且，煤气泄漏点旁边就是新机场高速公路，距泄露点 7 米处是一个高压配电房，随时都有可能发生爆炸、严重堵塞交通等导致事故扩大的情况。排除险情迫在眉睫！必须马上组织抢险！抢险队员闻险出车。当抢险车行至机场路立交时，因交通堵塞无法前进。我们不得不求助于公安交警。在公安消防部门的协助下，抢险队员们得以最快的速度赶到了现场，熟练地关闭了控制泄漏点的"新机场1"和"新机场4"两个阀门，有效地控制了险情。

阀门关闭后，通往机场的煤气管道气压直线下降。如果压力降至0.03MPa，调压设备将无法启动，机场也将无法稳定供气。就在这时，广州地区各大新闻媒体纷纷赶到现场进行采访、报道。煤气抢险队感到来自各方面的压力非常大。

面对困难，全体抢险队员只有一个念头：一切为了安全、稳定供气。在煤气公司领导的统一指挥下，大家临危不惧，同心协力，采用热熔法迅速修复了被挖穿的煤气管道。

幸运的是，当通往机场的煤气管道气压力降至0.035MPa时，抢险抢修完毕并恢复供气。

王佶：好悬啊！抢险队员真的是"召之即来，来之能战，战之能胜"！当前，你最大的愿望是什么？

官国新：我最大的愿望就是尽一切努力把煤气险情所造成的损失降至最低。煤气抢险电话（020—85515920）数字太多，不方便记忆。我非常希望能换一个方便记忆的煤气抢险电话号，短号更好，像火警电话119，公安报警电话110那样方便。

王佶：官队长，谢谢你！祝你和煤气抢险队全体队员工作顺利！平安吉祥！

煤气行业属于高危行业，稍有不慎就会造成人民群众的生命财产损失。煤气抢险工作容不得半点马虎。2009年以前，煤气抢险队属于广州市煤气公司属下的一个班组，直接隶属于广州市煤气公司管线分公司（以下简称"管线分公司"），对外，则代表广州市煤气公司履行抢险义务。官国新就是这个班的大班长。他义无反顾地把确保广州市民的用气安全当作一项高尚的事业，并一如既往地为之默默付出，无怨无悔。

1993 年，我由于工作调动，成了官国新的同事，与官国新和他的队员们建立了深厚的工作情谊。煤气抢险队员爱岗敬业，防险抢险勇当先的感人事迹深深地感动了我。透过一件件他们认为很平凡的事情，我捕捉到他们心灵深处非常不平凡的东西——特别能吃苦、特别能战斗、特别能奉献的时代精神。我多次跟随官国新和他的队友们到抢险现场采访，并借助《羊城晚报》《广州日报》《南方日报》《南方都市报》《新快报》《工人日报》《中国建设报》《广东建设报》《政工月谈》《广州政工》，以及广东人民广播电台和广州电台等多家媒体，采用消息、通讯、散文、诗歌、小说、论文等形式，对他们的事迹进行了翔实报道。我也因此成为报道广州市煤气抢险队和官国新他们先进事迹的首位文章作者，还多次得到相关媒体和有关方面的表彰、奖励。

十多年如一日，我见证了官国新和煤气抢险队的成长、进步，还成了官国新的入党介绍人。

现实中的官国新是一位既坚持原则，又热心助人的男子汉。单位里的同龄人和领导者喜欢亲切地叫他"阿官"，年轻同事通常称呼他"老官"。"官队长"则是特定场合的特定称谓。

官国新工作于管线分公司，成长于管线分公司。事实证明，官国新是管线分公司全体员工的杰出代表。在官国新的身上，集中体现了共产党员全心全意为人民服务，"先天下之忧而忧，后天下之乐而乐"的优秀品质，体现了中国工人阶级高度负责的主人翁责任感。在管线分公司全体员工的身上，都折射了官国新精神的光辉。

在官国新精神的鼓舞下，自 1997 年至 2005 年，管线分公司共获得 30 多项集体荣誉，其中，1997 至 1999 年度、2000 至 2002 年度两次被评为广州市先进集体，2000 至 2001 年度被评为广州市文明单位，2004 年 3 月被评为"广东省第八届职工职业道德建设先进集体"；员工共有 192 人次荣获各级奖励。2000 年 12 月 31 日，煤气抢险队通过中国质量万里行促进会服务质量认证。

官国新当选全国劳动模范，管线分公司全体员工都受到了极大鼓舞。2005 年 5 月 10 日，管线分公司专门召开"热烈祝贺官国新同志当选全国劳动模范"的职工大会。官国新给大家介绍了赴京参加全国劳动模范会议、受到党和国家领导人亲切接见的经过。党员和其他员工也纷纷上台发言，表示一定要在思想上和作风上真正认识官国新精神的时代意义，以官国新为榜样，学习他吃苦在前、享受在后，爱岗敬业，闻险而动，临危不惧，顾全大局，无私奉献的崇高精神，学习他时刻把人民群众的生命财产安全摆在最重要位置的高尚境界。

2005 年 3 月，广州市委组织部委派敬业乐业的刘再光等同志到管线分公司，现场拍摄官国新和煤气抢险队先进事迹的党员电教专题片《共舞豪情》。

大家都被官国新十多年如一日坚持煤气抢险岗位的崇高精神所感动。每一次采访结束，负责该专题片的记者总会对我发出这样的赞叹："多么能拼搏的好员工啊！"

记者们赞叹，在管线分公司党支部，几乎每一个党员都像官国新一样爱岗敬业。短短几天的采访时间，他们就记住了一大串党员的名字：师保林、温浩胜、孙永明、张少杰、霍可器、古添旺……

记者告诉我，采访过程中，几乎每一位接受采访者都对温浩胜经理发出这样的赞誉："他始终默默无闻地日夜奋战在煤气抢险抢修的第一线！"

记者还告诉我："我还没有见过像你们师保林书记那么扎实认真工作的基层党支部书记。"

也有记者说："孙永明经理工作起来与员工的配合是那么默契，没有一点研究生的架子。"

《共舞豪情》专题片拍摄完成后，记者们都不约而同地向我夸奖："管线分公司党支部的党员太棒了！管线分公司的优秀党员都是拼搏出来的。"

在和平建设的今天，人们所崇拜的英雄不一定都有惊天地、泣鬼魂的壮举，但是，必须具备全心全意为人民服务的思想和吃苦在前、享受在后的优秀品质。广州市煤气公司管线分公司的领导班子是一个作风正派、廉洁自律、团结一致、开拓进取、不知疲倦的"领头羊"，带领着共产党员骨干，时时事事处处以拼搏的劲头，体现了正确的世界观、人生观和价值观，给全体员工作出了表率。

在市场经济大潮中，广州市煤气公司不断发展壮大，2009 年 1 月，成建制移交广州发展集团管理，按照现代企业制度要求进行了改制，通过整合公司资源、重整组织架构，组建了广州燃气集团有限公司，成了广州发展集团有限公司的全资下属公司。

广州燃气集团有限公司在乔武康总经理等领导的正确引领下，煤气抢险队更加强盛壮大，迅速成长为广州燃气集团有限公司燃气抢险队，同时，推出了新的客服电话号码 96833。客服热线（96833）和抢险热线（020－85515920）全年无休，24 小时为市民提供全天候的优质服务。

2012 年，官国新到了法定退休年龄，从工作岗位上退了下来，享受政府奖励的劳模津贴。至今，官国新仍然保持着工作时的习惯，每次外出都格外留意大街小巷燃气管道及设施的安全。哪怕偶尔和老队友相聚，官国新他们谈论最多的依然还是涉及燃气安全的话题。正是："时光沉淀着记忆，言行勾勒出轨迹。国泰民安不忘本，敬业奉献永铭记。"

2005 年 5 月初稿于广州天河

2019 年春修改于华南师范大学书斋

跋

　　本书从构思、采访、写作到付梓出版，前后历时五六年，得到了许多专家、学者、同事、同学和亲友的鼓励、指导及关怀。其中甘苦，回味无穷。

　　令人欣慰的是，在采访过程中，我们有幸得到了所有被采访对象的大力支持与配合。在此，谨对所有被采访对象表示最诚挚的感谢！并致以崇高的敬意！

　　借此机会，特对为我们的采访和出版工作给予指导和帮助的中央人民政府驻香港特别行政区联络办公室原副主任周俊明先生表示最衷心的感谢！

　　特别感谢湖北金三峡印务有限公司杨詠安董事长、深圳市达利时实业有限公司邱运文董事长、昆明工学院叶汝裕教授、羊城晚报报业集团原社长许光辉先生、星海音乐学院钢琴管弦系原书记崔国汉先生、湛江海关巡视员刘华生先生、华南师范大学音乐学院党委书记梁铁祥先生、深圳电白商会高林海秘书长以及师保林、刘碧椿、彭伟忠、王朝霞、许瑞雄、潘强、李祥乐、邓开文、严桂春、廖军等同志对本书采访、出版工作的关心与支持！

　　本书也是作者献给敬爱的父亲——王槐老师的一份珍贵礼物。父亲的言传身教培养了我们的写作兴趣，即便在物资匮乏的年代，家里也不乏书香。青少年时代，听父亲朗诵诗词是我们最快乐的时光。"战士指看南粤，更加郁郁葱葱。"父亲的激情演绎，让感人的诗句根植于我们的大脑，回荡在我们的心中，"南粤"也显得神秘而恢宏。慈祥的父爱像一艘船，载着我们从狭隘的地方驶向无限广阔的海洋。衷心祝愿父亲健康长寿！

　　由于我们的见识和阅历所限，本书的错漏之处有待读者批评指正，不胜感谢！

作　者

2019 年初夏